SHEHUI RONGHE: XINSHIDAI ZHONGGUO
LIUDONG RENKOU FAZHAN ZHILU

社会融合：新时代中国流动人口发展之路

徐水源◎著

人民出版社

责任编辑:忽晓萌
封面设计:汪　莹
责任校对:张红霞

图书在版编目(CIP)数据

社会融合:新时代中国流动人口发展之路/徐水源 著. —北京:
　人民出版社,2019.1
ISBN 978－7－01－020317－1

Ⅰ.①社…　Ⅱ.①徐…　Ⅲ.①流动人口-社会管理-研究-中国
Ⅳ.①D631.42

中国版本图书馆 CIP 数据核字(2019)第 006376 号

社会融合:新时代中国流动人口发展之路

SHEHUI RONGHE:XINSHIDAI ZHONGGUO LIUDONG RENKOU FAZHAN ZHILU

徐水源　著

人民出版社 出版发行
(100706　北京市东城区隆福寺街 99 号)

北京汇林印务有限公司印刷　新华书店经销

2019 年 1 月第 1 版　2019 年 1 月北京第 1 次印刷
开本:710 毫米×1000 毫米 1/16　印张:20.5
字数:266 千字

ISBN 978－7－01－020317－1　定价:58.00 元

邮购地址 100706　北京市东城区隆福寺街 99 号
人民东方图书销售中心　电话 (010)65250042　65289539

目　录

第一部分　政策制度篇

第二部分　基础研究篇

序 言 一

改革开放40年来,我国工业化、城镇化快速发展,大量农村人口进入城市工作、生活,形成了规模庞大的流动人口。截至2017年底,全国流动人口数量达2.44亿人,约占总人口的18%,其中约四分之三是从农村地区流向城市地区。大规模的人口流动迁移提高了城乡生产要素配置效率,既增加了流出地的收入,又促进了流入地的发展,推动了城乡居民生活水平的全面提升。流动人口为国家建设和城市繁荣作出了重大贡献,已经成为全面建成小康社会、开启全面建设社会主义现代化强国新征程的生力军。但由于区域、城乡之间在公共服务和社会保障方面仍然存在较大的差距,流动人口基本脱离户籍地而又没有真正融入所居住城市。促进流动人口社会融合已成为我国人口发展中的重要问题,事关流动人口生存发展权利,事关经济社会能否实现更高质量、更有效率、更加公平、更可持续的发展,事关"两个一百年"战略目标的顺利实现。

改革开放以来,特别是21世纪以来,党中央、国务院对流动人口社会融合提出了一系列新判断、新战略、新要求。主要包括:统筹城乡区域协调发展,推进以人为核心的新型城镇化,实施乡村振兴战略,推进农业转移人口市民化和流动人口城市融入,完善和创新流动人口管理服务,稳步推进城镇基本公共服务常住人口全覆盖。中央关于流动人口发展的决策部署,体现了以人民为中心的发展思想,饱含深厚的为民情怀和历史责任。党的十八大以来,在习近平新时代中国特色社会主义思想指引下,流动人口实现了由生存型向发展型的根本转变,流动人口社会融合取得了历史性成就:户籍制度改革不断深化,城市流动人口社会接纳水平明显提升;流动人口就业状况持续改善,在城市基本实现了经济立足;流动人口及其家庭获得城市基本公共服务的覆盖面不断扩大,获得的基本公共服务水平大幅提高,获得感明显增强;覆盖城乡居民的社会保障体系基本建成,流动人口社会保障水平不断提高;流动人口参与流入地城市社会治理明显增强,流动人口政治参与能力明显提升。

人口工作是我从省到国家所承担的工作中一个重要组成部分。如何解决中国特色的流动人口社会融合问题也是我多年来一直在思考和关注的重要问题。从 2009 年起,原国家人口计生委就启动了流动人口社会融合相关工作。这些年来,我们围绕流动人口社会融合是什么、怎么衡量、如何促进的问题,不断深化理论研究和实践探索,开创性地推进流动人口服务管理和社会融合工作,形成了一系列重要认识:流动人口的社会融合,既是流动人口共享城市发展成果、获得平等发展机会的过程,也是增强城市包容性、提高社会治理和公共服务能力的过程;促进流动人口社会融合,关键在于消除影响流动人口社会融合的制度障碍,使流动人口在流入地获得均等的生存和发展机会,公平公正地享受公共资源和社会福利,全面参与政治、经济、社会和文化生活,最终实现经济立足、社会接纳、身份认同、文化交融和政治参与;要将流动人口市民化和社会融合作为推进城镇化健康发展的重要任务,构建以落实基本公共服务均等化为核心的流动人口社会融合政策体系;促进流动人口社会融合,需要创新社会治理模式,需要政府、社会、流动人口自身和本地市民共同努力,需要充分发挥社会团体、流动人口群众自治组织的协同治理作用;要完善流动人口社会融合监测评估体系,推动地方改革实践创新。

中国特色社会主义进入新时代,我国也迈进流动人口社会融合新时代。从党的十九大到2022年,是"两个一百年"奋斗目标的历史交汇期。我们既要全面建成小康社会、实现第一个百年奋斗目标,又要乘势而上开启全面建设社会主义现代化强国新征程,向第二个百年奋斗目标进军。从现在起到2035年,人口流动迁移仍将是我国经济社会发展中的重要人口现象,规模亿计的流动人口将成为常态。到完成第二个百年目标第一个阶段的任务,即我国基本实现社会主义现代化时,城乡区域发展差距和居民生活水平差距显著缩小,基本公共服务均等化基本实现,人民平等参与、平等发展权利得到充分保障,全体人民共同富裕迈出坚实步伐。我国基本实现社会主义现代化以后,以进城挣钱、改善生活为主要目的人口流动将大为减少。现有的流动人口大多数进入中等收入群体,在城市居住并稳定下来成为新的城市市民、享受城市生活,一部分流动人口返乡不再外出打工,享受更加文明富裕的新农村生活。因此,从现在起到2035年基本实现社会主义现代化的近20年间,是推进新时代流动人口社会融合的关键阶段。既要抓紧当前流动人口面临的突出问题,又要坚持和深化改革,逐步解决涉及流动人口的深层次体制机制问题,形成从根本上保障流动人口社会融合的政策制度体系,为流动人口融入城市社会创造良好的制度环境。

徐水源同志长期从事流动人口服务管理和政策研究,他撰写的《社会融合:新时代中国流动人口发展之路》一书,深入贯彻习近平新时代中国特色社会主义思想,结合新时代中国流动人口的实际情况和阶段性特征,着重论述了新时代中国流动人口社会融合政策制度的构建,提出了推进流动人口社会融合的总体思路和目标路径,勾画出推进流动人口社会融合的政策供给体系,并对中国流动人口社会融合现状及其影响因素进行了实证研究，是一本兼具政策论述和学术研究的专著，期许该书能对做好新时代流动人口工作有所帮助、有所作用。

是为序。

王 培 安

全国政协人口资源环境委员会副主任

中国计划生育协会党组书记、常务副会长

原国家卫生和计划生育委员会副主任、党组成员

2018 年 8 月

序 言 二

　　党中央、国务院高度重视我国流动人口问题,做出了一系列重大部署。习近平总书记在党的十九大报告中明确提出"加快农业转移人口市民化"的要求。他还指出:"要加快推进户籍制度改革,完善城乡劳动者平等就业制度,逐步让农业转移人口在城镇进得来、住得下、融得进、能就业、可创业,维护好农民工合法权益,保障城乡劳动者平等就业权利。"这就为新时代中国流动人口社会融合指明了方向。遵循习近平总书记重要讲话和指示精神,在中国特色社会主义进入新时代,我国驶入城镇化快车道,进入推进供给侧结构性改革、转变发展方式、推进人的城镇化以及国家构建和完善社会管理和公共服务制度的关键时期,流动人口社会融合政策制度创新便成为亟待研究和解决的重要课题,也是一个具有开创意义的全新课题。

　　我国是一个人口流动大国,2017年全国流动人口数量为2.44亿人,连续10年每年全国流动人口数量保持在2亿以上,城镇化水平也由1997年的30%上升到2017年的58.52%。流动人口中的大多数从农村流向城市,在改革开放40年以来的人口大流动过程中有效提升了劳动力素质、职业技能和文明水平,他们为流入地城市创造了大量的财富,成为国家建设的重要力量。但由于历史上形成的城乡二元结构,现行的城市基本公共服务和社会福利以户籍制度为基础,流动人口所获得城市提供的基本公共服务和社会福利,与城镇户籍人口相比还有比较明显的差距,离流动人口融入城市的愿望还很遥远。由于上亿农民工的存在,我国的城乡二元结构已经超越地域的意义,出现了具有独立结构和文化的社会结构和阶层,对政府的社会管理和公共服务带来了严峻挑战。流动人口如不能顺利融入城市,一方面,损害了流动人口在城市的社会权益,使得流动人口在城市难以稳定下来、安居乐业,直接影响了人的城镇化目标实现;另一方面,也会在无形中抑制流动人口人力资本对经济增长的贡献率,从而制约城市的健康可持续发展。因此,我国在推进人的城镇化过程中,政府应主导普遍提供社会保障、卫生保健、适当的住房和就业机会等基本公共服务,保障流动人口政治参与和精神文化权益,鼓励、支持和帮助流动人口融入当地城市社会。随着新生代流动人口成为主体和流动人口流动家庭化、居住长期化趋势发展,流动人口在城市稳定下来成为新时代流动人口的重大期盼,融入城市成为新时代中国流动人口的发展之路。推进新时代流动人口的社会融合,是当前积极应对快速城镇化过程中人口流动迁移带来的一系列经济社会问题,促进我国经济高质量发展和社会持续健康发展的迫切需要;是加快农业转移人口市民化、推进以人为核心的新型城镇化的重大任务;是加强流动人口服务管理、保障流动人口生存发展权益的有效措施;是引导人口有序流动迁移,促进人口分布与城镇化格局相匹配、相协调、相适应的必由之路。要着力打破城乡、区域分割和封闭的管理制度,完善公共政策,以流动人口获得城市各项基本公共服务为核心,加快构建流动人口社会融合的制度框架和政策供给体系,推进新时代流动人口社会融合,创造支撑我国经济结构战略性调整、社会持续健康发展必要的人力资源和社会基础,为全面建成小康社会、实现"两个一百年"奋斗目标和中华民族伟大复兴的中国梦做出应有的贡献。

徐水源同志长期从事人口计生和流动人口工作,积极参与并推动了一系列流动人口卫生计生公共服务及管理的政策研究、制定和出台。《社会融合:新时代中国流动人口发展之路》一书,是他多年工作实践思考和潜心研究的最新成果。作为该书作者,他认真学习贯彻习近平总书记关于推进新型城镇化和流动人口社会融合的重要论述和指示精神,运用全国流动人口动态监测调查数据,深入分析我国人口流动迁移趋势和流动人口生存发展状况,探索构建新时代流动人口社会融合指标体系和指数,深入阐述了推进新时代流动人口社会融合的有关重点、难点及前瞻性问题,回答了诸如"如何让流动人口在城市'住得下'"、"如何促进流动人口在城市实现经济立足"、"如何提升流动人口城市社会接纳水平"、"如何保障流动人口政治参与和精神文化权益"等一系列关系流动人口融入城市社会的重大问题,探寻了让城市成为流动人口实现家庭团聚的幸福家园的有效路径。该书对于从事流动人口服务管理的领导、工作者和研究学者,深入研究解决流动人口社会融合理论、实践和相关问题,具有一定的参考价值。对于相关人员更好了解政策,开展工作和适应要求,也不失为一册在手,阅有所得、时费所值的专著。

如此,则为阅者所值,为广大流动人口所得,为政府部门所认,更为作者所愿。是为序。

金 小 桃

中国卫生信息与健康医疗大数据学会会长

原国家卫生和计划生育委员会副主任

2018 年 8 月

序 言 三

改革开放以来,我国人口持续大规模流动。人口流动迁移持续时间之长、流动人口规模之大,世所罕见。大量从农村流向城镇和沿海地区的"流动人口"为城市经济社会发展做出了重要贡献,持续时间长、规模庞大的人口流动成为破解二元结构、重构社会结构的持续动力。但由于城乡二元结构的存在,流动人口虽然生活在城市,却不能够享受到与市民同等的基本公共服务,其合法权益也得不到有效保障,尤其是难以真正融入流入地城市社会。其发展状况面临多方面的困难和问题,处于难以被城市社会接纳的边缘化困境。

中国特色社会主义进入新时代,我国社会主要矛盾已经转化为人民日益增长的美好生活需要和不平衡不充分的发展之间的矛盾,流动人口对美好生活的需要日益增长,呈现多样化、多层次的特点,最突出的问题是受到发展不平衡不充分的制约,仍然面临严峻挑战和一些新的问题,从人口流动迁移趋势和流动人口生存发展状况来看,主要体现在以下几个方面。

第一,人口迁移流动日益活跃,流动人口规模巨大且处于弱势地位,其社会融合问题直接影响我国改革发展难题的破解。我国流动人口的数量由改革开放之初1982年的687万增长到2017年的2.44亿,城镇化水平由1997年的30%上升到2017年的58.52%,仅用20年左右的时间,城镇化率提高了将近一倍。其中人口流动是城镇化水平快速提升的重要因素。近年来,随着我国的城镇化率不断提高,流动人口总量保持在高位,"十三五"时期,我国流动迁移人口将继续保持2亿人以上。同时,我国人口流动的流量、流向、结构等也正在发生深刻变化,流动人口群体的利益诉求日趋多元化。大规模的流动人口影响着经济社会发展的方方面面,不仅是改善和保障民生的重点人群,也是统筹城乡、区域协调发展的一个关键节点,流动人口社会融合问题能否妥善解决,直接影响改革发展稳定大局。

第二,流动人口在流入地城市越来越呈现居住长期化、家庭化迁移趋势,社会融合的需求不断增加。原国家卫生和计划生育委员会组织的全国流动人口动态监测调查数据显示,流动人口流动迁移家庭化趋势愈发明显。流动人口正在从生存型向发展型转变,伴随流动老人和流动儿童数量不断上升,流动人口家庭的公共服务需求增加,融入当地社会的愿望强烈。

第三,1980年后出生的新生代成为流动人口主体,其融入城市社会的愿望更加迫切。出生于1980年及以后的流动人口超过六成,他们大多出生在流入地城市,成长在城市,已经熟悉了城市生活。与老一代相比,他们更渴望成为城市公民,融入城市生活。

第四,流动人口内部分化明显,低收入群体面临发展困境。由于受到本身技能和资金等经济社会因素影响,流动人口内部开始分化,呈现不同的经济地位。尤其是经济收入处于低端的人群,在城市工作和生活面临诸多困境,逐渐成为城市新的贫困人口,极易形成城市内部的二元结构。这些问题如果得不到妥善解决,容易引发社会矛盾冲突,影响经济发展与社会融合。

因此,流动人口的生存发展问题关系到我国"两个一百年"目标能否顺利实现,推进流动人口的社会融合是决胜全面建成小康社会、开启全面建设社会主义现代化国家新征程的重大任务，愈加成为政府和学界等社会各界需要高度重视并着力研究解决的重大现实问题。

实际上，20 世纪 90 年代以来，大量的农村人口进城寻找就业机会，农民工的社会交往、城市适应等问题逐步显现，农民工这一庞大的群体也被学界所关注。近年来，随着中央推进户籍制度改革和农业转移人口市民化政策的明确，流动人口的社会融合问题逐渐凸显为政府和学界关心研究的焦点。

徐水源同志长期从事流动人口的管理与政策研究工作，在工作中善于观察、勤于思考，形成了一系列研究成果。呈现在读者面前的这部著作，是他多年研究成果的结晶。本书把流动人口社会融合政策制定和基础学术研究统筹起来，构建了较为完整的推进流动人口社会融合顶层制度设计和政策体系，并有着扎实的学术研究支撑；数据支撑扎实，有很强的参考价值；在基础研究方面，也做得规范、可信。此外，本书还深深地透彻着作者对流动人口的关爱和流动人口工作的执着，这一份"初心"和情怀，是特别值得我们研究流动人口时学习借鉴的。

特作此序。

杨 云 彦

湖北省人民政府副省长

中南财经政法大学教授

中国人口学会副会长

2018 年 8 月

前　言

改革开放尤其是进入 21 世纪以来，我国经济社会发展取得了令世界瞩目的成就，成为世界第二大经济体，步入中等收入国家行列。同时，我国城镇化发展取得了显著成绩，但在快速发展中也积累了不少突出矛盾和问题，尤其是流动人口的"半城镇化"问题严重，两亿多流动人口为我国经济社会发展做出了巨大贡献，但他们没有完全融入城市，没有享受同城市居民完全平等的公共服务和市民权利。伴随中国特色社会主义进入新时代和我国社会主要矛盾的转化，流动人口对城市美好生活的需要日益广泛，不仅对物质文化生活提出了更高要求，而且在民主、法治、公平、正义、安全、环境等方面的要求日益增长，特别是其融入城市社会的愿望和需求更加强烈。新型城镇化的核心思想是以人为本，关键是解决好流动人口的"半城镇化"问题。因此，新时代加快农业转移人口市民化进程、解决好流动人口的社会融合问题，是检验城镇化发展是否真正以人为核心的试金石，将直接关系到我国能否实现从传统社会向现代社会的顺利转型。

党的十八大以来，习近平总书记就推进新型城镇化和流动人口社会融合作出了一系列重要论述，要求加快推进户籍制度改革，完善城乡劳动者平等就业制度，逐步让农业转移人口在城镇进得来、住得下、融得进、能就业、可创业，维护好农民工合法权益，保障城乡劳动者平等就业权利。他在党的十九大报告中又明确提出了"加快农业转移人口市民化"的任务要求，对流动人口社会融合制度框架进行了顶层设计，为推进新时代流动人口社会融合提供了理论指导、指明了工作方向。在习近平新时代中国特色社会主义思想指引下，流动人口社会融合取得了历史性成就，流动人口实现了由生存型向发展型的根本转变。本书以学习领会习近平总书记关于推进新型城镇化和流动人口社会融合的重要论述为主要内容，认真梳理他在浙江推动流动人口社会融合的成功实践，提出新时代流动人口社会融合包括经济立足、权益平等、社会接纳、政治参与、身份认同、文化交融等六个方面，并得出了以下基本判断：

1. 进得来是流动人口社会融合的前提；

2. 住得下是流动人口社会融合的基础；

3. 就业创业是流动人口社会融合中经济立足的主要体现；

4. 保障流动人口劳动收入合法权益是流动人口社会融合中权益平等的重要方面；

5. 获得城市各项基本公共服务是流动人口社会融合中社会接纳的核心指标；

6. 随迁子女获得教育服务是流动人口的最大愿望；

7. 获得社会保障服务是流动人口的最大需求；

8. 在城市落户是流动人口的最大期盼；

9. 健康是影响流动人口社会融合的重要因素；

10. 家庭团聚是流动人口社会融合的助推器；

11. 流动人口加入工会组织是流动人口社会融合中政治参与的有力保障；

12. 享有民主政治权利是流动人口社会融合中政治参与的具体体现；

13. 丰富精神文化生活是流动人口社会融合中文化融入的有效措施；

14. 城市社区是实现流动人口身份认同、文化交融的重要场所；

15. 以适应流动性为核心创新城市流动人口服务管理是流动人口社会融合的根本措施；

16. 创新政府购买服务方式是提升流动人口服务能力和质量水平的有效途径；

17. 乡村振兴是推进流动人口社会融合的客观要求；

18. 推进新时代流动人口社会融合要正确处理与新农村建设的关系；

19. 农地"三权"和"三留守"人员权益保障问题是流动人口社会融合的最大隐忧；

20. 统筹全国流动人口服务管理是推进流动人口社会融合的工作机制要求；

21. 引导流动人口在城市间有序流动与合理分布是推进流动人口社会融合的必然要求。

在明确上述基本判断的基础上，本书分为两大部分，分别从政策制度构建和基础研究支撑角度对流动人口社会融合的相关问题进行系统研究、阐明观点。

第一部分为政策制度篇，主要内容是构建新时代流动人口社会融合的政策制度。分为十章。第一章导论部分主要在阐述推进新时代流动人口社会融合核心内涵和重大意义的基础上，提出了新时代流动人口社会融合制度安排和政策框架。第二章至第六章从经济立足、权益平等、社会接纳三个方面，阐述了如何让流动人口在城镇进得来、住得下、融得进、能就业、可创业，维护好流动人口合法权益，保障城乡劳动者平等就业权利，促进流动人口家庭团聚的政策措施，涵盖了第 1—10

个观点。第七章至第八章阐述了如何以适应流动性、促进外来流动人口与本地居民交流交往融合为目的，创新城市流动人口服务管理，有序推进政府购买流动人口服务，构建城市流动人口社会融合社区服务平台的政策措施；并从政治参与、身份认同、文化交融三个方面研究提出了保障流动人口政治参与和精神文化权益的政策措施，涵盖了第11—16个观点。第九章至第十章从城乡区域协调发展的高度，提出了创新流动人口社会融合体制机制的政策措施，涵盖了第17—21个观点。

第二部分为基础研究篇，主要内容是在全面把握流动人口基本状况、特点和发展趋势的基础上，从经济立足、权益平等、社会接纳、政治参与、身份认同、文化交融等六个维度构建流动人口社会融合指标体系和指数，分析流动人口社会融合现状及其特征，并从影响因素的角度对第一部分政策制度篇涉及的流动人口及其家庭的具体政策措施进行实证研究，提供学术研究层面的重要依据。第二部分分为6章。第11章全面梳理了我国流动人口的基本情况、主要特征及变动趋势。第12章至第14章在对国内外流动人口社会融合研究综述的基础上，构建流动人口社会融合指标体系和评估指数，对流动人口社会融合现状进行分析；并对影响流动人口社会融合的主要因素进行实证分析。第15章分析了德国相关政策实践及其对我国的启示。第16章对基础研究的主要结论与政策启示进行概括总结。

本书的出版是自己长期对流动人口社会融合问题深入研究、思考的结果，也是自己在从事流动人口社会融合研究和实践工作中不断积累的结果。特别是在流动人口司和流动人口服务中心工作期间，具体参与了流动人口社会融合示范试点的推进及流动人口社会融合的评估研究工作，为本书部分内容和观点的形成提供了素材和重要思路。本书也是流动人口服务中心流动人口社会融合研究系列成果之一。

在本书即将付梓之际，首先非常感谢全国政协人口资源环境委员会副主任,中国计划生育协会党组书记、常务副会长,原国家卫生和计划生育委员会副主任、党组成员王培安同志和中国卫生信息与健康医疗大数据学会会长、原国家卫生和计划生育委员会副主任金小桃同志百忙之中为本书作序,并在工作和研究中给予我极大的关心鼓舞。特别感谢湖北省人民政府副省长、中南财经政法大学教授杨云彦老师,作为我的导师,他对我研究流动人口社会融合问题给予了悉心指导,并欣然为本书作序。感谢原国家卫生计生委流动人口司和现工作单位国家卫生健康委流动人口服务中心领导同事对我研究工作提供的支持和帮助。感谢人民出版社张振明主任、忽晓萌编辑的辛勤工作,使得本书得以早日出版。

本书虽然数易其稿,但由于时间和水平有限,难免存在研究不够深入、值得商榷的地方,真诚希望读者提出批评意见。

通讯地址:国家卫生健康委员会流动人口服务中心

邮编:100191

电子邮箱:xshuiyuan2013@163.com

徐 水 源

2018 年 8 月

北京 林语鉴之斋

第一部分　政策制度篇

第一章 导论:推进新时代
流动人口社会融合

　　当今中国,全面建成小康社会、建设社会主义现代化强国,实现中华民族伟大复兴的中国梦是每个中国人的梦想。习近平总书记所作的党的十九大报告指出:"中国特色社会主义进入新时代,我国社会主要矛盾已经转化为人民日益增长的美好生活需要和不平衡不充分的发展之间的矛盾。"①人民美好生活需要日益广泛,不仅对物质文化生活提出了更高要求,而且在民主、法治、公平、正义、安全、环境等方面的要求日益增长。

　　当前,我国正在经历着历史上最大规模的人口流动迁移,2008年以来,已经连续10年每年全国流动人口②数量保持在2亿以上。随着我国社会主要矛盾的转化,流动人口融入城市社会的愿望和需求更加

---

　　① 习近平:《决胜全面建成小康社会　夺取新时代中国特色社会主义伟大胜利——在中国共产党第十九次全国代表大会上的讲话》。

　　② 依据《中华人民共和国2017年国民经济和社会发展统计公报》的界定,流动人口是指人户分离人口中扣除市辖区内人户分离的人口。人户分离的人口是指居住地与户口登记地所在的乡镇街道不一致且离开户口登记地半年及以上的人口。市辖区内人户分离的人口是指一个直辖市或地级市所辖区内和区与区之间,居住地和户口登记地不在同一乡镇街道的人口。

强烈。新时代流动人口社会融合①，包括经济立足、权益平等、社会接纳、政治参与、身份认同、文化交融六个维度，各维度之间具有递进性、互动性。其核心内涵包括以下三个方面。

第一，实现经济立足，保障权益平等。这是流动人口社会融合的重要基础，就是流动人口进城后，能就业、有收入，支撑他们在城市能够享有稳定的生活；保障流动人口享有与城镇居民平等的劳动权益，主要体现在流动人口享有平等的就业权利和同工同酬。

第二，促进社会接纳，扩大政治参与。社会接纳是流动人口社会融合的核心，流动人口作为中国的公民，应当享有自由进入城市的权利，并且享有在城市工作、生活的权利。城市政府和社会各界要以包容互爱的心态和行动，接纳外来流动人口成为城市新市民。政治参与是流动人口社会融合的关键，政治参与要求保障流动人口在流入地城镇享有广泛的社会参与和民主政治的权利，发挥着承前启后的枢纽作用。

第三，加强身份互认，推动文化交融。这是流动人口社会融合的最佳状态，通过流动人口与城镇居民交流交往交融，实现流动人口与市民之间的相互认同；通过转变生活习俗、改变生活方式、城市行为和城市文化养成，乡村文化与城市文化的碰撞、相和，最后要达到文化交融，形成当地社会新的文化，增强流动人口城市认同感和归属感。

改革开放以来特别是党的十八大以来，党中央、国务院采取了一系列政策措施，流动人口工作取得了显著成效，流动人口实现了由生存型向发展型的根本转变：通过加快城镇化进程，积极引导人口有序流动、

---

① 新时代流动人口社会融合，是指流动人口在流入地城镇公平地享受政府提供的各项基本公共服务和社会福利，获得均等的生存和发展机会；流动人口与流入地城镇居民个体或群体之间通过交流、交往，达到相互渗透、相互交融的过程；流动人口全面参与流入地政治、经济、社会、文化生活，在实现流动人口经济立足、权益平等的基础上，能够被城市社会所接纳、有效行使政治参与的民主权利，最终实现流动人口对流入地城市的身份认同和文化交融。

促进人口合理分布;通过改革户籍制度等措施,降低了农村人口进入城市的门槛,农业转移人口市民化进程加快;通过优先解决夫妻分居问题、老年人投靠子女问题等,加快了人口在地区之间的流动迁移;通过推进常住人口基本公共服务全覆盖,着力改善流动人口基本公共服务状况;积极解决流动儿童义务教育等问题,为人口流动创造更多的便利条件;地方政府积极组织农村劳务输出,增加了农村劳动力外出就业的机会等。但由于长期存在的城乡二元结构所形成的农村与城市的区域分割、农民与市民的身份分割和种种不平等,流动人口在城市社会的政治生活相关话语权缺失,其劳动就业权、健康权、居住权、受教育权、社会保障权和社会参与权同当地居民还有明显差距,不能公平享有与市民均等的各项基本公共服务和城市社会福利,流动人口面临难以融入城市的制度障碍和现实困境。加快推进新时代流动人口社会融合,满足流动人口新时代日益增长的美好生活需要,促进流动人口的全面发展,已经成为事关决胜全面建成小康、开启社会主义现代化新征程的重大问题。

第一节 新时代流动人口社会融合是关系我国经济社会发展全局的重大问题

我国是一个名副其实的流动人口大国,在13亿多人口中流动人口就超过2亿,相当于每6个人当中就有1个人在流动。习近平总书记深刻指出,新形势下,如果利益关系协调不好、各种矛盾处理不好,就会导致问题激化,严重的就会影响发展进程。[①] 因为规模庞大及其共有特征,流动人口成为推动我国经济高质量发展、处理社会利益矛盾等各

[①] 参见《十八大以来重要文献选编》(中),中央文献出版社2016年版,第833—834页。

方面工作都需要重点关切的重点人群和矛盾焦点之一。新时代流动人口社会融合是推进以人的城镇化为核心的国家新型城镇化的关键所在,不仅是促进社会性流动、构建有序活力社会的必然要求,也是扩大中等收入群体、促进社会和谐稳定的必然要求,推进新时代流动人口社会融合已经成为影响当今中国经济社会发展全局的时代主题和重大任务。

一、流动人口是国家建设和城市繁荣发展的重要力量

2013 年 2 月 8 日,习近平总书记来到北京地铁 8 号线南锣鼓巷站施工工地,向正在施工作业的农民工和工程技术人员表达新春的祝福时强调,农民工是改革开放以来涌现出的一支新型劳动大军,是建设国家的重要力量。[①] 随着工业化、城镇化的快速发展,农村人口大规模地流向城镇。由于劳动力的转移而引发的人才、信息、技术等资源的互补交流,也在流动人口流出地和流入地之间形成了巨大而深远的经济效益和社会效益,流动人口对我国经济社会发展的贡献力和影响力越来越大。实践证明,人口流动为我国经济增长直接提供了新的动力。40 年来,按照可比价格计算,我国国内生产总值年均增长约 9.5%,经济长期处于中高位的快速增长。据有关专家分析,其中劳动力转移对经济增长的贡献达到两成以上。以浙江为例,经济总量从改革之初的全国第 12 位上升到 2017 年的第 4 位,民营经济作出了很大贡献,而在该省个体私营经济从业人员中,80%是流动人口。实践证明,流动人口已经成为国家建设的重要力量。

流动人口推动了城市的繁荣发展。流动人口为城市建造了一座座高楼,为中国特色社会主义大厦添砖加瓦,他们是光荣的打工者,他们

---

① 参见《习近平看望慰问坚守岗位的一线劳动者》,人民网,http://cpc.people.com.cn/n/2013/0210/c64094-20476040.html,2013-02-10。

是社会财富的创造者,他们是先进生产力发展的生力军。

第一,为城市带来了人力资本的流入。劳动力作为生产要素的流动,实质上是一种人力资本的流动,是贫困地区的人力资本向发达地区的流动。因此在一定意义上说,劳动力的流动是财富的流出和集聚过程。贫困地区流向发达地区的往往是高素质的劳动力,他们的人力资本投资是由贫困地区提供的,而投资效益则在发达地区体现,收益最大的是发达地区。

第二,为城市发展提供了廉价的劳动力。流动人口大多在城市的传统服务业,如建筑、环境卫生、饮食服务和家庭用工等行业就业,这对于平抑和稳定城市传统服务的价格,以及满足城市居民,尤其是中、低收入居民和老年居民的消费需要都是不可缺少的。此外,庞大的流动人口群体又是城市中主要的消费群体,有利于扩大城市内需。

第三,为城市创造了财富。流动人口为城市创造的财富远远超过他们所获得的工资报酬,流动人口创造的剩余部分以利润、利息、税收、地租等形式作为国民收入进行第二次再分配,其中相当一部分财富作为利润、利息和租金形式分配给当地劳动者,外地劳动者不能享受同样的待遇;还有一部分财富成为当地社会福利事业投资的主要来源,这些社会福利设施由当地全体居民共同享受,外地劳动者也无法公平享有。

二、流动人口社会融合是推进以人为核心新型城镇化的历史抉择

推进新型城镇化已经成为中国当今时代发展的重大主题。习近平总书记指出,城镇化是现代化的必由之路。① 我国新型城镇化是以人为本、集约高效、绿色低碳、开放包容的城镇化,是我国走向社会主义现

---

① 参见《十八大以来重要文献选编》(上),中央文献出版社 2014 年版,第 589 页。

代化强国、实现中华民族伟大复兴中国梦的有效途径，也是我国实现社会转型、从农耕文明走向现代文明的康庄大道。城市是人民群众寄托对美好生活向往的重要载体，是实现幸福生活的重要家园，是未来中国人口的主要承载地。习近平总书记指出，持续进行的新型城镇化，将为数以亿计的中国人从农村走向城市、走向更高水平的生活创造新空间。① 新型城镇化有别于过去的城镇化，要解决的是过去 40 年城镇化快速发展带来的一系列问题。"十三五"开局之年，习近平总书记对深入推进新型城镇化建设作出重要指示时，进一步强调新型城镇化建设一定要站在新起点、取得新进展。要坚持以创新、协调、绿色、开放、共享的发展理念为引领，以人的城镇化为核心，更加注重提高户籍人口城镇化率，更加注重城乡基本公共服务均等化，更加注重环境宜居和历史文脉传承，更加注重提升人民群众获得感和幸福感。② 真正实现以人的城镇化为核心的新型城镇化，当前最为迫切和紧要的就是坚持以人民为中心的发展思想，切实转变思想认识，加快实现城镇化发展理念和发展思路的"四个转变"：一是由"见物不见人"向"见物又见人"转型，即由过去大量农业转移人口未能享受城镇居民基本公共服务，向"稳步推进城镇基本公共服务常住人口全覆盖"、"使全体居民共享现代化建设成果"转型；二是由"粗放低效"向"集约高效"转型，即由过去城镇发展产城融合不紧密，产业集聚与人口集聚不同步，城镇化滞后于工业化，人口城镇化滞后于"土地城镇化"，建设用地粗放低效，向"四化同步，统筹城乡"、"优化布局、集约高效"转型；三是由城镇空间分布和规模结构不合理与资源环境承载能力不匹配，向"生态文明、绿色低碳"转型；四是由自然历史文化遗产保护不力，城乡建设缺乏特色，向"文

---

① 参见《习近平谈治国理政》，外文出版社 2014 年版，第 345 页。

② 参见《习近平：促进中国特色新型城镇化持续健康发展》，新华网，http://www.xin-huanet.com/politics/2016-02/23/c_1118134674.htm，2016-02-23。

化传承、彰显特色"转型。农业转移人口的主要出路就在于推进城镇化和发展非农产业,因此,推进国家新型城镇化最重要的是加快农业转移人口市民化进程,推进流动人口社会融合。

推进流动人口社会融合是落实"新型城镇化的关键是解决好人的问题"的核心任务。早在中央城镇化工作会议上,习近平总书记就一针见血地指出,解决好人的问题是推进新型城镇化的关键。① 我国城镇化发展虽然取得了显著成绩,但在快速发展中也积累了不少突出矛盾和问题。目前我国城镇化发展失衡,城镇化发展质量不高,与人民群众对城市美好生活的向往有很大差距。城镇化滞后于工业化,特别是人的城镇化滞后于土地城镇化、见物不见人、半城镇化问题严重,尤其是流动人口的半城镇化问题,2亿多进城农民工和其他常住人口还没有完全融入城市,没有享受同城市居民完全平等的公共服务和市民权利,"玻璃门"现象较为普遍。人口大规模的钟摆式流动衍生了大量的社会问题,不仅会直接影响城市的健康发展和社会和谐稳定,还会影响全面建成小康社会目标的顺利实现,进而影响全面建设社会主义现代化国家新征程的开启。

城镇化的实质在于现代化,即在于社会生产方式、生活方式、价值观念的现代化,而不仅仅是人口在地域空间单纯的移动、居住区向城市的汇集,更重要的是生产方式、生活方式由农村向城市转变,乡村传统封闭的文化向城市现代化开放文化转变。因此,推进流动人口社会融合不仅是一个社会目标,而且是一个持续发展的过程。流动人口由农村到城镇、由欠发达地区到发达地区,将经历一个再社会化过程,即使已落户城市、身份已转变的农业转移人口要真正融入城市社会,也需要不断调整适应与当地政府、社会和居民的关系,需要经过城市生活方

---

① 参见《十八大以来重要文献选编》(上),中央文献出版社2014年版,第593页。

式、生活习俗的适应和转变，城市文明、行为模式的接受和内化，真正成为城市新市民，这将是一个潜移默化、润物无声的长期过程。总体来讲，流动人口社会融合是流动人口适应城市生活方式、接受城市文明，逐步实现市民化的过程；是流动人口共享城市发展成果、获得平等发展机会的过程；也是城市增强自身的包容性，提升社会接纳能力的过程。此过程伴随着全体国民素质的提升，为全面建成小康社会、建设社会主义现代化强国、实现中华民族伟大复兴的中国梦积累人力资本。因此，新时代流动人口社会融合不仅是推进国家新型城镇化的现实需要，也是流动人口利益诉求的时代呼唤，更是新时代赋予城市政府的历史责任。

三、流动人口社会融合是扩大中等收入群体的必然要求

习近平总书记指出："扩大中等收入群体，关系全面建成小康社会目标的实现，是转方式调结构的必然要求，是维护社会和谐稳定、国家长治久安的必然要求。"①和谐有序稳定并充满生机活力的社会必然是以中等收入群体为主体的橄榄型社会。从全球视野来看，世界上许多现代化发达国家都是橄榄型社会结构。中等收入群体比重的提高，可以直接有效地降低基尼系数，有效改善收入分配状况，有助于缓解贫富差距造成的对立情绪和由此引发的社会问题。这就需要不断扩大中等收入群体，加快形成稳定的橄榄型社会结构。

习近平总书记在党的十九大报告中提出扩大中等收入群体，到2035年基本实现社会主义现代化时中等收入群体比例明显提高的目标要求。② 目前，上亿的流动人口大多在中等收入群体之外，是我国扩

---

① 《习近平谈治国理政》（第二卷），外文出版社 2017 年版，第 369 页。

② 参见习近平：《决胜全面建成小康社会 夺取新时代中国特色社会主义伟大胜利——在中国共产党第十九次全国代表大会上的报告》。

大中等收入群体的重点人群。流动人口拥有丰富的劳动力资源和年轻创造活力,有较强的就业创业能力,只要国家给予好的政策,就有可能实现劳动力资源向人力资本的转化,为我国经济社会发展提供充沛的劳动力和人力资本,促进经济高质量发展,为加快建设现代化经济体系提供人力资本支撑;同时,通过在城市就业、增加收入,使大多数有条件的流动人口进入中等收入群体,包括低收入流动人口在内的低收入群体收入也将显著提高,从而成为我国橄榄型社会结构的重要支撑,促进社会和谐稳定。这就要求创新体制机制、完善社会政策,促进劳动力和人力资源的社会性流动,畅通中等收入群体的进入渠道,使流动人口在社会性流动中获得均等的各种机会,不断提高自身的素质,不断提高劳动收入。

第二节　新时代流动人口社会融合制度安排和政策框架

推进流动人口社会融合是一项系统工程和政策性极强的工作,既要注重制度设计和政策制定,又要兼顾流动人口个人、家庭和区域的差异,统筹考虑,多管齐下。因此,迫切需要国家层面加强顶层制度设计,制定一整套的推进流动人口社会融合的政策体系。习近平总书记在主持十八届中共中央政治局第二十二次集体学习时强调,要加快推进户籍制度改革,完善城乡劳动者平等就业制度,逐步让农业转移人口在城镇进得来、住得下、融得进、能就业、可创业,维护好农民工合法权益,保障城乡劳动者平等就业权利[1],为新时代中国流动人口社会融合制度安排和政策框架顶层设计指明了方向。要加强新时代流动人口社会融

---

[1]　参见《习近平:健全城乡发展一体化体制机制让广大农民共享改革发展成果》,新华网,http://www.xinhuanet.com/politics/2015-05/01/c_1115153876.htm,2015-05-01。

合制度安排和政策供给,从制度和政策层面保障,积极有序稳步推进新时代流动人口的社会融合。

一、加强社会融合顶层设计和制度安排

(一)按照城镇化进程中同步推进工业化、信息化、农业现代化的要求,搞好相关制度设计。"四化"的实现是现代化国家的标志,我们的国情要求同步推进"四化"。目前,我国社会建设滞后于经济建设,人的城镇化滞后于土地城镇化,城乡差距拉大,区域发展不平衡。同时,需要指出的是,城镇化并不必然带来农村的繁荣发展。城镇化进程中要高度重视城乡统筹和协调发展,通过建立城乡伙伴关系,逐步实现城乡一体化发展。只有统筹城乡区域协调发展,促进二元结构的转变直至消除城乡二元结构,走逐步实现工业化、城镇化到现代化的道路,才能顺利完成我国社会由传统社会向现代社会转型的历史任务。为此,一方面需要转变经济发展方式,提升经济发展水平和质量,为流动人口更好地融入城市提供就业机会,促进流动人口在城市实现经济立足;另一方面,需要推进社会治理体制机制创新,推进相关制度改革,为流动人口社会融合创造良好的环境和条件。

(二)深入推进户籍制度改革,消除制度性障碍和壁垒。户籍制度既是造成流动人口社会融合问题出现的原因,也是导致社会融合难以实现的关键。要逐渐剥离附着在户籍上的各项城市福利,取消不同户口形态之间在权责关系上的内在差别,建立城乡统一的人口登记制度,探索建立直接面向公民个人的福利体系。

(三)打破城乡、区域分割的封闭管理,确立公民自由迁移的权利。在城镇化进程中,要为农村富余劳动力在城乡间自由迁移创造良好的制度环境。同时,要加强立法工作,从法律制度层面确立公民的自由迁移权利。

二、构建以保障流动人口公平获得基本公共服务为核心的推进流动人口社会融合政策体系

(一)城市流动人口就业创业扶持政策。健全城乡劳动者平等就业制度,加强城乡统一的劳动力和人力资源市场建设,加强流动人口就业创业支持,将公共就业创业服务覆盖常住流动人口,为流动人口提供基本的公共就业服务,促进流动人口在城市实现较为充分的就业,实行流动人口与城镇职工同工同酬,保障流动人口的合法劳动权益,帮助他们在城镇实现经济立足。

(二)城市流动人口社会接纳政策。主要从反对社会排斥的角度,破除限制流动的制度壁垒,制定促进社会性流动、有利于流动人口社会融合的制度,出台包容性的政策,让流动人口进得了城、落得了户,成为真正的城市新市民。

(三)保障和改善城市流动人口民生政策。推动城市在发展中适应流动性、促进社会公平正义,将流动人口纳入城市公共服务和社会保障体系,实现城市流动人口基本公共服务均等化,让流动人口住得下、融得进,实现家庭团聚,在流动人口幼有所育、学有所教、劳有所得、病有所医、老有所养、住有所居、弱有所扶等方面不断取得新进展。

(四)流动人口参与城市民主政治和社会事务管理政策。保障流动人口政治参与和管理社会事务的权利,促进流动人口与市民身份互认和文化交融,增强流动人口城市认同感和归属感。

(五)有利于引导人口有序流动与合理分布的政策。通过抓源头,实施乡村振兴战略、加强新农村建设,为流动人口融入城市奠定坚实的基础;实施区域协调发展战略,加快形成以城市群为主体构建大中小城市和小城镇协调发展的城镇格局,引导流动人口在大中小城市间有序流动和合理分布。

三、形成推进流动人口社会融合的工作合力

习近平总书记强调,全社会一定要关心农民工、关爱农民工。① 坚持推进流动人口社会融合政府主导,协调相关部门共同采取行动,动员更广泛的社会力量参与其中,有效发挥政府、社会组织、公众的角色资源和互补功能,形成全社会、全方位推进流动人口社会融合的格局。

(一)建立健全流动人口社会融合"政府主导、部门协同、社会参与、多元供给"的工作格局。推进流动人口社会融合涉及流动人口就业创业、子女教育、住房、卫生健康、文化交往等各项民生问题,需要政府、企业、社会的共同关注、形成合力、协同推进,因此,须由政府主导,协调相关部门共同采取行动,动员更广泛的社会力量参与其中。

(二)实施推进流动人口社会融合政策效果监测评估。对现有经济社会各项政策开展流动人口社会融合效果评估,看其是否有利于消除社会歧视、排斥和不公平,有利于推进流动人口社会融合。对于加大城乡差别化、区域分割化、造成不平等的政策,应当及时进行清理。从政策和流动人口群体两个视角,从经济立足、权益平等、社会接纳、政治参与、身份认同、文化交融六个维度,研究提出具有中国特色的流动人口社会融合指标体系,定期发布全国、省级和重点区域的城市流动人口社会融合指数,实施城市流动人口社会融合效果评估,指导推动地方城市做好流动人口社会融合工作。

(三)推动全社会形成关心流动人口、促进社会融合的理念和环境氛围。推进流动人口社会融合需要社会各界的全面参与,社会各界都要树立理解、尊重、关心关爱流动人口的意识,推进流动人口社会融合的理念,强化宣传倡导,加强对各级干部的培训,提升流动人口科学管

---

① 参见《习近平看望慰问坚守岗位的一线劳动者》,人民网,http://cpc.people.com.cn/n/2013/0210/c64094-20476040.html,2013-02-10。

理和优质服务能力;发挥高校和科研院所专家学者作用,传递流动人口社会融合的理念,广泛宣传流动人口社会融合政策,增强社会融合意识;开展流动人口新市民培训,培养诚实劳动、爱岗敬业的作风和文明、健康的生活方式,为流动人口社会融合创造良好的环境和条件。

第二章 进得来、住得下,创造流动人口社会融合的前提条件

进得来、住得下,是流动人口社会融合的前提和条件,是新时代流动人口社会融合的重要内涵和题中应有之义。同时,流动人口进城也是提高生活水平、追求幸福生活,促进人的全面发展的历史发展大逻辑。

第一节 进得来,使"来者有其尊"①

看得见城市,流动人口进不去、住不下、落不了、融不进问题较为普遍。流动人口为城市建设和发展付出了代价,作出了贡献,流动人口进得了城是理所当然、天经地义。城市要打开城门,允许劳动力自由、有序地流动,尤其是打开城市就业市场,让流动人口能够自由、有序地进入城市劳动力市场,迎接城市流动人口新市民。

一、流动人口进城是人口流动迁移规律使然

按照传统迁移理论,农业劳动力向工业部门转移、农村劳动力向城

---

① 习近平:《干在实处　走在前列——推进浙江新发展的思考与实践》,中共中央党校出版社 2016 年版,第 253 页。

市转移是农业劳动力饱和、剩余劳动力边际产量过低的必然结果。20世纪90年代以来，随着我国经济社会的发展，农村劳动力的跨地区流动日趋活跃，大量农民脱离农业生产涌入城市务工，并逐渐成为农村劳动力转移的主要形式，这是农民将进城寻找就业和发展机会作为直接目标的自发流动，由此我国农业劳动力非农化成为我国产业结构转变的一大特征。我国农村劳动力数量众多，在工业化、城镇化加速发展的阶段，大量的农村富余劳动力逐渐转移出来，流动人口在城乡之间流动就业在我国是一个普遍存在的客观现象。从我国改革开放以来的发展历程并结合城乡二元结构的现实基础来看，一部分农村劳动力在城镇和农村流动，在我国现阶段乃至相当长的时期都会存在，也就是说我国的人口流动迁移现象将长期存在。由于历史形成的城乡二元社会，城乡差距势能的几十年积蓄，使得我国当前和今后一个时期必然经历着一场世界罕见的大规模人口流动与迁移，并将伴随我国工业化、城镇化、现代化的全过程。对此，习近平总书记在中央城镇化工作会议上作出了明确判断："城镇化最基本的趋势是农村富余劳动力和农村人口向城镇转移"[1]；并对人口的流向和集聚趋势和规律做了进一步分析，"从世界城市发展和布局看，一般来说，城市和人口集中在沿海地区是规律"[2]。当前和今后一个时期，我国的人口流动和迁移仍处于活跃时期，"十三五"期间中国流动人口规模将在2亿以上。

　　中国人口流动迁移的一个显著特点是由农村向城市，尤其是向特大城市和大城市持续集中流动，这是我国经济社会发展过程中劳动力要素自由流动的自然规律和客观要求。人口流动迁移尤其是农村富余劳动力和农村人口向城镇转移，不仅是引导作为重要生产要素的劳动力跨区域合理流动的必然要求，也是破除二元结构、推动现阶段我国城

---

　　① 《十八大以来重要文献选编》（上），中央文献出版社2014年版，第593页。

　　② 参见《十八大以来重要文献选编》（上），中央文献出版社2014年版，第600页。

乡、区域、经济社会一体化发展的历史选择。人口大规模流动迁移突破了城乡二元结构的藩篱，对城乡分割和区域封闭的二元社会管理体制形成了较大冲击，促进了多种生产要素在更大范围内的优化配置，促进了全国统一的劳动力市场的形成。由于人口的大范围流动，人口构成和人口分布产生的人口变动，不断推动二元经济社会结构逐步消解，加快了二元结构经济向一元现代化经济转变，为最终迈向一元社会创造条件。如何适应创新、协调、绿色、开放、共享的新发展理念，在调整经济结构、转变经济发展方式中充分发挥人口流动迁移带来的经济效益和规模效应，打破二元结构藩篱，降低城市门槛，让流动人口得以自由流动和进城，成为全面建成小康社会首当其冲的历史性任务。

二、以平等对待流动人口为核心推进城市管理体制改革

习近平总书记指出："人民对美好生活的向往，就是我们的奋斗目标。"①他在第十二届全国人民代表大会第一次会议上发表重要讲话时强调，我们要不断实现好、维护好、发展好最广大人民根本利益，使发展成果更多更公平惠及全体人民。② 随着经济社会的快速发展，城市公共设施、公共服务得到了很大提高，居民生活有了较大改善。但是，随着大规模的流动人口进城，城市新老居民生活方式的改变以及对新时代新生活的追求，给传统的城市管理带来了巨大冲击，也给城市人口的服务体系带来新的挑战。

（一）搞好城市定位和发展规划。习近平总书记指出："人要在城市落得住，关键是要根据城市资源禀赋，培育发展各具特色的城市产业体系，强化城市间专业化分工协作，增强中小城市产业承接能力，特别

---

① 《十八大以来重要文献选编》（上），中央文献出版社 2014 年版，第 70 页。
② 参见《十八大以来重要文献选编》（上），中央文献出版社 2014 年版，第 236 页。

是要着力提高服务业比重，增强城市创新能力，营造良好就业和生活环境。"①人口问题始终是城市经济社会发展的基础性问题，是制定社会政策的重要依据。不同的经济发展阶段，人口的数量、素质、结构与分布状况，直接关系到城市社会治理模式的选择。因此，要以新发展理念引领创新城市发展思路，科学把握人口发展规律，按照全国主体功能区规划和国家新型城镇化发展规划的要求，依据城市人口发展新变化，明确城市发展方向，搞好城市自身发展的定位。在此基础上，制定落实好城市发展规划。在编制城市发展规划时，开展人口规模、结构、分布、素质等因素变化影响的综合性评价，加强人口发展规划与劳动就业、住房、义务教育、卫生健康、社会救助等重大基本公共服务专项规划的衔接协调，建立重大工程项目人口评估机制。同时，加强城市基础设施和服务设施建设，提高城市建设和发展的质量，优化城市产业结构，提升城市吸纳农业转移人口市民化的能力。

（二）创新城市管理体制。习近平总书记指出，构建权责明晰、服务为先、管理优化、执法规范、安全有序的城市管理体制，让城市成为人民追求更加美好生活的有力依托。② 在推进国家新型城镇化过程中，城市的发展和管理要着眼于服务人口流动，而不是限制人口流动。现行的城市社会管理体制还带有计划经济年代的烙印和明显的城市偏向，没有完全把流动人口当作城市发展的财富。在一些城市中形成了内部的二元结构，尤其是 1980 年以后出生的新生代流动人口，基本没有务农经历和经验，大多"回不去农村、融不进城市"，利益诉求日渐增多，维权意识日益增强，融入城市愿望迫切。同时，城市外

---

① 《十八大以来重要文献选编》（上），中央文献出版社 2014 年版，第 593 页。
② 参见《习近平主持召开中央全面深化改革领导小组第十八次会议　强调全面贯彻党的十八届五中全会精神　依靠改革为科学发展提供持续动力》，新华网北京 2015 年 11 月 9 日。

来流动人口犯罪占比较大,给城市管理和社会治安带来了诸多问题。为此,要主动适应新型城镇化发展要求和人民群众生产生活需要,以城市管理现代化为指向,坚持以人为本、源头治理、权责一致、协调创新的原则,以平等对待流动人口新市民为核心推进城市管理体制改革,建立适应人口流动的城市管理体制,完善城市管理,提升流动人口服务管理水平。

（三）提升城市社会治理水平。社会治理说到底就是对人的管理,人口组成社会,社会治理与人口管理是一个层面的两个视角,人口管理涉及文化、体育、医疗、养老等方方面面,人口管理的核心是做好人口服务,社会治理的目标是促进人的全面发展。目前,我国城市人口发展与经济社会发展普遍存在"三个不相适应"：包括流动人口在内的人口素质与城市发展的要求不相适应,人口数量快速增长与资源环境承载力不相适应,流动人口大规模集聚与城市流动人口服务管理手段办法不相适应。适应社会主义市场经济发展要求,以推进新型城镇化、促进人的全面发展为目标的城市社会治理体制机制尚未建立,现行的城市社会治理体制和水平滞后于人口流动、社会结构变化、利益诉求多样化的趋势,一些地方城市病问题比较显著,对城市社会治理和公共服务提出了严峻挑战。迫切需要加强和创新城市社会治理体制机制,不断创新城市社会治理和服务管理模式、方法和手段,切实加强对流动人口人群和薄弱环节的管理,提升城市社会治理针对性和治理效能。

三、健全城乡统一的劳动力和人力资源市场

习近平总书记在党的十九大报告中指出,人才是实现民族振兴、赢得国际竞争主动的战略资源,并提出加快建设人才强国的目标任务。要求努力形成人人渴望成才、人人努力成才、人人皆可成才、人人尽展其才的良好局面，让各类人才的创造活力竞相迸发、聪明才智充分涌流。① 健全城乡统一的劳动力和人力资源市场，是实现城乡劳动者平等就业制度政策的重要内容，是实施人才强国战略的必然要求，也是流动人口在城市稳定就业、实现经济立足从而融入城市的重要基础。流动人口是宝贵的劳动力和人才资源。当前，影响劳动力和人力资源合理流动和有效配置的制度性障碍依然存在，劳动力自由流动仍然受到制约，一些单位招用人制度不规范，一些显性或隐性歧视现象依然存在。

习近平总书记强调："排除阻碍劳动者参与发展、分享发展成果的障碍，努力让劳动者实现体面劳动、全面发展。"②要消除一切排斥流动人口进城的制度安排或设计，保障流动人口进城并享有平等的就业权利、就业机会，使流动人口获得与城市居民同等的地位。改革劳动就业制度，尊重劳动者和用人单位的市场主体地位，建立健全相关法律制度，消除影响城乡劳动者平等就业的制度性障碍，切实保障流动人口获得与城镇职工平等的就业待遇。拓宽城乡就业渠道，着眼于城乡一体化发展统筹城乡就业，打破城乡分割和户籍界限，建立健全城乡统一、平等竞争的劳动力和人力资源市场，维护劳动者平等就业权利，促进劳动力在地区、行业、企业之间自由流动。严格落实《中华人民共和国就业促进法》、《中华人民共和国劳动合同法》、《中华人民共和国劳动争议调解仲裁法》等法律法规，消除农村劳动力进城就业户籍限制，继续清理和取消流动人口进城就业的歧视性规定、不合理限制和乱收费行为，不得以解决城镇劳动力就业为由清退和排斥流动人口。进一步加强劳动力和人力资源市场管理，规范市场秩序，依法保障市场双方合法

---

① 习近平：《决胜全面建成小康社会　夺取新时代中国特色社会主义伟大胜利——在中国共产党第十九次全国代表大会上的报告》。

② 《习近平谈治国理政》（第二卷），外文出版社 2017 年版，第 364 页。

权益。

四、逐步建立开放包容、动态向上的社会性流动机制

习近平总书记在党的十九大报告中强调:"破除妨碍劳动力、人才社会性流动的体制机制弊端,使人人都有通过辛勤劳动实现自身发展的机会。"①推动二元社会向一元化转变,是一个长期的过程,不可能一蹴而就,其中不断创新社会治理体制机制、促进社会性流动是不可逾越的关键环节。随着经济社会的发展,数量庞大的流动人口需求层次在逐步提升,从老一代流动人口的生存和安全诉求转向情感归属、获得尊重,尤其是政治权利和自我价值实现等方面的高层次诉求。必须在推进经济转轨中稳步实现社会转型,在经济发展的同时加快补齐社会建设短板,促进经济社会可持续发展。

劳动力和人力资源市场是重要的生产要素市场,劳动力和人力资源自由流动是加快完善社会主义市场经济体制的必然要求。消除影响流动人口社会融合的制度障碍,形成有利于经济结构调整的社会结构,迫切需要破除妨碍劳动力和人力资源自由流动的体制机制弊端,逐步建立开放的、包容的、动态的社会流动机制,打通各社会阶层向上流动的渠道,特别是促进劳动力和人力资源横向及纵向社会性流动。首先,当前首要的是加快建立横向有序、自由活力的社会性流动机制。必须打破城乡、区域和身份差别,完善劳动就业法律制度,实现劳动力在城乡、区域之间自由流动。加快农业转移人口市民化进程,深化户籍制度改革,着力解决长期生活在城镇流动人口的市民化问题,提高人力资本和劳动者素质对经济增长的贡献率,提升人力资源存量和增量。其次,要改革创新社会治理和社会政策,搭建社会纵向流动的阶梯,逐步形成机会均等、

---

① 习近平:《决胜全面建成小康社会　夺取新时代中国特色社会主义伟大胜利——在中国共产党第十九次全国代表大会上的报告》。

人人向上的社会性流动机制。形成与转变经济发展方式要求相适应的社会结构，激发人的全面发展的内生动力，为流动人口社会融合创造良好的环境和条件，促进我国从人口大国向人力资源强国转变。

第二节　住得下，使"工者有其居"[①]

习近平总书记指出，加快推进住房保障和供应体系建设，是满足群众基本住房需求、实现全体人民住有所居目标的重要任务，是促进社会公平正义、保证人民群众共享改革发展成果的必然要求。[②] 住房问题是外来流动人口进城后面临的难题。住得下，在城市能有一个稳定的居所，是流动人口进入城市、寻找就业岗位，在城市生活并扎下根来的重要基础和基本条件。居无定所、飘荡不定，不仅会造成流动人口就业困难、生活没有着落，也会对城市管理和社会治安带来隐患和风险。流动人口居有其屋、安居乐业，是保持社会安定团结、完善社会治理、形成良好社会秩序、构建安定有序和谐社会的重要方面。

一、解决好流动人口住房问题意义重大

习近平总书记特别强调，住房问题既是民生问题也是发展问题，关系千家万户切身利益，关系人民安居乐业，关系经济社会发展全局，关系社会和谐稳定。[③] 目前流动人口在城市面临定居难、居住条件较差

---

① 习近平:《干在实处　走在前列——推进浙江新发展的思考与实践》，中共中央党校出版社 2016 年版，第 254 页。

② 参见《习近平:加快推进住房保障和供应体系建设　不断实现全体人民住有所居的目标》，人民网，http://cpc. people. com. cn/n/2013/1030/c64094-23379624. html，2013-10-30。

③ 参见《习近平:加快推进住房保障和供应体系建设　不断实现全体人民住有所居的目标》，人民网，http://cpc. people. com. cn/n/2013/1030/c64094-23379624. html，2013-10-30。

等诸多问题。解决好流动人口住房问题，不仅可以有效改善城市流动人口的民生问题，而且对探索建立中国特色现代住房制度具有重要的现实意义。

（一）关系流动人口千家万户切身利益。一半以上的流动人口有在流入地长期居留的打算，流动人口具有强烈的融入流入地城市的愿望。从流动人口居住条件自身变化来看，近年来流动人口住房条件并没有得到有效的改善，主要是流动人口缺少获得自己住房的机会，更没有相应的住房保障。自20世纪90年代以来，我国人口流动迁移呈现出一个显著特征，就是流动人口的家庭化流动迁移增多，并呈持续上升趋势。流动人口在流入地实现家庭团聚之后，最要紧的就是获得基本的住房条件，这是流动人口家庭在流入地实现家庭稳定发展的先决条件。伴随客观上流动人口家庭的公共服务需求增加，向往过上城市人的生活，数以亿计大规模的人口流动迁移尤其是家庭化趋势对流动人口城市住房提出了急迫要求。如何适应这一重大变化和趋势，促进我国经济社会持续健康发展，切实解决好流动人口住房问题已经成为当前各级政府一项紧迫的重大任务。

（二）关系广大流动人口安居乐业。首先，拥有固定的、配备好基础设施的住房是流动人口安居的必要前提；其次，在于提高流动人口住房的质量。由于城镇化快速发展带动的城市房地产价格不断攀升，租房的价格也随之大幅度提高，目前租住住房的支出占到流动人口家庭总收入的四分之一，加重了流动人口在城市生活的成本和负担。同时，流动人口住房质量较差。许多城乡流动人口租住在地下室，有的居住在建筑工地中临时搭建的宿舍，只有极其简易的床铺，房屋基础设施严重不足。一些地方的农民工半数以上者居住在没有卫生间的住房内。许多流动人口尤其是乡城流动人口的住所存在着较为严重的安全隐患，如房屋建筑简易、通风不好、线路老化、缺乏消防设备等问题，流动人口的住房安全状况不容乐观。究其原因，主要是一些城市从思想认识上没有真正将流动人口作为城市发展的重要资源，对流动人口住房问题不够重视，没有将流动人口纳入城市住房供应体系和保障性住房范围，流动人口未能充分分享城市发展和现代文明改革发展成果。

（三）关系经济发展全局与社会和谐稳定。习近平总书记指出："现在，已经有二亿多农民工和其他人员在城镇常住，但他们处于'半市民化'状态、'两栖'状态，这些人比还在农村的人口更具备条件在城镇定居，应该尽量把他们稳定下来。"①近年来流动人口内部收入差距逐步拉大，住房状况分化明显。一部分流动人口在城市收入增加、实现经济立足之后，在城市购买自有的住房呈上升趋势，流动人口拥有住房的比例已经接近两成，但八成以上的流动人口在居住城市属于无房户，流动人口租住私房的占比一直在六成以上。此外，现实造成了流动人口与当地户籍人口的居住隔离问题，容易形成流动人口内部的交往循环，割裂了外来流动人口与本地居民的联系沟通和相互交融。这削弱了流动人口在城市的生存基础，也对流动人口发展能力的提升造成了障碍。如果数以亿计流动人口的住房问题长期积累又得不到妥善解决，不仅会对城镇化健康发展带来深刻影响，也势必会对经济社会发展带来负面影响，不利于社会和谐稳定。对此，习近平总书记高度警觉，他明确指出："如果几亿城镇常住人口长期处于不稳定状态，不仅他们潜在的消费需求难以释放、城乡双重占地问题很难解决，而且还会带来大量社会矛盾和风险。"②为此，必须高度重视流动人口住房这一重大民生问题，加快构建适应新型城镇化、满足流动人口新市民要求的城市住房保障制度，切实解决好流动人口住房问题。

---

① 《十八大以来重要文献选编》（上），中央文献出版社 2014 年版，第 593 页。
② 《十八大以来重要文献选编》（上），中央文献出版社 2014 年版，第 593 页。

二、流动人口住房需求与城市住房供应体系存在结构性失衡

目前,我国现行住房保障体系与流动人口住房需求存在结构性失衡。房地产开发商提供的住房对流动人口而言过于昂贵,导致流动人口在房地产买卖市场没有立足之地。其在房地产租赁市场也无法处于主导地位,导致流动人口有效需求萎缩。在难以承担商品房高房价的情况下,流动人口希望购买价格较低的保障性住房需求增加,与城市住房供给存在结构性矛盾。

(一)流动人口保障性住房供应不足。2011 年《国务院办公厅关于保障性安居工程建设和管理的指导意见》明确提出将流动人口纳入保障性住房范围的政策要求。2014 年《国务院关于进一步做好为农民工服务工作的意见》,进一步强调完善住房保障制度,将符合条件的农民工纳入住房保障实施范围。2016 年 9 月 30 日,《国务院办公厅关于印发推动 1 亿非户籍人口在城市落户方案的通知》要求,加快完善城镇住房保障体系,确保进城落户农民与当地城镇居民同等享有政府提供基本住房保障的权利。尽管在政策上流动人口已经被纳入住房保障范围,但各地落实此项政策的实际情况不容乐观,2014 年全国流动人口卫生计生动态监测调查数据显示,流动人口已购保障性住房 0.64%,租住政府提供的公租房和廉租房合计比例仅为 0.40%,几乎可以忽略不计。由此可见,实际情况是流动人口获得的保障性住房极少,基本上未被纳入城市住房保障体系,处于事实上的被排斥境况。

虽然近年来保障性住房建设力度在加大,但地方政府推行住房保障政策力度不一,流动人口很难获得相应的保障性住房,政府的住房保障政策也很难落实到流动人口手中。究其原因,主要是城市政府优先向户籍人口提供保障性住房,政府主导的保障性住房的对象仍以户籍人口为主体。进一步分析就会发现,地方政府建设面向外来流动人口

的保障性住房内生动力不足。现行财税体制下，土地收入是地方政府一笔可观的收入来源，由于保障性住房产生的经济收益较低，地方政府建设保障性住房的积极性不大，主要是迫于国家的政策要求和压力。一些城市对流动人口获得保障性住房设置了相当多的条件，如需要一定的居住年限、工作年限、缴纳社保年限，还要满足家庭财产收入、缴纳住房公积金等条件，使得有资格申请的流动人口范围很小；面向流动人口的保障性住房种类比较单一，可供流动人口申请的公共租赁住房比例有限、数量不足；一些城市甚至将"本市非农业户籍"作为基本的准入条件，从制度上将流动人口排除在外。如2015年10月24日发布的《XX市公共租赁住房管理办法》规定，XX市外来务工人员申请租住公共租赁住房，需要满足以下几个条件：一是申请人持有本市居住证，并在本市市区实际居住满2年。二是申请人在本市的劳动关系稳定，已与本地用人单位（本地注册企业）签订劳动（聘用）合同1年以上，且合同履行1年以上，并自合同履行起连续缴纳社会保险费。三是申请人或配偶、子女在本市市区范围内无住房，未租住公有住房，且用人单位未安排住房。因此，大多数流动人口只能居住在设施条件较差的廉价出租房或集体宿舍中，尤其是新生代经济实力相对较弱，很难找到适于家庭体面生活的空间。

（二）流动人口与本地城镇居民住房需求有很大不同。目前，流动人口在城市面临住房困难的多重困境，与城镇居民相比还存在很大的差距。主要表现在以下方面。

第一，流动人口住房条件与本地城镇居民差距很大。在拥有住房方面，2014年流动人口与本地城镇市民的比例分别为17.2%、90.5%，本地城镇居民无住房者较少，不足十分之一；在无房的本地城镇居民中，近三成享受政府提供的公租房，而乡城、城城流动人口获得公租房（含廉租房）的比例分别为0.4%和2.6%。在租住私房方面，流动人口与本地城镇居民占比分别为 64.0% 和 2.8%,无论是乡城流动人口还是城城流动人口,租住私房的比例均明显高于户籍人口。在流动人口拥有住房极低的情况下,其很难获得公租房的状况尤为凸显。

第二,流动人口与本地城镇居民住房需求有很大不同。多数流动人口希望本地政府提供廉租房及低价购房机会。53.8% 的流动人口最希望本地政府以提供低租金房屋的方式帮助其解决居住问题,25.2%的人最希望本地政府以提供低价位购房机会的方式帮助其解决居住问题,还有 21.0% 的人表示不需要本地政府帮助其解决居住问题。在这方面,流动人口和户籍人口的需求存在明显差异。以北京市为例,流动人口希望本地政府以提供低租金房屋的方式帮助其解决居住问题的比例远高于户籍人口,希望本地政府以提供低价位购房机会的方式帮助其解决居住问题的比例远低于户籍人口。

(三)流动人口住房状况分化严重。目前,流动人口内部收入差距逐步拉大,住房状况分化明显。一部分流动人口在城市收入增加、实现经济立足之后,购买拥有的住房呈上升趋势。2010—2014 年五年间,流动人口拥有住房的比例虽然不到两成,但占比始终保持在各种住房来源中的第二位,仅次于租住私房的比例;并且呈上升趋势,从 2010 年的 8.66% 上升到 2014 年的 17.21%,增加了 98.73%。但占绝大多数中低收入的流动人口,租住私房仍然是住房的主要来源,2014 年这一比例仍占到流动人口总数的 64.02%。其中,乡城流动人口和城城流动人口之间的差距始终巨大,丝毫未有消减的迹象。随着居留时长的延伸,乡城与城城流动人口的住房状况愈加分化,两个群体拥有住房或租住公租房之间的差距从居留时间 1—2 年时的约 10 个百分点扩大到 10年以上时的近 27 个百分点。

此外,流动人口住房闲置问题严重。近九成的流动人口在老家有自建房,在老家有城镇商品房、保障性住房或集体集资建房的比例不到一成，合计约为6.4%。流入地的工作不稳定、社保缺失，流出地的宅基地、承包地仍有吸引力，这些都是流动人口在老家自建房屋、买房的主要原因。

三、以政府为主为流动人口在城市居住提供基本保障

习近平总书记指出，从我国国情看，总的方向是构建以政府为主提供基本保障、以市场为主满足多层次需求的住房供应体系。[①] 解决好流动人口住房问题，要从大局出发，加强我国住房供应顶层制度设计，从建立健全相关制度入手，深化住房制度改革，借鉴国际有益经验，结合中国国情尤其是大规模的人口流动迁移实际，加快构建以政府为主提供基本保障、以市场为主满足多层次需求的住房供应体系，走出一条中国特色解决流动人口住房问题的路子。

（一）将流动人口纳入城镇住房供应体系。这是解决好包括两亿多流动人口在内的中国人住房问题、实现全体人民住有所居目标的必然要求，是广大流动人口共享改革发展成果的必然要求。在构建以政府为主提供基本保障、以市场为主满足多层次需求的住房供应体系的过程中，要着力抓好两个方面的工作。一方面，要增加住房供应，这是保证人民群众住有所居最直接、最有效的措施。目前住房供应体系不健全、住房供给不足，是造成人民群众住房困难的主要原因。另一方面，要倡导符合国情的住房消费模式，这是解决住房供应与人民群众住房需求之间结构性失衡问题的关键一招。为此，要建立健全一套符合中国国情、满足人民群众住房实际需求的住房标准体系和住房消费模式。

---

① 参见《习近平：加快推进住房保障和供应体系建设　不断实现全体人民住有所居的目标》，人民网，http://cpc.people.com.cn/n/2013/1030/c64094 - 23379624. html，2013 - 10-30。

（二）将流动人口纳入城镇保障性住房范围。调查数据显示,流动人口租住公租房或廉租住房的比例不到一个百分点。要探索建立覆盖流动人口的住房保障体系,将符合条件的流动迁移人口纳入公租房等供应范围。在城市规划、建设中充分考虑流动迁移人口的居住需求,切实把长期在城市就业与生活的流动人口居住问题纳入城市经济社会发展总体战略,纳入城市住房建设规划,逐步向他们开放各类保障性住房,把公租房对象扩大到流动人口,满足流动人口住房需求,以提升流动人口住房保障水平。对于进城落户的农民工及其家属,已经脱离了农村的基础支撑,失去了在农村赖以生存的条件,要完全纳入城镇住房保障体系。国家层面要加强流动人口住房保障制度顶层设计,将流动人口住房保障政策上升为法律法规,进一步完善流动人口住房保障政策体系,制定流动人口住房保障标准和规范。同时,发挥中央财政转移支付的杠杆作用,资金投入向流动人口集中的城市倾斜。中央财政在安排城市保障性住房相关专项资金时,对吸纳农业转移人口较多的地区给予适当支持,保证流动人口能够在城市住得下来、稳定得住。

四、租购并举、以市场为主满足流动人口多层次需求

习近平总书记在党的十九大报告中强调,坚持房子是用来住的、不是用来炒的定位,加快建立多主体供给、多渠道保障、租购并举的住房制度,让全体人民住有所居[1]。面对流动人口收入状况的巨大差异,针对大多数流动人口以租房为主、住房来源较为单一的现状,应分层次解决其住房问题。对于收入水平低、难以通过市场满足基本居住需要的流动人口群体,政府可以利用税收优惠等手段鼓励私人部门提供符合要求的房源,同时增加公租房供给,鼓励他们通过租房来解决住房问

---

[1]　参见习近平:《决胜全面建成小康社会　夺取新时代中国特色社会主义伟大胜利——在中国共产党第十九次全国代表大会上的报告》。

题；对有一定支付能力的流动人口群体，向他们提供具有共有产权性质的商品住房，个人拥有部分或全部产权；对于收入水平较高的流动人口群体，引导其通过市场渠道解决住房问题。

（一）有效扩大流动人口在城市的住房消费需求。习近平总书记强调，要按照加快提高户籍人口城镇化率和深化住房制度改革的要求，通过加快农民工市民化，扩大有效需求，打通供需通道，消化库存，稳定房地产市场。① 当前我国已经进入经济发展新常态，在着力推进供给侧结构性改革的同时，需要适当扩大总需求。相关报告显示，目前流动人口在城市住房条件较差与农村住房闲置问题并存，近九成的流动人口在老家有自建房屋，不仅造成了流动人口在城市住房潜在的需求难以释放，又导致了城乡双重占地的问题。有效扩大流动人口在城市的住房消费需求，切实解决好流动人口住房问题，不仅是流动人口群体自身的需求和热切期盼，也是适应经济发展新常态、扩大有效需求的迫切需要，也有利于促进城市房地产市场的稳定，保持城市经济社会的健康发展。为此，一方面要落实户籍制度改革方案，允许农业转移人口等非户籍人口在就业地落户，促进流动人口形成在就业地买房或长期租房的预期和需求；另一方面要着力提升流动人口住房支付能力和支付意愿。巩固和完善住房公积金制度，将流动人口纳入住房公积金制度实施范围，逐步扩大住房公积金缴存面，发挥住房公积金在流动人口租房和买房中的作用。与此同时，也要提升相关服务水平，为流动人口使用公积金租房和买房提供便利、快捷、高效的服务，从而切实提升流动人口的住房支付能力，减轻住房负担。

（二）兴建一批"安心公寓"。这是习近平总书记在浙江推动解决农民工住房问题实践探索并总结出来的一条行之有效的宝贵经验。早

---

① 参见《中央经济工作会议在北京举行 习近平李克强作重要讲话》，人民网，ht-tp://cpc.people.com.cn/n1/2015/1222/c64094-27958723.html，2015-12-22。

在十多年前，浙江省外来务工人员比较集中的杭州、宁波、温州、台州、绍兴、嘉兴等地，投入大量的资金，在工业园区和开发区周边建起了一大批"安心公寓"、"建设者之家"、务工人员居住中心等，以低价廉租的形式租借给外来务工人员居住。这些"安心公寓"兼具几个特点：一是服务管理的综合性，公寓集农民工居住、教育培训、管理服务、文化娱乐于一体；二是配套设施的生活性，内有乒乓球室、篮球场、菜场、商店等配套设施；三是配套设施的文化性，内有电视室、图书阅览室等配套设施。这不仅较好地解决了外来流动人口居住问题，改善了他们的生活条件，也解决了企业的后顾之忧，使外来流动人口安心、当地政府和企业放心。要加大政策引导，鼓励支持地方政府和企业合作，在流动人口集中的开发区、工业园区集中建设流动人口"安心公寓"，以拓宽流动人口住房需求的解决渠道。

（三）加强出租房屋服务管理。流动人口进入城市后工作岗位具有分散性，基本处于小范围人群集中、大范围人群分散的状态，解决"工者有其居"的矛盾，量大面广的还是要靠个人自由租住行为。加强对住房租赁市场的规范和管理，对租赁住房给予合理的财政补贴，调动房屋出租方的积极性；鼓励低价出租房屋的供给，为进城流动人口家庭提供价格低廉的住房；制定私有住房出租的安全和卫生标准，消除健康和治安隐患，提高流动人口的居住安全性；加强出租房屋的规范管理，避免房屋出租方随意提高房租、随意毁约退租，维护流动人口的合法权益。

第三章　能就业、可创业，实现流动人口在城市经济立足

习近平总书记指出，在城镇落下来，关键是要解决好就业和权益保障问题。[①]在城镇就业是流动人口获得经济收入的主要来源，既是保障和改善流动人口民生之本，也是流动人口能够在城镇真正落下来的基础条件，更是流动人口在流入地能否实现经济立足、融入城市社会的关键。流动人口经济状况的改善与提高，不仅有助于生活水平的提高，而且有助于流动人口的社会融合。

第一节　促进流动人口就业创业

就业是民生之本，也是最大的民生。解决好流动人口的就业问题，切实保障流动人口的合法权益，对于实现流动人口社会融合至关重要。要适应我国经济发展新常态，加快转变经济发展方式，推进供给侧结构性改革，为流动人口在城市就业创业创造更多的机会和工作岗位，促进流动人口在城市实现经济立足，更好地融入城市社会。

[①]　参见《十八大以来重要文献选编》（上），中央文献出版社 2014 年版，第 593 页。

一、加大对流动人口就业创业的政策支持力度

习近平总书记强调，坚决扫除制约广大劳动群众就业创业的体制机制和政策障碍，不断完善就业创业扶持政策、降低就业创业成本，支持广大劳动群众积极就业、大胆创业。① 近五年来的全国流动人口卫生计生动态监测调查数据显示，流动人口的就业比例较高，近九成的流动人口在流入地实现了就业。其中，作为雇主身份的流动人口比例逐年提升，占全部流动人口的十分之一，每年提升一个百分点，表明流动人口自主创业逐渐增多。要着力破除现有的体制机制障碍，加大对流动人口就业创业的政策支持力度，提升流动人口就业能力和质量水平。

（一）保障流动人口平等的就业权利和就业机会。随着我国的城镇化率不断提高，流动人口就业状况稳中有升、持续改善、总体良好。但在一些地方还存在排斥、歧视流动人口就业的现象。有的城市出于地方保护和政绩的需要，制定了一些限制外来人口就业、优先解决拥有本地城镇户籍人口就业的政策，导致一些企业和用人单位只招收本地人，剥夺了外来流动人口应该享有的平等就业权利，也失去了进城平等就业的机会。如 2014 年 8 月 7 日一名皖籍女大学生起诉南京市人社局户籍就业歧视一案在经过 15 个月的"马拉松式"维权后，双方达成调解协议：因被告只招聘具有南京市户籍的工作人员，导致原告应聘遭拒，由被告于 7 日内一次性支付原告 1.1 万元。该案在备受公众关注之余，也引起了全社会对户籍就业歧视的重新审视和思考。一些企业招工时往往有严格的年龄限制，偏好青壮年劳动力，并且不与员工签订长期劳动合同，频繁招工换工。由于户籍身份的限制，大量的流动人口只能进入城市低端的劳动力市场，很多外来流动人口从事的都是城市

---

① 参见习近平：《在知识分子、劳动模范、青年代表座谈会上的讲话》，http://cpc. people.com.cn/n1/2016/0430/c64094-28316364.html，2016-04-30。

人不愿意干的脏苦累工作,损害了流动人口平等的就业机会和权益。

(二)多策并举促进流动人口就业。习近平总书记在党的十九大报告中就提高就业质量和人民收入水平,明确提出了"坚持就业优先战略和积极就业政策,实现更高质量和更充分就业"①的要求。目前我国新增劳动年龄人口增速趋缓、劳动年龄人口规模开始下降,劳动力年龄结构渐趋老化,低端的劳动力供不应求,劳动力结构性短缺问题凸显。要落实劳动者自主就业、市场调节就业、政府促进就业和鼓励创业的方针,坚持就业优先战略,实施更加积极的就业政策,创造更多就业岗位,着力解决结构性就业矛盾。引导劳动者转变就业观念,鼓励多渠道多形式就业,促进创业带动就业,一是加强产业规划引导。大力发展新业态、新产业和就业容量大的行业,创造更多就业岗位。根据主体功能区规划,进一步完善产业布局规划,引导人口有序流动,促进人口分布与生产力和产业布局相适应。引导有市场、有效益的东部劳动密集型产业优先向中西部转移,引导流动人口就地就近转移就业。二是加强政策协调,形成政策外溢效应。实施更加积极的就业政策,加强就业政策与教育、劳动关系、社会保障等政策的衔接,着力解决结构性就业矛盾;协调就业政策与财政、金融、产业等政策,不断完善促进就业的政策体系。三是加大流动人口创业扶持力度。将流动人口纳入创业政策扶持范围,运用财政支持、创业投资引导和创业培训、政策性金融服务、小额担保贷款和贴息、生产经营场地和创业孵化基地等扶持政策,促进流动人口创业。

(三)提升随迁流动女性的就业发展能力。流动人口家庭化过程中,一部分是孩子或老人来到流入地与女性流动人口一同居住,女性的就业压力可能随之增加;另一部分则是原本留守的妇女迁移到城市实

---

① 习近平:《决胜全面建成小康社会　夺取新时代中国特色社会主义伟大胜利——在中国共产党第十九次全国代表大会上的报告》。

现家庭团聚,她们面临找工作的难题。家庭化趋势下,越来越多的流动人口子女和老人随迁流入地,由此家庭中的青壮年成员需要作出牺牲来陪伴和照顾"新的家庭成员"。自古以来,男女传统分工为"男主外,女主内",对于从农村走出来的大多数流动人口来说,这样的分工在城市同样适用,一般夫妻双方同时外出务工,在家庭需要时,作出牺牲的大多是妻子。由于女性流动人口往往更加愿意在赡养父母和抚养子女方面主动承担责任和义务,因此,照顾子女和老人的责任落在了她们肩上。

越来越多的女性进入城市谋生,已在流入地工作多年的女性就业可能受到家庭化趋势的影响,出现进城已婚女性难以务工的现象,主要是因为这些女性要承担抚幼责任而失去了就业机会。对个人和家庭来说,不仅降低了家庭的潜在收入,而且背离了流动人口进城打工赚钱的初衷,也难以改善流动女性在家庭中的地位。对于全社会来说,大量年轻的女性花费大部分时间在家照顾适合入托入园、但因为当下各种原因又不能入托入园的儿童,是对劳动力的低效率利用。针对这些问题,需要找到解决的办法,增加女性的就业机会,缓解女性流动人口的就业压力,给予他们在流入地的生存发展空间。

(四)切实加强流动人口的失业服务和管理。高度重视流动人口失业问题,一方面,完善流动人口调查失业率统计指标,健全流动人口失业统计、公布与更新制度,准确反映流动人口就业失业状况,建立流动人口失业的评估和监控体系,为制定和完善相关就业政策提供基础支撑;另一方面,要将流动人口纳入城镇失业保险和失业救助范围。要把流动人口失业的服务和管理等纳入城市社会管理和公共服务的职责范畴。对于已经失业的流动人口,城市政府要进行适当的救济,提供必要的最低生活保障。同时,要切实加强对失业流动人口家庭未成年子女的教育扶持,确保他们不因父母失业而中断学业,避免流动人口家庭因失业造成的贫困风险发生代际传递。

二、加强对流动人口就业创业的培训服务

习近平总书记在党的十九大报告中要求，"提供全方位公共就业服务，促进高校毕业生等青年群体、农民工多渠道就业创业"①。培训是提升流动人口人力资本水平的重要途径。调查数据显示，教育与就业比例之间呈现正向关系，随着受教育程度的提升，流动人口的就业比例亦呈现不断上升的趋势；流动人口的收入水平与受教育程度之间呈现正向的关系，也就是说流动人口的收入水平随着受教育程度的提高而不断提升。目前用人单位普遍存在只重视使用劳动力、不注重劳动力培训，缺乏对员工职业发展的规划、引导和激励的问题，流动人口参加培训的情况不太理想，仅有两成的流动人口参加过培训活动，近八成的流动人口未参加过任何形式的培训活动。新生代流动人口只有三成多的人接受过企业及政府等机构提供的就业技能培训，只有不到一成的人具有国家认定的技术职称或资格。加强对流动人口就业创业的针对性培训服务，提升流动人口素质技能和人力资本质量，提高人力资本和劳动者素质对经济增长的贡献率。要健全覆盖城乡的流动人口公共就业信息和服务体系，逐步形成市场经济条件下促进农村富余劳动力转移就业的机制，把流动人口纳入城市公共就业服务范围，拓宽流动人口就业渠道。完善城市就业公共服务体系，提高城市就业服务能力，为流动人口就业创业提供全方位的服务。

（一）加强流动人口职业技能培训。大规模开展职业技能培训，注重解决结构性就业矛盾，鼓励创业带动就业。把提高流动人口岗位技能纳入当地职业培训计划，完善流动人口培训补贴办法，对参加培训的

① 习近平：《决胜全面建成小康社会　夺取新时代中国特色社会主义伟大胜利——在中国共产党第十九次全国代表大会上的报告》。

流动人口给予适当补贴。推广"培训券"等直接补贴的做法，提升流动人口培训的参与率。将流动人口的职业技能培训政策分为流出地和流入地的培训，包括引导性、技能、劳动安全保护、法律法规、劳动技能资格认定方面的培训政策，职业技术学院、技工学校的教育、短期使用技术方面的培训政策，就业上岗前后的培训政策等，充分发挥各类教育、培训机构和工青妇组织的作用，多渠道、多层次、多形式开展流动人口职业培训，鼓励、支持企业与相关社会团体为流动人口提供知识技能培训及实习工作岗位等相关服务。依托社区公共就业服务窗口，配合相关部门做好流动人口的就业政策咨询、就业信息发布、职业教育技能培训、创业技能培训和职业介绍服务等工作，为流动人口提供基本的公共就业服务，促进流动人口在城镇实现较为充分的就业，帮助他们在城镇实现经济立足。

（二）加强流动人口安全生产和职业健康培训。强化高危行业和中小企业一线操作流动人口安全生产和职业健康教育培训，将安全生产和职业健康相关知识纳入职业技能教育培训内容。严格执行特殊工种持证上岗制度、安全生产培训与企业安全生产许可证审核相结合制度，督促企业对接触职业病危害的流动人口开展职业健康检查、建立监护档案。建立重点职业病监测哨点，完善职业病诊断、鉴定、治疗的法规、标准和机构。实施流动人口职业病防治和帮扶行动，保障流动人口职业病患者享受相应的生活和医疗待遇。

（三）加大对流动人口就业培训的资金投入。建立由政府、用人单位和个人共同负担的流动人口培训投入和绩效考核机制，提高就业服务供给能力和水平。中央和地方各级财政安排专项经费用于流动人口培训，加大培训资金投入力度，合理确定培训补贴标准，落实职业技能鉴定补贴政策。以市场需求为导向，形成培训机构平等竞争、流动人口自主参加培训、政府购买服务的机制，重点开展订单式培训、定向培训、企业定岗培训，保障流动人口存量和增量得到职业技能培训，提升流动人口劳动技能和人力资本水平。

第二节　维护流动人口劳动权益

习近平总书记强调，全面建成小康社会离不开农民工的辛勤劳动和奉献，要更多关心、关爱农民工，特别是不能拖欠、克扣农民工工资，维护好农民工合法权益。[①] 权益平等是流动人口实现稳定就业、经济立足以及其他各维度融入的重要基础。要建立健全党和政府主导的维护流动人口权益机制，加强流动人口权益保障相关法律法规和制度建设，完善流动人口合法权益保护政策，排除阻碍流动劳动者参与发展、分享发展成果的制度壁垒，努力让流动人口实现体面劳动、全面发展。

一、加强流动人口劳动合同签订服务管理

劳动合同是劳动者与用人单位确立劳动关系，明确双方权利和义务的协议，是规范市场劳动关系、保障劳动者权益的重要法律依据。劳动合同本质上属于交换性契约，故一项劳动合同能否成立主要取决于劳资双方能否成功实现价值交换。在这一交换过程中，雇员主要通过提供自身拥有的人力资本从雇主方换取实现再生产的要素如薪酬福利，从而实现双方利益的最大化。受户籍等因素影响，流动人口在社会融合与社会保障进程中本已困难重重，而劳动合同的缺失则进一步危及其劳动保障，加剧了其工作与生活的压力和风险。当前普遍的流动人口劳动合同签订率低的状况不仅严重损害了流动人口自身的相关权益，同时也极大地破坏了正常的市场经济秩序，不利于市场的规范化、

---

① 参见《习近平春节前夕赴甘肃看望各族干部群众》，新华网，http://www.xinhuanet.com/politics/2013-02/05/c_114621852.htm，2013-02-05。

有序化进程以及和谐社会的构建。

（一）流动人口签订劳动合同现状及特点。从流动人口的主体农民工情况来看，目前流动人口劳动合同签订状况不容乐观。国家统计局公布的《2015 年农民工监测调查报告》显示，2015 年全国农民工总量为 2.77 亿人，占当年我国全体就业人员的 35% 左右，然而其中外出受雇农民工与雇主或单位签订劳动合同的比例仅为 39.7%，远低于 2015 年全国企业平均合同签订率 90%。笔者利用 2014 年全国流动人口动态监测中的 8 个城市①社会融合专题数据，并从中筛选出具有雇员身份的农村户口样本 8588 份，对农民工劳动合同签订的情况进行了分析。② 统计数据显示 8 个城市农民工劳动合同签订率为 65.44%；其中固定期限劳动合同占全部签订合同的 82.57%，而无固定期限劳动合同仅占 17.43%，这一结果比全国农民工 39.7% 的劳动合同签订率要高出许多。③ 即便在此标准下，农民工劳动合同签订的数量与质量水平也不甚理想。研究发现，8 个城市农民工劳动合同签订呈现以下几个特点。

第一，随着农民工受教育程度的提高，其合同签订率呈现不断上升的趋势。从小学水平的 55.91% 上升至初中水平的 61.73%、高中水平的 69.24%，并在大专及以上水平达到峰值（80.93%），表明受教育水平作为人力资本的一种重要形式，正向影响农民工劳动合同的签订。

第二，随着农民工工作经验的增长，其合同签订率同样大致呈现逐步上升的趋势。在本地持续工作时间 1—3 年、4—6 年、7—9 年的农民工劳动合同签订率分别为 63.81%、68.33%、69.92%。农民工工作经

---

① 8 个城市：指北京、成都、嘉兴、青岛、深圳、厦门、郑州、中山等 8 个城市。

② 考虑到现实中用人单位试用期设立施行的规范化程度较差，故为标准化统计口径，仅将签订固定期限劳动合同以及无固定期限劳动合同的情况视为签订了劳动合同，而将试用期归入未签订劳动合同一类。

③ 主要原因可能是选择的 8 个城市有较丰厚的行政管理资源，工作基础很好。

验每增加 3 年，其合同签订率均会有不同程度的提升。

第三，行业差异。从工作行业来看，不同行业的合同签订率差异明显：生产运输行业的劳动合同签订率较高，达到 76.97%。位居其次的是体制性较强的党政机关与公共事业行业（包括科、教、文、卫等），合同签订率为 69.25%，紧随其后的是以住宿餐饮、社会服务和金融保险等为主的服务业（57.96%），之后的批发零售业合同签订率不足一半（48.26%），而建筑业的合同签订率更是只有 40.29%，令人担忧。值得注意的是，除那些正规化、专业化程度更高的行业合同签订率更高外，在产业转型背景下，一些新型服务行业的合同签订率较之农民工所在的传统行业（批发零售和建筑业等）也高出许多，这很可能是受到了国家政策和市场演进的积极影响。

第四，单位差异。从用人单位性质来看，外资及中外合资企业的合同签订率最高，达到 92.01%，其次是公有性质企业合同签订率最高（83.09%）①，私营企业位居第三（70.03%），而个体工商户中的合同签订率最低，仅为 36.82%。这充分表明企业的正规化、规模化水平越高，其合同签订率也越高。

（二）当前流动人口劳动合同签订率低的原因分析。由于我国的市场经济体制尚不完善，加之用人单位基于自身利润最大化原则具有天然的"反劳动合同"倾向等原因，劳动合同签订在现实中的贯彻执行过程并不顺利。许多用人单位在用工过程中并不与劳动者签订正式的劳动合同，而是代之以非正式的口头合同或"意近旨远"的劳务合同，而这类低合同签订率问题在流动人口尤其是农民工群体中体现得最为明显。

第一，资本强劳动力弱的总体格局是造成农民工劳动合同签订率

---

① 为便于分类研究，本书所称公有性质企业不同于通常意义上的公有制企业，其范围囊括了不属于企业但具有公有性质的机关事业单位，并排除了具有国有和集体成分的合资企业。这里主要指国有、集体企业和机关事业单位。

低的根本原因。在劳动力总体供大于求、资本相对缺乏的格局下，流动人口在就业谈判中弱势地位明显。根据理性经济人利润最大化的原则，不签订劳动合同是资本拥有者最优的选择，因此造成农民工劳动合同的签订率很低。在目前中国的劳动力雇佣市场上，农民工群体在就业选择与谈判中处于明显的弱势地位，即使其拥有较高的人力资本，也往往会由于户籍身份等限制导致其价值难以得到充分的实现与补偿，故在外部环境的强大压力下，或主动或被动地放弃签订劳动合同，使自身的劳动权益难以得到保障。

第二，合同双方信息不对称及信任原因。企业与农民工之间信息地位的不对称，也是导致流动人口在就业谈判中处于弱势地位的主要原因。在中国传统熟人社会的观念中，信任、友好、尊重往往建立在一些非正式的规范和情感基础上，现代社会中理性的以法律为基础的合同，反而可能破坏雇主与雇员之间的信任关系和亲密情感。因此，无论是雇主还是雇员都可能认为，为了签订一个收益未知的合同而损失现有的信任关系并不值得。这也可能是个体工商户中合同签订状况并不乐观的另一原因。

第三，单位性质原因。公有性质企业和外资及中外合资企业的合同签订率更为乐观，而个体工商户合同签订状况尤为悲观。相对于个体工商户，公有性质企业和外资及中外合资企业具有更强的规范性、组织性，经济实力也往往更加雄厚，因此其签订合同的情况更为乐观。此外，个体工商户的雇员较少，而且往往以亲友或熟人为多。

第四，行业差别原因。就行业类型来看，作为农民工传统行业的建筑业合同签订状况十分不理想。之所以如此，主要原因是建筑业作为一个特殊的行业，落实劳动合同的情况远比其他行业复杂，既体现在雇主违反劳动法之收益的理性计算上，也体现在政府监管的难度上。与其他行业（如服务业）不同，建筑业是一种层层分包的模式，即建筑劳务公司在建筑企业那里拿到项目后,便层层分包给一级又一级的包工头,最底层的工人一般只能接触到包工头(甚至班组长),根本不能直接面对具有合同签订资格的劳务公司。建筑工人往往是包工头自己去招募,他们的工钱也由包工头来支付。为了增强对工人的管理控制能力,工程款不能及时到位时,包工头往往只发给工人生活费,到年底或项目结束时方补给全部工钱。在这种情形之下,建筑行业中不签合同对雇主的潜在收益就比其他行业大很多。没有合同的保护,雇主就可以让工人同自己一起承担资金不到位或资金链断裂的风险,工人甚至可以成为最廉价的挡箭牌。只要出现资金的意外,雇主便可以以资金不到位为由拖欠甚至抵赖工人工资,而没有合同的保障就缺乏了法律的保护,工人往往只好自认倒霉。另外,大量工人的绝大部分工钱被压到最后,也是一笔不小的数目,容易激起一些不法雇主的贪占欲望,没有劳动合同的保护,他们往往有恃无恐。在政府监管方面,层层外包比工人直面雇主的监管成本更高、监管难度更大。其他行业(如服务业)并不是以层层包工的形式进行,于是雇主违反合同法的潜在收益并不大,而且政府的监管也容易进行。

(三)切实加强流动人口劳动合同管理和执法监察。笔者通过实证研究发现,签订劳动合同的流动人口社会融合得分比未签订劳动合同者高出十多分。劳动合同的签订有利于规范劳动力市场,增强劳动者就业的稳定性,提高劳动者的收入并提升劳动者社会保险的参保率,进而有助于规避劳动者在工作与生活中面临的压力与风险,从而有助于其经济立足和其他方面的社会融合,是保障流动人口劳动权益的重要法律依据。

第一,加强劳动合同法规制度建设。进一步完善与就业、劳动合同等领域相关的法律法规,加强对用人单位普遍的制度性压力约束,消除或降低就业中存在的户籍歧视。研究制定《工资条例》、《劳务派遣规定》等涉及流动人口切身利益的法律法规，修订完善《劳动合同法》。调整现行的劳动合同管理制度，允许短期劳动合同采取多种形式，在务工流动性大、季节性强、时间短的流动人口中推广简易劳动合同示范文本。依法规范劳务派遣用工行为，清理建设领域违法发包分包行为。加强分类指导，充实劳动合同实质性内容，提高劳动合同签订率和实效性。为良好贯彻劳动合同法的用人单位尤其是小微型用人单位提供适度的财政补贴或税费减免等激励手段，以减轻用人单位同流动人口签订劳动合同的风险与成本，促进劳动合同签订常态化，推进市场合同观念的转变。

第二，加强政府的监管力度和制度的引导与规制作用。因此，一方面，加强对《劳动法》《劳动合同法》《劳动监察条例》《工会法》等法律法规的执法检查，切实落实有关流动人口相关权益的法律规定。全面推进劳动保障监察网格化、网络化管理，加强用人单位用工守法诚信管理，依法规范职业中介、劳务派遣和企业招用工行为。加强对用人单位订立和履行劳动合同的指导和监督，尤其是对特定性质用人单位（如个体工商户）的监管，加大法律监管与制度引导，完善用人单位的资质审查与登记注册制度，在定期、不定期巡查的同时，设立专门的投诉检举平台鼓励社会力量参与监督，并加大对未同流动人口签订劳动合同用人单位的处罚力度。另一方面，则应当考虑社会文化与心理因素对合同签订的影响，从而加大宣传力度，让雇佣双方都能够意识到现代社会中劳动合同的重要性，认识到劳动合同是对双方权利义务的保障，也是对其信任和亲密情感关系的保护而不是损害。

第三，加强对特定行业和单位运作体制机制的改革与创新。改善建筑行业流动人口合同签订状况，需要重新对建筑行业的运作规则进行新的制度设计，从根本上瓦解重重转包的包工模式，让雇主感觉违反劳动法、拒签劳动合同的收益并不高，同时政府的监管也更为简捷到位。否则，不改变游戏规则，而简单地增强政府的监管力度，极有可能收效甚微。

二、保障流动人口劳动收入合法权益

流动人口要在城镇实现落下来的愿望和目标，就必须实现稳定的就业并有一定的经济收入。要加强政策统筹，切实保障流动人口合法的劳动收入权益，使"劳者有其得"。

（一）及时足额兑现劳动工资，使"劳者有其得"①。坚决杜绝拖欠、克扣流动人口工资现象。拖欠工资是企业应发而未发给提供正常劳动职工的工资。及时足额兑现流动人口工资，不仅是政府管理职能所及，而且已经成为企业生产经营的运行常态。建立工资支付监控制度和工资保证金制度，加强工资保证金账户管理，强化工资支付监控，从根本上解决拖欠、克扣流动人口工资问题。严格执行国家关于职工休息休假的规定，依法支付延长工时和休息日、法定假日工作的加班工资。组织开展流动人口工资支付情况专项检查，对发生过拖欠流动人口工资的用人单位，强制在开户银行按期预存工资保证金，实行专户管理。增强流动人口维权意识和能力，畅通流动人口依法维权渠道，严肃查处拖欠和克扣工资等侵害流动人口权益的案件，及时足额兑现流动人口工资待遇，维护流动人口的合法劳动收入权益。

（二）增加流动人口劳动收入。习近平总书记在党的十九大报告中提出，坚持在经济增长的同时实现居民收入同步增长、在劳动生产率提高的同时实现劳动报酬同步提高。② 实现居民收入增长和经济发展

---

① 习近平：《干在实处 走在前列——推进浙江新发展的思考与实践》，中共中央党校出版社 2016 年版，第 253 页。
② 习近平：《决胜全面建成小康社会 夺取新时代中国特色社会主义伟大胜利——在中国共产党第十九次全国代表大会上的报告》。

同步、劳动报酬增长和劳动生产率提高同步，提高居民收入在国民收入分配中的比重，提高劳动报酬在初次分配中的比重。笔者通过对东部地区农民工工资增长影响因素及地区差异实证研究得到以下结论。一是劳动力市场供求关系的变化是农民工工资增长的最主要原因。随着人口老龄化，我国开始面临劳动力短缺的境况，劳动力成本上升是必然趋势，因而依靠低廉的劳动力成本而大力发展劳动密集型产业的传统发展之路也会遇到越来越大的阻碍。二是劳动力市场保护政策对农民工工资增长也有着较大的作用。劳动力供求关系的变化使得农民工在广大的劳动力需求面前能够拥有更多的就业机会，从而使得他们在劳资关系中逐渐平等，能够更好地维护自己的利益。然而，这些利益的实现也需要政府提供一系列的制度保证。三是农民工人力资本以及农民工就业的结构性特征变化对农民工工资增长的作用有限。虽然金融危机以来，农民工工资得到了很大的提升，但其人力资本存量却没有发生较大的变化，导致其就业发展机遇缺失，只能在传统行业中的低端岗位工作，他们的工作环境并没有发生明显改变。四是通过对珠三角地区和长三角地区进行比较，发现农民工工资上涨的原因存在着地区差异。不同地区的劳动力市场供求状况存在着差异，其面临的劳动力短缺程度也不一样。

为促进流动人口工资增长、增加流动人口劳动收入，相应地要做好以下几个方面的工作。

第一，加强技术创新的力度，促进产业结构的转型升级，使得经济发展方式向集约型转变。同时，还应该加强户籍制度的改革，打破劳动力市场分割的困境，促进劳动力的自由流动，使得农村中被隐藏的剩余劳动力能够补充进来。

第二，加强劳动力市场的制度建设，最低工资标准的提高对农民工工资上涨的重要作用就充分说明了这一点。建立企业工资集体协商制度，规范农民工工资管理，切实改变农民工工资偏低、同工不同酬的状况，保护流动人口的劳动所得，促进农民工工资合理增长。严格执行最低工资制度，合理确定并适时调整最低工资标准，制定和推行小时最低工资标准。用人单位不得以实行计件工资为由拒绝执行最低工资制度，不得利用提高劳动定额变相降低工资水平。

第三，加大对农民工的就业技能培训力度，弥补农民工的人力资本缺陷。高人力资本所带来的技能红利也能够弥补人口数量红利的消失，促进我国经济的发展。

第四，通过地区比较也发现，产业结构的差异使得珠三角地区和长三角地区所吸引的劳动力的人力资本存在差异，因而通过促进地区的产业升级，能够在一定程度上促进劳动力的优化。在制定相关政策时应该考虑到这种差异，不能一概而论。

（三）保障流动人口与城镇职工同工同酬。保障流动人口同工同酬是促进经济平稳健康发展的重要举措，也是推动新型工业化、城镇化的战略要求，维护社会公平正义的必然要求。完善政府、工会、企业共同参与的协商协调机制，按照"鼓励和解、强化调解、依法仲裁、衔接诉讼"的要求，及时公正处理涉及流动人口的劳动争议，积极构建和谐劳动关系。切实改变流动人口与城镇职工同工不同酬的状况，保护流动人口的劳动所得。劳动者薪酬，除了特定领域外，应该抛开身份标签，按岗位不同、奉献多少论薪酬待遇，做到一视同仁、同工同酬。建立企业工资集体协商制度，推动流动人口参与工资集体协商，合理提高流动人口工资水平。进一步规范劳动用工和分配制度，不仅使落实按劳取酬成为政府依法行政的行为，而且成为企业的自觉行为和共同认可的社会风尚。

第四章　融得进、推均等，提升流动
人口城市社会接纳水平

在城市获得与市民均等的各项基本公共服务是流动人口社会融合的关键，是流动人口在城市实现经济立足之后能够融入城市社会的重要保障，也是获得城市社会接纳的重要标志。习近平总书记在党的十九大报告中强调，坚持在发展中保障和改善民生，并将其提升到新时代坚持和发展中国特色社会主义14条基本方略之一的高度，要求多谋民生之利、多解民生之忧，在发展中补齐民生短板、促进社会公平正义，在幼有所育、学有所教、劳有所得、病有所医、老有所养、住有所居、弱有所扶上不断取得新进展，深入开展脱贫攻坚，保证全体人民在共建共享发展中有更多获得感，不断促进人的全面发展、全体人民共同富裕。① 加快建立城市流动人口基本公共服务制度，全面推进流动人口基本公共服务均等化，为流动人口提供均等化的公共资源和社会福利，使他们获得公平的生存和发展机会，从而快速融入城市生活，实现更加全面、更高层次的发展。

---

① 参见习近平：《决胜全面建成小康社会　夺取新时代中国特色社会主义伟大胜利——在中国共产党第十九次全国代表大会上的报告》。

第一节　全面推进流动人口基本公共服务均等化是新时代所需、流动人口所盼

制度是影响流动人口社会融合最根本、最重要的因素，合理的政策和制度有利于促进流动人口在城市中的社会融合。现行传统的户籍和城市管理制度在一定程度上排斥阻碍了流动人口社会融合的实现，推进相关制度改革，特别是加快建立健全流动人口基本公共服务制度势在必行。

一、当前是建立健全流动人口基本公共服务制度的最佳时期

全面建成小康社会突出的短板主要在民生领域，发展不全面的问题很大程度上也表现在不同社会群体民生保障方面。以农民工为主体的流动人口群体，是社会群体中最为弱势的，规模庞大、数以亿计，大多处于社会底层，民生保障问题突出，成为全面建成小康社会较为突出的短板。对于流动人口这一群体的民生保障问题，习近平总书记给予了特别关注，他在作关于《中共中央关于制定国民经济和社会发展第十三个五年规划的建议》的说明时指出，7.5 亿城镇常住人口中包括 2.5 亿的以农民工为主体的外来常住人口，他们在城镇还不能平等享受教育、就业服务、社会保障、医疗、保障性住房等方面的公共服务，带来一些复杂的经济社会问题。[①] 他强调对 2 亿多在城镇务工的农民工，要让他们逐步公平享受当地基本公共服务。建立健全流动人口基本公共服务制度、全面推进流动人口基本公共服务均等化，已经成为各级政府

---

① 参见习近平：《关于〈中共中央关于制定国民经济和社会发展第十三个五年规划的建议〉的说明》，http://www.xinhuanet.com/politics/2015‐11/03/c_1117029621.htm，2015‐11‐03。

加强城市社会治理、提供优质公共服务的重要职责,也是各级城市政府保障流动人口权益、促进社会公平正义的重要职责。

从国外人口发展与社会建设的进程看,既有成功的经验,也不乏失败的教训。有的国家走出了有特色的社会治理改革道路,有的则因忽视社会建设和社会治理而陷入危机。比如拉美一些国家,虽然曾出现过一段发展较快时期,但由于社会建设与管理严重滞后,没有及时构建一套行之有效的公共服务和社会管理体系,导致严重的经济低迷与社会动荡。德国城镇化进程表明,城镇化是一个复杂和综合的过程,无论是在城市规划、建设和管理,还是在建立社会保障制度、提供均等化公共服务等方面,都需要充分发挥政府的主导作用,以此促进城镇化健康、可持续发展。政府在推进城镇化健康发展中的首要作用是建立要素自由流动、人口自由迁移、公共服务均等、社会保障等最基本的制度条件,并通过相关激励制度引导农村人口前往城市定居。国际经验也表明,城镇化率30%—70%的阶段是城镇化快速发展的阶段,也是加强公共服务与社会保障制度建设的最佳时期。相应的,人均国内生产总值从3000美元向10000美元提升的阶段,既是中等收入国家向中等发达国家迈进的重要阶段,又是矛盾增多、爬坡过坎的关键阶段。快速城镇化阶段既是加快调整经济结构、转变经济发展方式的关键时期,又是相应加快和完善公共服务与社会保障制度、构建社会治理新格局的重要时期。在社会转型过程中,政府应主导普遍提供社会保障、卫生保健、适当的住房和就业机会等基本公共服务。改革开放40年来,我国人均GDP从1978年的226.3美元增加到2017年的8836美元[1],城镇化率从17.9%上升到58.25%,我国已经进入调整经济结构、转变发展

---

① 国家统计局:《中华人民共和国2017年国民经济和社会发展统计公报》显示,2017年中国全年人均国内生产总值59660元,按可比美元计价为8836美元,http://www.stats.gov.cn/tjsj/zxfb/201802/t20180228_1585631.html,2018-02-28。

方式和推进新型城镇化的关键时期，也是构建和完善我国社会治理与公共服务制度的重要时期，这一时期正是建立健全流动人口基本公共服务制度的最佳时期。

为此，要建立完善党委领导、政府负责、社会协同、公众参与、法治保障的社会治理体制，加快构建布局合理、功能完善的城乡一体化发展的基本公共服务体系，加快形成政府主导、覆盖城乡、可持续的流动人口基本公共服务体系；根据《"十三五"推进基本公共服务均等化规划》的重点任务和要求，明确流动人口基本公共服务均等化的服务项目和基本标准；以实施居住证制度为抓手，针对社区、地区等区域差异和流动人口个人、家庭需求，制定推进流动人口基本公共服务均等化的相关政策，加快建立健全"政策统筹、财政保障、信息共享、科学评估"的流动人口基本公共服务制度。

二、落实"孤者有其养"的迫切需要

以农民工为主体的流动人口是随着经济社会发展出现的特定人群，规模超过 2 亿人。而现今 20 世纪 80 年代以后出生的新生代流动人口已经成为流动人口主体，他们更向往体面和平等的城市生活，维权意识更加强烈。习近平总书记指出，农民工初到城市打工，在一定程度上属于举目无亲的"孤独之群"，特别是由于历史上形成的城乡分割的二元体制，以往政府社会管理和提供公共服务的对象，总是以户籍人口为依据的，外来务工人员常常被拒之门外。他强调要扩大政府的公共服务，使"孤者有其养"。① 流动人口及其家庭对住房、教育、医疗、文化、保障等需求不断增长，而政府和社会提供的公共服务设施、资源和保障能力还很有限，与流动人口多元化的服务需求很不适应。目前城

---

① 参见习近平：《干在实处　走在前列——推进浙江新发展的思考与实践》，中共中央党校出版社 2016 年版，第 255 页。

市公共服务不配套，供给能力不足，流动人口服务渠道比较窄，服务资源比较单一，服务能力和水平起点比较低，加上医疗、教育、社保等的转移接续政策滞后，流动人口在城市难以享受到与城市户籍人口同等的基本公共服务，削弱了流动人口社会融合的现实基础。加快建立流动人口基本公共服务制度，逐步实现基本公共服务由户籍人口向常住人口扩展，努力实现流动人口基本公共服务均等化，对于积极应对并妥善解决快速城镇化过程中人口流动迁移带来的社会管理和公共服务问题、促进城市健康持续发展意义十分重大，成为各级城市政府当前迫切需要抓紧解决的重大历史课题。

建立流动人口基本公共服务制度、全面推进流动人口基本公共服务均等化，是保障流动人口融得进城市社会的有效途径，也是落实"孤者有其养"的重要政策措施；有助于改善流动人口生存状况，有效筑牢流动人口发展的基本条件，不断提升流动人口自身发展能力。随着城镇化进程的推进，我国流动人口基本公共服务的需求十分巨大，给人口服务管理理念、传统的社会管理体制、公共资源配置方式、城市提供公共服务管理的能力带来挑战。要坚持以人民为中心的发展思想，着眼于维护流动人口合法权益、改善流动人口民生、促进流动人口融入城市社会，紧紧抓住基本公共服务这一流动人口社会融合的关键环节，打破以户籍为界限的公共服务体制性障碍，加快建立健全流动人口基本公共服务制度，全面推进流动人口及其家庭基本公共服务均等化，加快实现惠及全体流动人口的均等化基本公共服务，增强流动人口的获得感。加强流动人口户籍管理、劳动就业、教育、卫生健康、社会保障、住房等方面政策制度的制定、衔接和协调，制定和完善流动人口均等化服务相关公共政策，并逐步推进公共服务与户籍制度相剥离，使其在劳动报酬、劳动保护、子女教育、社会保障、医疗服务、住房租购等方面与城镇居民享有同等待遇。

三、稳步实现城镇基本公共服务常住人口全覆盖的核心任务

习近平总书记指出，"城镇建设中出现了不少让老百姓诟病的问题，一些城市教育、卫生、文化、体育等基本公共服务不配套，给市民带来极大不便"①。由于我国大中城市基础设施普遍滞后于生活、工业和城市经济的发展，加上流动人口及其随迁家属大规模进城，使得城市住房、供水、供电、交通、环境、饮食服务以及教育卫生等基础设施处于超负荷运转，给市民的衣食住行带来了诸多不便。不仅流动人口的合法权益得不到保障，也加剧了流动人口与市民之间的矛盾，不利于社会的和谐稳定。流动人口为城市建设和发展做出了巨大贡献，应当成为城市改革发展成果的分享者、共享者。建立健全流动人口基本公共服务制度，全面实现流动人口基本公共服务均等化，是稳步实现城镇基本公共服务常住人口全覆盖、推进国家新型城镇化的核心任务，是满足流动人口的新期待、保障流动人口共享社会发展成果的必然要求，是加强和创新城市流动人口社会治理的重要基础和源头性工程，也是各级城市政府履行公共服务职能、促进城市健康发展的重要民生工程。

要着眼于维护流动人口合法权益、改善流动人口民生和推进流动人口社会融合，把实施流动人口基本公共服务均等化作为衡量推进国家新型城镇化、稳步推进城镇基本公共服务常住人口全覆盖是否取得成效的基本着力点和核心内容，建立和完善相关法规和制度，依法保障流动人口在居住地享受与当地户籍人口同等的子女义务教育、就业培训、住房、卫生健康、社会保障等基本公共服务。将流动人口纳入城市公共服务体系和基层社区服务对象。通过把相关流动人口服务管理的职权下放到社区等措施，强化社区作为流动人口服务管理工作的基本

①《十八大以来重要文献选编》（上），中央文献出版社2014年版，第602页。

单元。充分利用基层社区服务单位和机构，针对流动人口特点，突出服务的针对性和有效性，为流动人口提供方便、可及、优质的基本公共服务。

四、打破城乡二元公共服务体制的必然要求

随着我国工业化、城镇化、信息化和市场化成为引领时代的潮流，大规模的劳动力在农村的"推力"和城市的"拉力"作用下发生了由农村到城市的"向心式"流动，农民工成为人口流动的主力军。农民工分布在国民经济各个行业，在加工制造业、建筑业、采掘业及环卫、家政、餐饮等服务业中已占从业人员半数以上，由此，以农民工为主体的流动人口成为推动城乡一体化发展的重要纽带。大量的流动人口进城，使得市场机制配置资源和生产要素的基础作用愈发显示出强劲的生命力，而随之的一个收益就是城乡经济社会之间的联系得到显著加强，流动人口成为城市和农村之间紧密联系的桥梁和纽带，弥补了城乡发展的失衡，持续时间长、规模庞大的人口流动成为重构社会结构、破解二元结构的持续动力。

在我国，长期以来由于历史、体制、观念等多方面的原因，公共服务资源供给总量不足，尤其是城乡之间配置不均衡。人口大规模流动迁移，促进了多种生产要素在更大范围内的优化配置，对城乡分割二元公共服务体制形成了较大冲击。流动人口一头联系着农村和经济欠发达地区，一头联系着城市和经济发达地区，是联系城乡和区域的桥梁和纽带。加快建立健全流动人口基本公共服务制度，全面推进流动人口及其家庭基本公共服务均等化，有助于破除二元社会体制机制、促进城乡区域一体化发展，对于打破城乡二元公共服务体制，解决城乡之间、区域之间基本公共服务失衡，具有积极的促进作用。

第二节　实施流动人口基本公共服务均等化的政策措施

人口流动是城镇化进程中的客观存在，推进新型城镇化的一切政策都应该有利于流动人口在城市中相对稳定地就业和生活，要坚持共享发展的新理念，着力增进流动人口福祉。比如，德国在城镇化快速成长过程中制定的所有政策，都毫无例外地将流动人口纳入统一的管理框架下，政府在就业、培训、社会保障、公共住宅等一系列政策方面，给所有的国民以同等待遇。实施流动人口基本公共服务均等化，要着眼当前突出问题，通过社会服务管理体制机制创新，合理配置基本公共服务资源，消除流动人口在就业、社会保障、子女教育、住房、医疗卫生、政治权利等方面受到同流入地居民之间的差异化待遇，向流动人口和本地居民提供与其需求相适应的、不同阶段具有不同标准的、最终大致均等的基本公共服务。具体可从以下几方面着手。

一、明确推进流动人口基本公共服务均等化的总体思路、基本原则和工作目标

（一）总体思路。以习近平新时代中国特色社会主义思想为指导，按照在发展中保障和改善民生、加强和创新社会治理的总体要求，着眼于提升流动人口民生水平，加快农业转移人口市民化的工作目标，以建立流动人口基本公共服务制度为核心，以建立流动人口基本公共服务投入保障机制为突破口，完善公共政策，健全政府主导、社会参与、全民覆盖、普惠共享、城乡一体、可持续的基本公共服务体系，加强流动人口服务管理，全面推动落实国家规定的各项流动人口基本公共服务，提升流动人口服务管理整体工作水平，切实维护流动人口的合法权益。

（二）基本原则。1.以人为本,促进融合。把满足流动人口的新期待、保障流动人口共享社会发展成果、推进流动人口社会融合,作为实施流动人口基本公共服务均等化的出发点和落脚点。对流动人口实行属地管理,做到与城市户籍人口同服务、同管理,使流动人口融入城市、融入社区,实现流动人口与当地居民的和谐相处。

2.全面覆盖,梯度推进。坚持底线公平、机会均等、量力而行,全面覆盖流动人口,根据不同阶段制定相应的工作标准,实现梯度推进,逐步缩小与户籍人口的基本公共服务差距。

3.政策统筹,创新模式。强化政府在实施流动人口基本公共服务均等化中的主导地位和作用,加强卫生健康、教育、民政、公安、财政、社会保障等相关部门的政策衔接,积极探索创新体制机制,整合部门管理力量和信息资源。鼓励和引导民间、社会资本参与公共产品服务和公共服务的提供,形成政府主导、公共财政为主体、社会各方共同参与的流动人口基本公共服务供给模式。

4.因地制宜,重点突破。要结合实际,制定切实可行的改革目标、任务和工作规划,在领导体制、综合决策、居住证管理、社区登记、信息共享、投入保障、服务网络、城乡统筹等方面,有针对性地进行改革创新,积极稳妥地将国家出台的和地方制定的基本公共服务项目全面覆盖到流动人口。

（三）工作目标。通过实施流动人口基本公共服务均等化,逐步消除流动人口同户籍人口在就业培训、劳动权益、社会保障、医疗卫生、子女教育、住房等方面的差异,建立统一、自由、高效、规范的市场竞争环境和服务管理制度,充分发挥流动人口的人力资源优势,促进流动人口个人和家庭发展,推进流动人口社会融合,维护社会和谐稳定。构建布局合理、功能完善的城乡人口基本公共服务体系,通过提供优质服务,提高流动人口享受基本公共服务的可及率,促进人口有序流动、合理布局，使人口资源环境的承载力与生产力布局、经济布局和产业布局相适应。

二、明晰政府为流动人口提供基本公共服务的主体责任

习近平总书记在党的十九大报告中提出，"履行好政府再分配调节职能，加快推进基本公共服务均等化，缩小收入分配差距"①。公共服务是政府的重要职能之一，劳动就业、住房、义务教育、医疗卫生、社会保障等基本公共服务具有公共品性质，依靠市场机制难以实现充分供给，易造成城乡之间、不同区域之间的公共服务差距，影响社会的公平正义。流动人口基本公共服务的供给，既具有公益性覆盖全国范围的特征，又具有跨地区、"外溢效应"显著的特征，因此，中央和地方政府对流动人口基本公共服务均等化承担着重要职责，要切实防止政府的"缺位"和"甩包袱"现象。

各级政府作为提供基本公共服务的主体，应切实承担起为流动人口提供各项基本公共服务的主体责任。中央政府应与地方政府明确主体责任，中央负责基本公共服务体系框架的制定；地方政府负责落实，并通过法律及相关规则制度的确立等措施，确保基本公共服务均等化工作的落实。要明晰流动人口基本公共服务的政府间事权划分，明确中央和地方政府流动人口基本公共服务职能，完善公共服务供给机制，健全中央与地方财权财力相统一的体制。按照"一级政府、一级事权、一级财权"的原则，合理划分中央和地方财政供给流动人口基本公共服务的责任和范围。中央政府原则上应当负责公益性覆盖全国范围的公共服务供给，地方政府主要负责各自辖区内的公共服务供给。对于跨地区、具有"外溢效应"的公共服务，应由中央和地方政府共同承担。

---

① 习近平：《决胜全面建成小康社会　夺取新时代中国特色社会主义伟大胜利——在中国共产党第十九次全国代表大会上的报告》。

一般而言,属于义务教育、公共卫生以及社会保障中的养老保险补助、城乡低保补助等全国性"纯公共产品"和部分外部性极强的"准公共产品",其事权由中央承担为主,地方为辅;对于区域性公共产品或区域性"准公共产品",如医疗、就业、住房等,其事权以地方为主、中央为辅。在均等化目标的指导下,实行纵横结合的转移支付模式,明确中央和地方的财权事权划分,加大转移支付,降低人口流动给地方各级政府带来的财政压力,促进全国公共服务提供水平的均等化。

三、建立与统一城乡户口登记制度相适应的城市公共服务体系

健全的服务网络体系是实施流动人口基本公共服务均等化的前提条件和重要保障。长期以来的城乡二元户籍结构是造成我国流动人口拥有享受基本的公共服务权利差别化的根本原因。城乡户籍制度的不合理,使得流动人口难以在流入地享受到平等公共服务和社会保障。随着我国统一城乡户口登记制度工作的开展,与之相适应的公共服务体系改革也要不断推进。流入地城市政府要转变思想观念和管理方式,按照保障基本、循序渐进的原则,将流动人口纳入城市公共服务体系,逐步按照常住人口配置基本公共服务资源,明确流动人口及其随迁家属可以享受的基本公共服务项目,并不断提高综合承载能力、扩大项目范围。鼓励和引导民间、社会资本参与公共产品服务和公共服务的提供,形成政府主导、公共财政为主体、社会各方共同参与的流动人口基本公共服务供给模式,加快建立政府、社会组织、公众等多元主体参与的公共服务机制,逐步健全完善覆盖流动人口的城市公共服务体系。

探索建立适应新型城镇化、促进城乡一体化发展的城市公共服务新体制,深化基本公共服务供给制度改革,积极推进城镇基本公共服务由主要对本地户籍人口提供向对常住人口提供转变,努力实现城镇基

本公共服务覆盖在城镇常住的流动人口及其随迁家属,使其逐步平等享受市民权利。城市在编制当地城市发展规划、制定公共政策、建设公用设施等方面,统筹考虑长期在城市就业、生活和居住的流动人口对公共服务的需要,把流动人口纳入总体规划之中,提高城市综合承载能力。进一步完善人口登记、家庭福利、流动人口服务管理等人口管理法律法规,探索建立直接面向公民个人的社会福利体系,逐步实现城镇基本公共服务流动人口全覆盖,使其在劳动报酬、劳动保护、子女教育、社会保障、医疗服务、住房租购等方面与城镇居民享有同等待遇,以满足不断增长的公共服务需要。将流动人口作为服务对象,纳入社区服务体系,根据实际服务人口合理配置服务人员,发挥基层工作人员密切联系流动人口的优势,规范工作流程,社区负责向流动人口宣传、告知相关政策和服务项目,为流动人口提供基本公共服务。

四、加强流动人口基本公共服务均等化政策统筹

流动人口的基本公共服务体系涉及就业、居住、教育、医疗、社保等各个民生领域,需要政府各部门明确分工、加强协作,非如此不能完成。强化政府在实施流动人口基本公共服务均等化中的主导地位和作用,强化规划引导,针对流动人口发展趋势制定前瞻性的城市发展规划并适时调整完善规划,建立严密的规划体系,树立规划的权威性,保证规划内容的科学性和规划过程的公开性。对流动人口基本公共服务均等化的范围标准、资源配置和绩效评估等做出系统性、整体性、规范化安排,结合户籍管理制度改革和居住证制度实施,按照常住人口配置基本公共服务资源,促进各项相关政策覆盖流动人口。加强卫生健康、社会治安、公安、教育、民政、财政、劳动保障等相关部门的政策衔接,加强政府各部门间协作,整合部门管理力量和信息资源,推进部门间信息数据共享,形成部门协同推进流动人口基本公共服务均等化工作合力。

构建"公平可及、人人共享、保障有力、服务至上"的流动人口基本公共服务均等化运行机制。按照与户籍人口同等投入标准，认真研究和确定流动人口基本公共服务项目和开支，加大财政对流动人口就业、劳动权益、社会保障、医疗卫生、子女教育、住房等薄弱方面的投入。着力推进服务供给侧改革，首先要真正转变政府部门职能，划好政府部门与社会和市场的边界，将政府中可以交给社会和市场去具体实施的事务性工作加以剥离。对那些应该由政府部门提供，但是依靠现有力量还不能完全覆盖的服务，要以政府购买服务的方式交给能力所及的社会组织具体承担，形成政府部门、社会组织和市场多元化流动人口基本公共服务供给格局。建立健全流动人口基本公共服务均等化监测评估机制。依托国家卫生健康委员会组织实施的每年一次全国流动人口动态监测调查，建立"基本情况清晰、及时反映变化、有效支撑决策"的流动人口基本公共服务均等化监测机制，开展流动人口基本公共服务情况监测，明确监测内容、方法和责任分工。加强工作督导，建立健全考核评估机制。准确掌握流动人口在城市享有基本公共服务的现状、需求和面临的问题，为地方党委政府的决策和工作考评提供依据。

五、满足流动人口多层次、多样化服务需求

我国的流动人口，既有来自农村的，也有来自城市的；既有高级知识分子，也有文化水平较低的人群；既有中产阶层的白领，也有位于社会底层的民众。因此，流动人口的需求是复杂而多元的，从基本的生存发展、社会保障，再到真正融入城市社会，构成了一个完整的谱系。

面对流动人口多层次、多元化的需求，要牢固树立群众观念，切实改进服务方式方法，热情为流动人口提供优质服务；针对流动人口的特点，从保障流动人口基本公共服务和流动人口最迫切需要的服务项目入手，逐步为流动人口提供内容更为全面、质量不断提升、效果更加明

显的基本公共服务，提高服务能力和服务效率，不断提高流动人口的幸福感和满意度。依托社区公共服务综合信息平台，进一步完善现有的流动人口基本公共服务相关信息系统，全面掌握流动人口变动和基本公共服务获得的情况。在保持传统直接服务的公共服务模式优势的同时，也需要开发一些在特定场合中更为有效的服务形式，比如靶向性较强却又不失灵活的代金券，以"授人以渔"为特征的机会和权力赋予等等。通过多样化的形式，促进流动人口基本公共服务的精细化、个性化和人性化，进而提升服务的效率和效果。

第三节　建立健全流动人口基本公共服务均等化经费保障机制

目前造成流动人口基本公共服务权益缺失的原因是多方面的，其中财政资金保障机制不健全，是产生流动人口基本公共服务权益缺失的重要因素。要在合理划分中央和地方政府事权与支出责任基础上，进一步完善财政转移支付体系，建立财政转移支付同农业转移人口市民化挂钩机制。要按照中央与地方事权与财权相匹配、分级分担的原则和实施流动人口基本公共服务均等化的要求，推进财税体制改革，统筹考虑流动人口培训就业、社会保障、公共卫生、随迁子女教育、住房保障、公共文化等基本公共服务的资金需求，建立健全流动人口均等化服务经费投入保障机制。中央与地方财政要加大投入力度，加快构建适应人口流动迁移新形势发展需要的流动人口基本公共服务均等化经费保障机制，落实《"十三五"推进基本公共服务均等化规划》要求，全面推进流动人口基本公共服务均等化，为流动人口平等享受基本公共服务提供经费保障。

一、健全公共服务资金的多元化供给

习近平总书记强调,在设计财税体制包括税制时,要考虑人口城镇化因素。① 中央政府的框架与规划再明确,没有相应的财政资金跟进,地方政府也难有所作为。流动人口医疗保障范围的扩大、子女教育的普及等,都需要资金支持。虽然近年来国家对流动人口基本公共服务问题逐步重视,中央财政对流动人口的有关投入逐年增多,但总体来看,中央财政对流动人口的投入不足。主要原因:第一,中央政府将流动人口基本公共服务均等化相关事权下移到地方政府。第二,流动人口的流入地往往是发达地区,流动人口基本公共服务均等化的有关财政支出也发生在发达地区,而作为流入地的发达地区比作为流出地的不发达地区财力更加充裕,因此中央没有向作为流入地的发达地区投入充裕的满足流动人口基本公共服务均等化的财政资金。第三,在目前我国的城乡分治和地区分治的户籍制度和财政税收制度下,地方政府对流动人口的承接和吸纳缺乏内在的动力机制。同时,由于没有上位规划的指导和具体项目的带动,各地对流动人口服务和管理的经费投入很难足额纳入正常的财政预算支出范围。因此,要改革现行财政体制,充分考虑人口城镇化因素,完善与公共服务均等化相配套的政府财政制度政策,实行市民化成本政府、企业和个人分担,建立财政转移支付同农业转移人口市民化挂钩机制。通过中央和地方的共同投入,为实施流动人口基本公共服务均等化提供资金保障。

(一)完善现行财政转移支付制度。流动人口基本公共服务是具有全国性属性的"纯公共产品",其事权应主要由中央承担,而经费主

---

① 参见《十八大以来重要文献选编》(上),中央文献出版社2014年版,第598页。

要由地方承担。由于目前中央对地方财政转移支付制度缺乏均等化的因素,应加大中央和省级财政对流动人口基本公共服务均等化的转移支付力度,通过完善转移支付制度,调整增量转移支付结构,用于改善流动人口基本公共服务。在明确划分中央和地方政府间流动人口基本公共服务事权的基础上,明确中央和地方各级财政为流动人口提供不同类型公共服务的责任和作用,通过纵向、横向的财政转移支付,将流动人口基本公共服务经费纳入财政预算范围予以保障。在纵向上,中央和地方政府应当在公共服务均等化上建立与事权相匹配的财权,建立起合理的纵向财政转移支付制度;在横向上,完善区域财政投入的均衡机制,通过转移支付、对口援建等方式促进公共服务在区域间的均衡,对于一些较为落后、社会保障力度不足的地区,国家财政适当予以倾斜。通过完善转移支付制度,调整增量转移支付结构,用于改善流动人口基本公共服务。

(二)实施中央财政对流入地流动人口基本公共服务均等化资金补奖机制。所谓"补",就是根据流动人口的规模、基本公共服务项目,区分轻重缓急,按照"因素法",确立中央对流入地流动人口基本公共服务的资金补助,纳入中央对地方一般性转移支付框架,弥补地方资金的不足。所谓"奖",就是对于在流动人口基本公共服务方面资金投入多、力度大、成效更加显著的流入地,中央可适当给予资金奖励,以进一步调动流入地的积极性。

流动人口的主要流入地东部地区虽然财政能力较强,但流动人口规模大,有的县、市流动人口接近或超过本地户籍人口,由此带来的基本公共服务范围广、需要投入的资金多,仅靠当地县、市财政难以承受。此外,流动人口主要来自中西部,为了让他们在东部地区稳定就业,获得享受基本公共服务的均等机会,实施中央财政对流动人口基本公共服务均等化资金补奖机制,这实质上也是对中西部地区的支持,相对减轻了中西部地区对当地居民基本公共服务的投入,也减轻了东部地区因流动人口增加而增加的基本公共服务负担,体现了中央财政在流动人口基本公共服务提供上所承担的责任,同时也有利于引导地方加大资金投入。

(三)引导社会和民间资本参与提供流动人口基本公共服务。积极吸纳民间资本并使之在公共服务中发挥有效作用,鼓励社会资本加大社会事业投资力度,让民间资本投入到基本公共服务的供给中来。鼓励社会组织在公共服务提供中加强自我"造血"的功能,通过社会募捐、服务性收费等方式补充服务资金。

二、流入地要加大对流动人口基本公共服务的支持力度

流入地财政支出的规模应取决于人口的规模。流入地政府和财政部门在测算人均数时要按全部人口数来计算,而非按财政供养人口来计算,以实现基本公共服务的全覆盖。流入地政府财政要切实加大对流动人口基本公共服务的支持力度,可以从调整财政支出结构入手,从流动人口创造的财政收入中拿出一定比例用于流动人口基本公共服务的投入。可以通过估算每一位流动人口一年时间内提供的 GDP 或财政收入,测算流入地流动人口提供的财政收入总量。按其提供的财政收入总量的一定比例,比如 20%—30%,作为流入地安排流动人口基本公共服务的支出资金,以解决流动人口基本公共服务供给难题。

三、提高财政转移支付和中央财政补奖资金的使用效益

建立中央和省级财政流动人口基本公共服务转移支付和中央财政补奖资金的绩效评价体系,并把绩效评价的结果与下年度转移支付的安排和调整挂钩,确保转移支付补奖资金全部用于流动人口基本公共

服务项目，并提高资金的使用效益。中央用于流动人口基本公共服务的转移支付补奖资金、财政结算、资金调度可直接划拨和核算到县，减少中间层次，提高行政效率和资金使用效率，赋予县区级政府在管理流动人口基本公共服务资金方面更大的自主权。

第四节　满足流动人口随迁子女获得教育服务的最大愿望

教育是提高人民综合素质、促进人的全面发展的重要途径，是民族振兴、社会进步的重要基石，是对中华民族伟大复兴具有决定性意义的事业。习近平总书记在党的十九大报告中提出建设教育强国的宏伟目标，强调建设教育强国是中华民族伟大复兴的基础工程，并围绕"优先发展教育事业"作出全面新的部署，明确要求努力让每个孩子都能享有公平而有质量的教育。① 流动人口随迁子女的教育是我国教育事业的重要组成部分，涉及我国在推进新型城镇化进程中社会治理和公共服务体制的完善，社会保障、外来人口与本地居民教育资源的配置，以及户籍制度的改革等诸多方面，必须在落实优先发展教育事业战略中，切实搞好流动人口随迁子女的教育，提升流动人口随迁子女受教育的水平，为决胜全面建成小康社会，开启全面建设社会主义现代化国家新征程打下坚实牢靠的教育基础。

一、搞好流动人口随迁子女教育是涉及千万家庭的"民心工程"

习近平总书记指出，未成年人的成长成才，是涉及千万家庭的"民

① 习近平：《决胜全面建成小康社会　夺取新时代中国特色社会主义伟大胜利——在中国共产党第十九次全国代表大会上的报告》。

心工程"，父母亲千辛万苦外来打工，很大程度上也是为了子女成人成才。① 第六次全国人口普查数据显示，0—17岁流动儿童总量达到3581万，已经占城市儿童总量的四分之一、全国儿童总量的八分之一。当下流动人口随迁子女的义务教育仍面临一些问题，不少随迁流动人口子女在民工子弟学校就学，与城市公办学校相比，其硬件和软件配置都相差甚远，其教学质量难以得到保障。目前有四成的学龄前流动儿童在流入地未入读幼儿园，与城市儿童差距较大，尤其是高中阶段的流动人口随迁子女异地参加高考问题十分严峻，普遍存在离校早、就业早问题，流动人口随迁子女在义务教育结束后，往往只能回户籍地上普通高中，一些孩子为了应对中考，在初中阶段就不得不回老家上学。随着流动人口家庭化趋势的不断加深，更多的子女来到父母身边，在流入地就学，流动儿童的数量还在不断增长。而户籍制度及衍生的教育制度在很大程度上限制了流动人口随迁子女平等接受教育的权利和机会，流动人口随迁子女在城市中处于弱势地位，他们的受教育状况低于全国平均水平，成为各级政府亟待解决的重大问题。

　　教育是极为重要的人力资本投资。习近平总书记强调，"努力让每个孩子享有受教育的机会，努力让13亿人民享有更好更公平的教育，获得发展自身、奉献社会、造福人民的能力"②。流动人口随迁子女获得同等的教育，是机会均等、社会公平的重要体现，搞好流动人口随迁子女教育是实现教育公平、促进社会公正的必然要求。流动人口随迁子女教育，直接关系到流动劳动力整体素质提高，关系到流动人口家庭发展能力提升。本书实证研究发现，流动人口随迁子女受教育水平

---

① 参见习近平：《干在实处　走在前列——推进浙江新发展的思考与实践》，中共中央党校出版社2016年版，第255页。

② 《习近平主席在联合国"教育第一"全球倡议行动一周年纪念活动上发表视频贺词》，人民网2013年9月27日。

的提升能显著改善流动人口的社会融合状况。通过搞好流动人口随迁子女教育，可以有效提升流动人口家庭成员的受教育水平，有利于提升流动人口家庭的人力资本，从而有效提升流动人口家庭在城市发展、融入城市的能力，推动流动人口家庭在流入地实现经济立足，进而有助于促进其社会接纳、政治参与及身份认同、文化融入。流入地城市要坚持以人民为中心，把搞好流动人口随迁子女教育作为推进教育公平、促进社会公正的重要环节，补齐流动人口随迁子女教育民生短板。加强对流动人口家庭化现状及其发展趋势的研判，根据进城流动人口随迁子女流入的数量、分布和变化趋势等情况，切实把流动人口随迁子女纳入城市公共教育发展规划和基本教育公共服务范围，统筹做好教育发展规划和教育服务资源的合理配置，切实保障流动人口随迁子女平等享有受教育权利。

二、提升流动人口随迁子女义务教育质量和水平

习近平总书记指出："义务教育一定要搞好，让孩子们受到好的教育，不要让孩子们输在起跑线上。"[1]《2015 年全国教育事业发展统计公报》数据显示，2015 年全国义务教育阶段在校生中，进城务工人员随迁子女共 1367.10 万人。自 2003 年国务院《关于做好农民进城务工就业管理和服务工作的通知》明确提出"要保障农民工子女接受义务教育的权利"以来，各地对流动人口随迁子女教育问题的认识不断深入，将做好流动人口随迁子女的义务教育工作提到了新的高度，流动人口随迁子女教育工作取得了显著成效。虽然流动人口子女义务教育已经基本得到保障，但义务教育质量和水平都需要进一步提升，流动人口随迁子女义务教育仍然是一项十分繁重的工作任务。

---

① 《习近平论扶贫工作——十八大以来重要论述摘编》，人民网，http://theory.people.com.cn/n/2015/1201/c83855-27877446.html，2015-12-01。

要切实落实以输入地政府管理为主、以全日制公办中小学为主的"双为主"方针，确保进城流动人口随迁子女平等接受义务教育。完善义务教育优质资源分配和共享机制，增强流动人口随迁子女平等享受优质义务教育的机会。按照国务院《居住证暂行条例》要求，研究建立以居住证为主要依据的流动人口随迁子女入学政策，切实简化优化随迁子女入学流程和证明要求，提供便民服务。公办义务教育学校要普遍对流动人口随迁子女开放，按照相对就近入学的原则统筹安排流动人口随迁子女在公办学校就读，提高随迁子女公办学校入学在学率，在评优奖励、入队入团、课外活动等方面，学校要做到进城流动人口随迁子女与城市学生一视同仁，使流动人口随迁子女受教育与城镇居民同城同待遇。学校要实行流动人口随迁子女与城镇户籍学生混合编班和统一管理，促进随迁子女融入学校和城市生活。通过政府购买学位服务等方式，发挥民办教育机构等社会力量在进城流动人口随迁子女接受义务教育中的作用。建立完善流动人口子女小学入学通知制度和辍学报告制度，加强《中华人民共和国义务教育法》落实情况的执法检查，确保流动人口随迁子女完整地接受义务教育。

三、逐步完善并落实随迁子女在流入地接受普惠性学前教育的政策

与义务教育阶段的政策相比，我国政府出台的有关流动儿童学前教育的政策不仅数量少，而且在出台的时间上也更晚。《国家中长期教育改革和发展规划纲要（2010—2020年）》提出"普及学前教育"的目标，规模庞大的学前流动儿童群体在流入地能否进入幼儿园接受学前教育直接关系到这一目标的实现。由于相关政策措施尚未得到具体落实，加上公办幼儿园萎缩、民办幼儿园良莠不齐，且公立机构有户籍限制，而高质量私立机构的费用很高等原因，流动人口随迁子女一直面

临"入园难"、"入园贵"问题。相对于高入学率的义务教育,学龄前流动儿童的入园率十分低,有四成学龄前流动儿童散养在家。

城镇幼儿园建设要充分考虑流动人口随迁子女接受学前教育的需求,积极创造条件着力满足流动人口随迁子女接受普惠性学前教育的需求,努力解决流动人口随迁子女入园问题。普及流动人口随迁子女学前教育覆盖率,大力发展公办幼儿园,提供"广覆盖、保基本"的学前教育公共服务;对在普惠性民办幼儿园接受学前教育的,采取政府购买服务等方式落实支持经费,指导和帮助幼儿园提高教育质量;加大扶贫支持力度,确保低收入家庭的流动人口随迁子女享有接受幼儿教育的机会。

四、解决好随迁子女在流入地参加中考和高考的问题

我国各个城市在流动人口随迁子女的数量、经济社会发展水平、产业结构布局和教育资源承载能力等方面存在较大差异,在流动人口随迁子女就地参加中考和高考门槛限制方面也不同。总的来看,目前流动人口异地中考和高考的政策呈现明显的省级差异,尤其是流动人口异地高考仍存在诸多限制。在异地中考方面,流动人口随迁子女异地中考的学校类型以"全面放开"为主,但在经济发达、人口流入量大、优质教育资源丰富的超大城市,流动人口随迁子女参加中考的门槛相对较高。在异地高考方面还没有取得实质性突破,部分流动人口子女因不能顺利参加高考,提前进入社会容易成为"问题少年",日益成为社会关注的焦点。

在流动人口家庭化趋势下,将会有越来越多的流动人口子女面临异地中考和高考的问题,能否有效解决该问题关系到流动人口子女的未来发展,更关系到流入地的经济发展和社会稳定。要切实落实《国家中长期教育改革和发展规划纲要(2010—2020)》提出的"进一步完

善进城务工人员随迁子女就学和在流入地升学考试的政策措施"要求，根据城市功能定位、产业结构布局、城市资源承载能力和自身发展情况，出台具体的支持和鼓励各地落实流动人口随迁子女就地参加中考和高考的政策，降低流动人口随迁子女异地中考、异地高考的准入门槛，确保流动人口随迁子女接受义务教育后能在流入地顺利参加中考和高考。

第五节　满足流动人口获得社会保障服务的最大需求

习近平总书记所作的党的十九大报告明确提出，"按照兜底线、织密网、建机制的要求，全面建成覆盖全民、城乡统筹、权责清晰、保障适度、可持续的多层次社会保障体系"①。社会保障是保障人民生活、调节社会分配的一项基本制度，是社会公平保障体系的重要内容，更是流动人口的最大需求和融入城市社会的稳定器。要逐步扩大对流动人口的社会保障服务，提升流动人口社会融合的能力和水平。

一、流动人口社会保障是现代社会保障制度的重要组成部分

习近平总书记指出，外来务工人员以扩大社会保障为最大的需求。② 1951 年政务院发布的《劳动保险条例》规定了城市国营企业职工所享有的各项劳保待遇，主要包括职工病伤后的公费医疗待遇、公费休养与疗养待遇，职工退休后的养老金待遇，女职工的产假及独子保健

---

① 习近平：《决胜全面建成小康社会　夺取新时代中国特色社会主义伟大胜利——在中国共产党第十九次全国代表大会上的报告》。

② 参见习近平：《干在实处　走在前列——推进浙江新发展的思考与实践》，中共中央党校出版社 2016 年版，第 255 页。

待遇,职工伤残后的救济金待遇以及职工死后的丧葬、抚恤待遇等。国家是以病假、生育、退休、死亡等单项规定的形式逐步完善国家机关、事业单位工作人员的劳保待遇,城市集体企业大都参照国营企业的办法实行劳保。除上述在业人员享有劳保待遇外,20 世纪 50 年代形成的城市社会福利制度还保证了城市人口可享有各项补贴,如在业人口可享有单位几乎无偿提供的住房等。由此可见,国家社会保障政策主要对城市职工进行了强制性社会保险,城市职工普遍享受养老、医疗、工伤、失业、生育等五大保险,而很少把越来越多的对城市发展作出重大贡献的外来流动人口考虑进去。

改革开放以来,随着城镇化的快速发展、政府执政理念的转变以及我国人口发展形势的变化,我国已经初步形成了多层次社会保障体系的框架,这一社会保障体系包括社会保险、社会福利、优抚安置、社会救助和住房保障等,流动人口的社会保障经历了从无到有、从静到动、从制度缺位到制度建构的转变。流动人口的社会保障水平是衡量其在城镇能否实现经济立足的重要指标,要使流动人口在城镇稳定下来,必须着眼于他们的需求和发展特征,适应流动性大的特点,完善基本养老保险、基本医疗保险关系转移接续办法,逐步提高社会保险的保障水平和统筹层次,使流动人口在流动就业中的社会保障权益不受损害,建立健全有利于促进人口有序迁移、激发社会活力、提高社会运行效率的社会保障政策体系,构建流动人口在城镇就业生活的安全保障网。

二、切实加强流动人口社会保险服务

社会保险是社会保障制度和体系的核心。习近平总书记在党的十九大报告中提出,"全面实施全民参保计划"[1]。这是实现覆盖全民目

---

[1] 习近平:《决胜全面建成小康社会 夺取新时代中国特色社会主义伟大胜利——在中国共产党第十九次全国代表大会上的报告》。

标、促进人人享有基本社会保障最重要的举措。由于参加城镇医疗、养老保险、失业保险等会增加流动人口家庭化迁移的成本和家庭开支，2014 年全部参加五险一金的流动人口占比不到 2 个百分点，没有参加任何保险的流动人口占六成以上，与本地城镇居民参加社会保险差距明显。就其流动人口内部而言，他们参加社会保险还存在城乡、区域、职业、行业四大差别。

第一，城乡差别。长久以来的户籍制度，使得城城流动人口在资源获取以及福利获得方面高于乡城流动人口，城城流动人口的受教育程度也相对较高。因此，在职业稳定性、职业地位以及劳动合同签订意识等方面高于乡城流动人口，社会保险的参与水平相对较高，除工伤保险外，乡城流动人口各类保险参与数均不到城城流动人口的一半，尤其是在住房公积金方面差距更大。两者社会保险的平均参与数量分别为 2.13 种和 0.96 种。

第二，区域差别。从流动范围来看，市内跨县、省内跨市、跨省流动的流动人口的社会保险平均参与数量分别为 1.22、1.00、0.79 种。因为我国的医疗保险、养老保险基本都是县级统筹，而跨省流动人口的医疗保险、养老保险涉及转移续接问题，因此跨县流动的流动人口社会保险参与水平明显高出跨省流动的流动人口。从流入地区来看，东、中、西部分别为 1.38、0.50、0.63 种，流入东部地区的流动人口，社会保险的参与水平明显高于流入其他地区者。这可能与流入不同地区的流动人口特点、流入地区的产业结构、企业规范程度有关。

第三，职业差别。干部及专业技术人员、商业服务业人员、工人及其他职业的社会保险平均参与数量分别为 2.76、0.68、1.30 种；在行业方面，制造业、建筑业、商业服务业、社会服务业及其他的社会保险平均参与数量分别为 1.75、0.90、0.55、1.25 种。

第四，行业差别。国有及企事业、个体及私营企业、外资及合资企业、无单位及其他的社会保险平均参与数量分别为 2.54、0.87、3.24、0.27 种。干部及专业技术人员、在制造业行业工作、所在单位性质为外资及合资企业者社会保险的参与水平最高。

为此,要扎实推进流动人口参加全民参保计划,促进流动人口积极参保、持续缴费,对流动人口参加社会保险情况进行登记、补充、完善,建立全面、完整、准确的社会保险参保基础数据库,实现全国联网和动态更新。切实将流动人口纳入城镇社会保障体系,着力扩大流动人口参加城镇社会保险覆盖面,重点提高流动人口随迁家属、个体工商户和灵活就业人口的社会保险参保率。建立健全在保险关系上流动人口应等同于城镇正式职工的机制,不会因流动性强而随时中断保险关系,不会因工作区域变动而改变保险关系。整合各项社会保险经办管理资源,优化经办业务流程,增强对流动人口的社会保险服务能力。根据流动人口尤其是农民工最紧迫的社会保障需求,坚持分类指导、稳步推进,优先解决工伤保险和大病医疗保障问题,逐步解决养老保障问题。

(一)推进流动人口失业、工伤保险全覆盖。完善失业、工伤保险制度,将流动人口纳入调查失业率登记,推进流动人口失业保险和工伤保险全覆盖。认真贯彻落实《工伤保险条例》。努力实现用人单位的流动人口全部参加工伤保险,督促用人单位及时为流动人口办理参加工伤保险手续,并按时足额缴纳工伤保险费。

(二)完善流动人口医疗保险服务。医疗保险尤其是大病医疗保险,是流动人口的现实需要。医疗保险可以有效降低流动人口的健康风险,提升他们的人力资本水平,进而促进他们的社会融合。目前流动人口自身参加城镇职工医疗保险的比例不足三成,与城镇户籍职工相比差距很大。同时,现有的医疗保险制度设计仍旧是以个人为单位,医保政策是优先就业人口的,鲜有惠及家庭成员的流动人口家庭医疗保险,流动人口随迁家属很多没有在流入地就业并迁出了户籍地,既没有参加户籍地的医保，更难参加流入地城镇的医保，总体上被排除在医保体制之外，使得流动人口及其家属难以获得与城镇人口同等的就医机会，由此导致诸多健康隐患的产生，对流动人口的家庭发展十分不利。

第一，要切实加强流动人口基本医疗保险服务。整合城镇居民基本医疗保险和新型农村合作医疗两项制度，建立完善统一的城乡居民基本医疗保险制度，保障城乡居民医保制度更加公平、管理服务更加规范、医疗资源利用更加有效，推动基本医保、大病保险、医疗救助、商业健康保险、社会慈善等衔接配合，努力构建多层次的医疗保障体系。将流动人口完全纳入城镇医疗保险制度之中，依法参加职工基本医疗保险，建立大病保险制度，完善大病医疗保险统筹基金，重点解决流动人口进城务工期间的住院医疗保障问题。

第二，加强流动人口异地就医医保关系的转移接续。将流动人口异地就医纳入异地就医住院医疗费用直接结算覆盖范围，实现流动人口医疗费用异地报销。针对流出地和流入地工作接续困难问题，出台相关工作规范，明确界定流入地和流出地的工作范畴及工作职责，搭建方便流入地和流出地工作接续网络工作平台，克服两地工作接续问题。建立完善国家级异地就医管理和费用结算平台，加快建立流动人口跨省异地就医即时结算机制。研究制定医疗保险与大病求助等政策相衔接，逐步将流动人口纳入当地医疗求助范围。

（三）加强流动人口的养老保险服务。习近平总书记在党的十九大报告中提出，"完善城镇职工基本养老保险和城乡居民基本养老保险制度，尽快实现养老保险全国统筹"[1]。全面推进养老保险制度改革，进一步规范基本养老保险缴费政策，健全参保缴费激励约束机制，制定低费率、广覆盖、可转移的与现行养老保险制度衔接的流动人口养

---

① 习近平：《决胜全面建成小康社会　夺取新时代中国特色社会主义伟大胜利——在中国共产党第十九次全国代表大会上的报告》。

老保险办法,将稳定就业的流动人口纳入城镇职工基本养老保险,完善灵活就业流动人口参加基本养老保险政策,做好流动人口养老保险关系异地转移与接续,按规定享有养老保险待遇。通过转移支付和中央调剂基金在全国范围内进行补助和调剂,均衡地区间和企业、个人负担,加快实现养老保险全国统筹,促进人口有序流动。

三、将流动人口纳入城镇最低生活保障制度

建立覆盖城乡所有劳动者的社会保障机制,对流动人口实行国民待遇和市民待遇,让广大流动人口平等参与现代化进程、共同分享现代化成果。习近平总书记在党的十九大报告中提出,"统筹城乡社会救助体系,完善最低生活保障制度,完善社会救助、社会福利、慈善事业、优抚安置等制度"[1]。要逐步实现城乡最低生活保障制度一体化,将城镇居民享有的社会保障扩大到进城流动人口,消除济贫政策中的身份歧视,确保已落户流动人口与当地城镇居民同等享有最低生活保障的权利。完善社会救助体系,健全社会福利制度,整合社会救助资源,将流动人口困难家庭纳入社会救助范围,在医疗救助、教育救助、就业救助、临时救助、扶贫帮困、精神慰藉等方面为流动人口提供救助服务。

---

[1]　习近平:《决胜全面建成小康社会　夺取新时代中国特色社会主义伟大胜利——在中国共产党第十九次全国代表大会上的报告》。

第五章 凭意愿、可落户，满足
流动人口的最大期盼

习近平总书记强调，"户籍人口城镇化率直接反映城镇化的健康程度"①，他要求"稳步提高户籍人口城镇化水平"②。城镇化不是土地城镇化，而是人的城镇化，推进城镇化要更加注重以人为核心，稳步提高户籍人口城镇化水平。户籍制度改革是推进我国新型城镇化成败的关键所在，在城市落户也是流动人口的最大期盼。为此，要把促进有能力在城镇稳定就业和生活的常住人口有序实现市民化作为推进新型城镇化首要任务，必须坚决打破玻璃门，切实解决流动人口"半市民化"问题，解决流动人口落不了、落不住的问题。推进户籍制度改革，加快实现1亿流动人口在城镇落户，既是我国推进以人为核心的国家新型城镇化的现实需要，也是流动人口渴望融入城市、追求现代生活方式的迫切要求，在我国全面建成小康社会和全面建设社会主义现代化国家进程中有着举足轻重的历史作用。

第一节 实现1亿流动人口在城镇落户意义重大

推进人的城镇化重要的环节在户籍制度，当前和今后一个时期推

---

① 《十八大以来重要文献选编》（中），中央文献出版社2016年版，第778页。
② 《十八大以来重要文献选编》（上），中央文献出版社2014年版，第591页。

进流动人口社会融合工作的一项重点任务,就是加快提高户籍人口城镇化率,到 2020 年实现 1 亿人在城镇落户。实现 1 亿人在城镇落户这个目标,既有利于稳定经济增长,也有利于促进社会公平正义与和谐稳定,更是全面小康社会惠及更多人的内在要求。

一、有利于稳定经济增长

习近平总书记强调:"推进城镇化要回归到推动更多人口融入城镇这个本源上来,促进有能力在城镇稳定就业和生活的农业转移人口举家进城落户,这既可以增加和稳定劳动供给、减轻人工成本上涨压力,又可以扩大消费。这也是缩小城乡差距、改变城乡二元结构、推进农业现代化的根本之策。"[①]流动人口的主体农民工已经成为我国产业工人的主力军,但由于户籍的限制,规模上亿的农民工难以形成稳定的产业工人队伍,严重制约了我国产业结构升级和经济发展方式转变。由于缺乏稳定的生活预期,规模庞大的流动人口消费势能难以释放,流动人口在城镇消费水平较低,影响了扩大内需战略的实施。根据《国家新型城镇化规划(2014—2020 年)》预测,2020 年户籍人口城镇化率将达到 45%左右,年均需落户 1600 多万左右。实现 1 亿流动人口在城镇落户,让流动人口在城市稳定下来、安居乐业,从供给来看,在劳动年龄人口总量减少的情况下,对稳定劳动力供给和工资成本、培育现代产业工人队伍具有重要意义。从需求来看,对扩大消费需求、稳定房地产市场、扩大城镇基础设施和公共服务设施投资具有重要意义。这不仅有利于扩大流动人口消费,拉动流动人口内需;也有利于使稳定下来的流动人口进入城市产业工人队伍,形成支撑我国经济结构战略性调整的人力资源和社会基础,为我国的经济社会持续健康发展创造必要的条件。

---

① 《习近平谈治国理政》(第二卷),外文出版社 2017 年版,第 243 页。

二、有利于促进社会公平正义与和谐稳定

习近平总书记指出，"让广大人民群众共享改革发展成果，是社会主义的本质要求，是社会主义制度优越性的集中体现，是我们党坚持全心全意为人民服务根本宗旨的重要体现"①。在推进城镇化发展时要避免出现城市贫民窟问题和落入"拉美陷阱"，促使我国在社会转型中成功跨越中等收入陷阱。我国经济发展的"蛋糕"不断做大，但分配不公问题比较突出，收入差距、城乡区域公共服务水平差距较大。现行城乡二元的户籍制度影响了作为城市居民的流动人口分享城市发展成果的权利行使，有悖于公平正义的社会主义原则，也不利于社会的和谐稳定。为此，必须着眼于创造更加公平正义的社会环境、克服有违公平正义的各种现象，全面推进包括户籍制度在内的各项改革，加强共享改革发展成果的制度设计，其中最重要、最紧迫、需要重新进行制度设计的就是户籍管理和服务，使发展成果更多更公平惠及规模庞大的流动人口群体，不断实现好、维护好、发展好最广大流动人口的根本利益，保持社会公平正义、维护社会和谐稳定。

三、全面小康社会惠及更多人的内在要求

全面建成小康社会，强调的不仅是"小康"，更重要的也更难做到的是"全面"，全面小康是惠及全体人民的小康。要按照人人参与、人人尽力、人人享有的要求，坚守底线、突出重点、完善制度、引导预期，注重机会公平，着力保障基本民生。当前，我国人口迁移流动日益活跃，大规模的流动人口影响着经济社会发展的方方面面。流动人口规模巨大且处于弱势地位，不仅是改善和保障民生的重点人群，也是统筹城

①《习近平谈治国理政》（第二卷），外文出版社2017年版，第200页。

乡、区域协调发展的一个关键节点，已经成为全面建成小康社会的薄弱环节。推进户籍制度改革，让广大流动人口和全国人民一起携手迈进全面小康社会，是全面小康社会惠及更多人的内在要求，成为广大流动人口追求城市美好生活、助力实现中华民族伟大复兴中国梦的现实途径。

因此，需要继续深化户籍制度和相关配套改革，确保到2020年1亿流动人口在城镇落户目标的实现。

第一，认真落实国务院《关于进一步推进户籍制度改革的意见》，积极探索流动人口在城镇落户的措施，促进有能力在城镇稳定就业和生活的农业转移人口举家进城落户，并与城镇居民享有同等权利和义务。按照国务院办公厅《推动1亿非户籍人口在城市落户方案》的要求，健全城市落户人口统计指标，建立城镇人口实时动态监测体系，督促地方城市政府结合实际制订落户实施方案。

第二，将非户籍人口纳入地方国民经济和社会发展规划，加快研究制定省以下财政转移支付同转移人口市民化挂钩机制，增加吸纳农业转移人口多的城镇的财政转移支付力度。

第三，切实落实《居住证暂行条例》，督促各城市制订本地实施办法，切实保证居住证持有人享有基本公共服务和办事便利，加快推进居住证制度覆盖全部城镇流动人口。

第四，加快建立城镇建设用地增加规模与吸纳农业转移人口落户数量、与进城落户农民"三权"维护和自愿有偿退出挂钩机制。

第二节　抓住流动人口在城镇
落户的三个关键环节

习近平总书记指出，户籍制度改革"总的政策要求是全面放开建制镇和小城市落户限制,有序放开中等城市落户限制,合理确定大城市落户条件,严格控制特大城市人口规模,促进有能力在城镇稳定就业和生活的常住人口有序实现市民化,稳步推进城镇基本公共服务常住人口全覆盖"①。户籍制度改革不仅仅是户籍本身单方面的改革,而是一项牵一发而动全身的系统改革。要按照中央关于推进户籍制度改革的重大决策部署,着力在涉及户籍制度改革的重点领域和关键环节下功夫、出实力,促进户籍制度改革取得实效,为外来流动人口成为城市新市民开辟政策通道。

一、打通户籍政策供给与流动人口落户需求之间的发展渠道

流动人口落户城市面临着两难的困境:有意进城落户的流动人口中七成以上希望进入户口含金量较高的大城市,但往往大城市落户门槛高,难以如愿;中小城市落户门槛低,大多数流动人口又不愿意落户。众所周知,大城市由于产业门类齐全,就业机会多,公共服务水平高,吸引了大量的流动人口。这些城市往往通过设定户籍门槛来实现人均产出最大化,降低由户籍改革带来的财政支出压力。目前大城市尤其是超大城市和特大城市出台的落户政策,仍偏好高端人才,设置包含学历、技术职称、就业、居住、参加社保年限、连续居住时间等条件的积分指标体系,只有达到一定分值才能够满足落户条件。对于广大的中小城市和小城镇,其人口压力小、落户门槛低,但是就业机会有限、基础设施建设落后、公共服务水平较低,教育、医疗卫生资源有限,全面放开中小城市户籍准入对流动人口落户吸引力较小。因此,流动人口宁可放弃在中小城市和小城镇落户的机会,而在大城市流动。这种制度供给与制度需求之间的不匹配问题,导致相应的改革举措难以收到实效。

① 《习近平主持深改组会议 定户籍改革要求》,人民网,http://politics.people.com.cn/n/2014/0607/c1001-25117310.html,2014-06-07。

现实情况是，流动人口落户意愿很高，但实际落户比例又很低。

习近平总书记要求，"各地区要尽快出台具体的、可操作的户籍改革措施，并向全社会公布，让群众知道不同城市的落户条件，安排好自己的未来，给大家稳定的预期和希望"[1]。因此，全国上下要"一盘棋"，加快推进户籍制度供给侧改革，按照《国务院办公厅关于印发推动 1 亿非户籍人口在城市落户方案的通知》要求，制定完善户籍制度改革相关配套政策措施。加快建立健全财政转移支付同农业转移人口市民化挂钩机制，增加吸纳农业转移人口多的城镇的财政转移支付力度，加快建立城镇建设用地增加规模与吸纳农业转移人口落户数量挂钩、与进城落户农民"三权"维护和自愿有偿退出的机制，打通户籍制度供给与流动人口落户需求之间的发展渠道，既能通过流动人口在城镇落户，提升我国城镇化发展水平，又能解除流动人口后顾之忧，过上幸福的城市生活。

二、逐步剥除附着在户籍制度上的各种社会福利

我国户籍制度不仅是人口区域划分的依据，也是很多公共政策和社会福利的依据。长期以来，我国形成了以户籍制度为基础的公共服务等级化、区域化和碎片化状况。我国的户籍制度与城市福利制度关系密切，与城市户籍紧密相连的是教育、医疗、住房等公共服务和社会福利。以北京市为例，北京户口有 80 多项福利，包括买房、教育、就业、生育、医疗等。随着城乡二元结构的长期固化，这一附着力越来越强，难以松动，成为推进户籍制度改革的"拦路虎"和痼疾。目前，我国户籍制度所附着的社会福利属于准公共品，具有一定的竞争性和排他性，它的获取要凭借城镇本地户籍身份。获得城镇户籍身份，则意味着要

---

[1]　《十八大以来重要文献选编》（上），中央文献出版社 2014 年版，第 594 页。

向落户的流动人口提供与户籍人口同等的公共服务和权利，户籍制度仍然是影响劳动力流动和流动人口社会融合的基本制度。

从户籍开放程度来看，北上广的户籍开放程度在流动人口较为集中的城市中处于倒数前三位，这些城市之所以落户门槛高，是因为一旦跨过门槛就获得全部的福利和权益，这被称为"高门槛、一次性"的权益获取方式。随着我国户籍制度改革的不断推进，户籍制度的藩篱逐渐被打破，户籍坚冰正在逐步融化。但是，由于户籍上附着的诸多福利，使得户籍制度在城市之间存在"度"的差别和"质"的共性，不少城市存在着不同程度的落户门槛，层级越高落户门槛越高。因此，我们在推进城镇化的进程中逐步将公共服务享受资格与户籍制度剥离，逐步剥离其他各项附加制度，逐步消除户口的物质化因素，恢复其本来的人口统计管理功能。把剥离附着在户口上的各种福利作为突破口，坚持久久为功，持续不断地推进户籍制度改革。

三、积极落实好居住证制度

实施居住证制度是推进户籍制度改革的重要措施，这是我国流动人口管理政策的进一步完善和重大进步。居住证制度的实施把居住证管理与落户制度有效衔接起来，打通了一条流动人口落户城市的政策通道，符合条件的居住证持有人，可以在居住地申请登记常住户口。其核心是以居住证为载体，建立健全与居住年限等条件相挂钩的基本公共服务提供机制，把基本公共服务的提供从户口上剥离出去。在没有获得城市户籍的情况下，外来流动人口凭借居住证就可以获得城市政府提供的各项基本公共服务。居住证持有人享有与当地户籍人口同等的劳动就业、基本公共教育、基本医疗卫生服务、公共文化服务、证照办理服务等权利；以连续居住年限和参加社会保险年限等为条件，逐步享有与当地户籍人口同等的中等职业教育资助、就业扶持、住房保障、养老服务、社会福利、社会救助等权利，同时结合随迁子女在当地连续就学年限等情况，逐步享有随迁子女在当地参加中考和高考的资格。居住证制度解决了基本公共服务提供的问题，对于不能立即落户居住地的人口而言，除了最基本的权益得到保障外，还设计了城镇落户的依据，为落户和享受城镇社会福利、融入当地社会打开了通道。

切实落实《居住证暂行条例》，保证居住证持有人享有基本公共服务和办事便利，加快推进居住证制度覆盖全部城镇流动人口。将居住证进行细化，依据不同的状态赋予流动人口以福利和权益。各地要积极创造条件，不断扩大向居住证持有人提供公共服务的范围。居住证持有人落户的政策应该更加人性化，更多地体现以人为本的原则，落户条件不应仅仅包含学历、技能、参加保险、纳税等贡献性因素，而且还应该更多地考虑个人和家庭的各种实际需要，方便流动人口家庭团聚。

第三节　以农业转移人口为重点推进流动人口在城镇落户

习近平总书记在党的十九大报告中提出了"加快农业转移人口市民化"的明确要求。农业转移人口市民化是涉及千家万户的大事情，是我国人口发展史上具有历史意义的标志性事件，将贯穿我国现代化建设的全过程。加快农业转移人口市民化是推进人的城镇化的题中之义，大致可以分为两个阶段：第一，农业转移人口在城镇落户，取得城市居民的合法身份，与城市居民平等享有各项公共服务和社会福利的权利，获得城市居民的社会地位；第二，农业转移人口的再社会化过程。目前，我国推进农业转移人口市民化阶段还处于第一阶段，主要任务是推进农业转移人口在城镇落户。推进农业转移人口在城镇落户是一项系统工程，要坚持自愿、分类、有序的原则，搞好顶层制度设计，上下联动、统筹推进。

一、尊重流动人口定居和落户意愿，坚持自愿的原则

习近平总书记指出，"自愿就是要充分尊重农民意愿，让他们自己选择，不能采取强迫的做法，不能强取豪夺，不顾条件拆除农房，逼农民进城，让农民工'被落户'、'被上楼'"①。推进户籍制度改革，首要的是要吸取历史上的教训，要发挥好市场的决定性作用，多运用经济和法律的手段，减少行政管制和干预，加强政策引导，避免发生流动人口"被上楼"、被城镇化的问题，切实解决目前我国城镇化率虚高的问题，促进城镇化的健康发展。推进农业转移人口在城镇落户，要加强政策引导，充分尊重农民自愿落户的意愿，否则就会造成失之毫厘、谬以千里的不良后果。

要尊重城乡居民自主定居意愿，合理引导农业转移人口落户城镇的预期和选择。相关调查数据显示，流动人口在流入地的长期居留意愿较高，七成以上的流动人口有在流入地长期居住的打算，其中，城城流动人口的人力资本水平相对较高，经济、社会融合状况较好，在流入地的长期居留意愿更高。从流动人口的落户意愿来看，有接近一半的流动人口愿意迁移户口，由于土地、宅基地等农村福利逐渐显性，"农村户口"的含金量提高，城城流动人口的落户意愿明显高于乡城流动人口。由于东部地区的经济社会发展水平较高，相应地附着在户口上的社会福利水平也更高，因此，流入东部地区的流动人口有着更为强烈的落户意愿。

通过研究比较流动人口在城镇居留时间与落户意愿之间的关系，本书发现，两者之间呈现正相关关系，即居留时间越长，流动人口的落

---

① 《十八大以来重要文献选编》（上），中央文献出版社2014年版，第594页。

户意愿越高。随着居留时间的拉长，一方面，流动人口的工作经验、社会适应能力均不断提升，流动人口的收入也随之不断提高，收入水平的提高有助于提升其在城市落户的意愿;另一方面，流动人口对流入地的适应程度不断提高，更愿意融入流入地社会，落户意愿更为强烈。这为我们确定落户城镇的主要对象提供了有效的依据。为此，要从流动人口在城镇的定居意愿出发，将那些有长期在城镇居留并有落户城镇意愿的流动人口作为落户城镇的主要对象、以农业转移人口为重点，制定相关支持的引导性政策措施，合理引导流动人口落户城镇的预期和选择，有序推进流动人口在城镇落户。

二、尊重差异，坚持分类的原则

习近平总书记指出，农民工市民化，大中小城市有不同要求，要明确工作重点。[①] 推进流动人口在城镇落户，各地要按照中央推进国家新型城镇化的总体部署，结合本省(区、市)城镇化现状和产业、人口布局的实际，制定流动人口在城镇落户的实施办法，成熟一批，落户一批，做到分类指导、因地制宜、因时制宜。

我国长久以来的户籍制度基础上形成的城乡二元社会结构，使得城乡流动人口处于外来人口、农村人口的双重弱势地位;城城流动人口受教育程度也相对较高，他们在职业稳定性、职业地位以及劳动合同签订、劳动权益保护等方面高于乡城流动人口;在公共服务的了解及享有、获取福利方面优于乡城流动人口。各类城镇要因地制宜制定具体的农业转移人口落户标准，引导农业转移人口在城镇落户的预期和选择。要以在城镇稳定就业、长期居留和新生代农业转移人口为重点，逐步将符合条件的流动人口转为城镇居民。同时，提高高校毕业生、技

---

① 参见《习近平主持召开中央财经领导小组第九次会议　李克强等出席》，新华社2015 年 2 月 10 日。

工、职业技术院校毕业生等常住人口的城镇落户率，通过大中专毕业生、职业学校毕业生就业安置和落户政策，解决新生代流动人口落户问题。

三、加强引导，坚持有序的原则

习近平总书记指出，"要坚持积极稳妥、规范有序，充分考虑能力和可能，优先解决存量，有序引导增量"①。解决流动人口在城镇落户问题，要在自愿、分类的基础上，遵循优先解决存量，有序引导增量的基本原则，做到"三优先、一有序"，一方面，优先解决存量，优先解决本地人口，优先解决好进城时间长、就业能力强、可以适应城镇产业转型升级和市场竞争环境的人，使他们及其家庭在城镇扎根落户，推进已经在城镇就业生活的流动人口市民化；另一方面，要通过引导人口有序流动迁移，促进人口分布与城镇化格局相适应、人口分布与生产力布局相匹配，有序引导增量人口流向。这既是引导人口有序流动与合理分布的需要，也是有序推进流动人口市民化的客观要求。

在推进农业转移人口在城镇落户的过程中，一方面，要努力提高农民工融入城镇的素质和能力；另一方面，要深化农业转移人口市民化的理论和政策研究，推进农业转移人口相关政策配套改革，为推进农业转移人口市民化提供理论和政策保障。要加强对农业转移人口市民化的战略研究，统筹推进土地、财政、教育、就业、医疗、养老、住房保障等领域配套改革。要顺应以人为核心的新型城镇化发展，大力推进流动人口社会融合工作，推动流动人口从经济立足、权益平等、社会接纳、政治参与、身份认同、文化交融等方面融入城市发展大局。

---

① 《习近平主持深改组会议 定户籍改革要求》，人民网，http://politics.people.com.cn/n/2014/0607/c1001-25117310.html，2014-06-07。

第六章 护健康、利团聚，促进流动人口家庭融入城市

　　流动人口的健康和家庭团聚是影响流动人口社会融合的两大关键因素。相关研究表明，健康对流动人口的社会融合影响显著。健康作为一种重要的人力资本，有助于提升流动者的劳动生产率，提高其收入水平，有助于其改善经济状况，实现经济立足以及其他方面的融合。而健康状况不佳、恶化则不利于流动人口的社会融合，甚至被迫返回家乡。本书实证研究发现，家庭在流动人口社会融合中起着重要的影响作用，流动人口的家庭化有助于提高流动人口的社会融合水平。为此，一方面要加强流动人口健康保护，提升流动人口社会融合的健康资本；另一方面要促进家庭团聚，提升流动人口社会融合的家庭化能力。

第一节　提升流动人口健康水平

　　习近平总书记在党的十九大报告中明确提出实施健康中国战略，完善国民健康政策，为人民群众提供全方位全周期健康服务。深化医药卫生体制改革，全面建立中国特色基本医疗卫生制度、医疗保障制度

和优质高效的医疗卫生服务体系。① 这一重大战略安排,对做好新时代流动人口健康服务工作提出了新的更高要求。要把人民健康放在优先发展的战略地位,以普及健康生活、优化健康服务、完善健康保障、建设健康环境、发展健康产业为重点,加快推进健康中国建设,努力全方位、全周期保障人民健康,为实现"两个一百年"奋斗目标、实现中华民族伟大复兴的中国梦打下坚实健康基础。

一、流动人口健康事关健康中国战略的顺利实施

习近平总书记指出,"健康是促进人的全面发展的必然要求,是经济社会发展的基础条件,是民族昌盛和国家富强的重要标志,也是广大人民群众的共同追求"②。当前,由于工业化、城镇化、人口老龄化,以及疾病谱、生态环境、生活方式不断变化,我国仍然面临多重疾病威胁并存、多种健康影响因素交织的复杂局面。我国既面对着发达国家面临的卫生与健康问题,也面对着发展中国家面临的卫生与健康问题。总体上,人民健康还面临一些体制机制障碍和实际困难。习近平总书记强调,人民健康既是民生问题,也是社会政治问题。③ 现代意义上的"健康"是一种整体健康观,它不仅指没有疾病或病痛,而且指一个人在身体、精神和社会方面都处于完全良好的状态。一方面,健康是人力资本的重要组成部分和人力资本投资的重要形式,健康可以有效提高劳动生产率,可以增强劳动者获取收入的能力,进而改善其生存发展状况;可以有效延长劳动力工作年限,通过健康老龄化有效应对人口老龄化对经济发展带来的负面影响,促进"人口红利"转化为"健康红利",

---

① 参见习近平:《决胜全面建成小康社会 夺取新时代中国特色社会主义伟大胜利——在中国共产党第十九次全国代表大会上的报告》。

② 《习近平谈治国理政》(第二卷),外文出版社 2017 年版,第 370 页。

③ 参见《十八大以来重要文献选编》(下),中央文献出版社 2018 年版,第 366 页。

激发人口健康红利的延长和持续时间，延长我国经济发展的战略机遇期。另一方面，通过提高人民群众健康水平，可以解除后顾之忧，有效扩大消费需求，带动经济增长。因此，实施健康中国战略，不仅是实现人民群众对健康美好生活新期盼的必然要求，更是新时代我国经济社会协调可持续发展的重要支撑。

（一）流动人口是实施健康中国战略的重点人群。习近平总书记强调要重视重点人群健康，关注流动人口健康问题。[1] 他先后在不同场合说过一句耳熟能详的话：没有全民健康，就没有全面小康。第一次是 2014 年 12 月 13 日在江苏镇江考察卫生机构时所讲；第二次是 2016 年 8 月 19 日在全国卫生与健康大会上所讲。众所周知，流动人口两亿多，占全国总人口的六分之一，可以说没有流动人口的健康，就没有全民的健康，也就没有了全面小康，流动人口健康是全面建成小康社会题中应有之义，也是全面建成小康社会的重要目标。流动人口尤其是农民工由于在流入地的工作、生活环境较差且缺乏社会保障及社会支持，是一个易受传染病、职业病等风险威胁的群体。

第一，流动人口健康意识较差。流动人口绝大多数年轻力壮，他们到城里来的主要目的是就业赚钱、子女获得好的教育资源，健康还不是他们这个阶段最重要的需求，往往就很容易忽视健康问题。

第二，流动人口尤其是农民工的职业病问题较多。流动人口从事的行业决定其工作时间较长、工作强度偏大，健康水平偏低。加上其职业健康意识淡薄、职业健康危害辨识能力差和工作场所的健康防护知识的缺乏，他们罹患职业病风险和发生工伤事故的概率相对较高，成为职业健康防护的重点人群。中华社会救助基金会大爱清尘基金发布的"中国尘肺病农民生存状况调查报告（2015）"显示，目前全国尘肺病农

---

① 参见《习近平谈治国理政》（第二卷），外文出版社 2017 年版，第 372 页。

民患者已超 600 万人。

规模庞大的流动人口已经成为我国健康服务的重点人群,他们的健康是健康中国战略的重要组成部分。流动人口的健康问题不仅影响到数量庞大的非农就业劳动力的健康素质问题,而且还影响到流动人口的家庭发展,流动人口一旦发生重大疾病或慢性疾病,会给家庭和社会带来长期而沉重的经济负担。因此,切实加强流动人口健康服务,增强他们的健康意识,倡导健康生活方式既是流动人口自身发展的现实需要,也是促进新型城镇化健康发展以及实现全民健康、打造健康中国的迫切要求。

(二)流动人口是实施健康中国战略的薄弱环节。流动人口健康情况不明,特别是基本信息等底子还不清楚。加之流动人口健康服务管理滞后,导致流动人口健康成为健康服务管理的重点难点,已经成为推进健康中国建设一个最为薄弱的环节。

第一,流动人口健康服务水平和自身健康素质亟待提高。流动人口的健康档案建档率偏低,仅占全国居民健康档案总体建档率的四分之一左右;流动人口孕产妇保健服务状况虽有改善,但仍然有四成以上的流动人口孕产妇没有达到产前检查的基本要求;流动儿童的全程接种率明显低于居住地儿童接种率水平,流动儿童保健水平尚需要进一步提升。此外,流动人口尤其是处于青春期、婚育期的新生代流动人口,生殖健康问题更值得关注;流动人口的心理健康干预服务亟待加强。

第二,流动人口也是传染病防控的重点难点。流动人口疾病谱以传染性疾病和感染性疾病为主,他们既是传染病的多发人群,又是传染病跨区域传播的高风险人群。由于缺乏流动人口传染病防控跨区域管理的有效手段,部门、地区间流动人口信息共享机制还未形成,难以及时准确全面掌握流动人口的相关情况,影响了流动人口传染病防控工作的有效开展,流动人口集中工作地、人口流动性较大的地区成为传染病的高发地区,流动人口传染病发病率普遍高出常住人口 1 倍至 3 倍,传染病已成为影响流动人口健康状况的一个重要因素。

"十三五"时期是推进流动人口市民化的关键期,是健康中国建设的发力期。我国进入经济新常态,推进供给侧结构性改革,其中一项就是要加强基本公共服务的供给。流动人口的健康需求在持续扩大和增加,我国供给侧提供的服务不够。随着新型城镇化的推进,流动人口有两个明显趋势:一是长期居住的流动人口数量增加了,二是家庭化趋势也增加了,流动人口中老人和儿童的健康问题需求也就增加了,好多地方都没有考虑到这些问题,流动人口健康服务没有完全解决,也是亟待解决的难题。要坚持以人民为中心的发展思想,牢固树立和贯彻落实创新、协调、绿色、开放、共享的发展理念,以不断满足流动人口日益增长的健康服务需要为核心,加快推进健康服务供给侧结构性改革,着力解决医疗卫生和服务资源发展不平衡不充分的问题,切实加强对流动人口健康制度的顶层设计,形成流动人口健康服务的政策合力,显著改善健康公平,全面提升流动人口健康服务质量和水平,为实施健康中国战略、推进健康中国建设,把我国建设成富强民主文明和谐美丽的社会主义现代化强国持续发力,提供健康的人力资源基础支撑。

二、切实加强流动人口健康服务

健康服务与流动人口的健康状况之间正向相关。目前,健康服务体系还没能有效覆盖流动人口,对流动人口提供的基本公共卫生健康服务明显不够,加上流动人口对卫生健康服务利用不足,也直接影响了流动人口的卫生健康服务效果,导致国家基本公共卫生服务项目和国家重大公共卫生服务项目在流动人口中的有效落实不到位。

(一)扎实推进流动人口卫生健康基本公共服务。这是促进流动人口生理健康、心理健康、家庭幸福的重要保障，是提高流动人口健康水平的重要途径，也是建设健康中国的重要基础。要在深化医药卫生体制改革的过程中，将流动人口作为服务对象，纳入社区卫生健康服务体系，以在城镇稳定就业、长期居留和新生代农业转移人口为重点，为流动人口提供城市基本公共卫生健康服务。

根据流动人口尤其是新生代流动人口聚集趋势和分布特点，完善覆盖流动人口、方便可及的卫生健康服务网络体系，重点加强城市郊区、城中村和周边农村的卫生健康服务机构建设，通过配置流动服务车、完善社区卫生健康服务等多种方式，增强服务可及性，提升基层服务能力和水平。引导流动人口合理使用卫生服务，减少因信息缺乏对卫生服务可得性的影响，提高流动人口接受公共卫生服务的积极性和主动性。

充分利用基层社区卫生健康服务机构，在流动人口中全面落实国家规定的各类基本公共卫生服务项目，重点落实好流动人口儿童预防接种、传染病防控、孕产妇和儿童保健、健康档案、计划生育、健康教育等基本公共服务。完善计划生育服务管理，加强产科、托幼等健康服务供给，倡导优生优育，保障流动人口妇幼健康。从保障流动人口基本公共卫生健康服务和流动人口最迫切需要的服务项目入手，逐步为流动人口提供内容更为全面、质量不断提升、效果更加明显的基本公共卫生健康服务，不断提高流动人口的幸福感和满意度。

（二）切实做好流动人口健康教育和促进工作。习近平总书记强调，"要倡导健康文明的生活方式，树立大卫生、大健康的观念，把以治病为中心转变为以人民健康为中心，建立健全健康教育体系，提升全民健康素养，推动全民健身和全民健康深度融合"①。由于流动性强，流

①　《习近平谈治国理政》（第二卷），外文出版社 2017 年版，第 372 页。

动人口的职业大多处于一种动态的变化之中,一些企业和用人单位为流动人口服务的意识还很淡薄,流入地和流出地在开展健康教育和促进工作方面还存在衔接接续困难问题,导致服务利用连续性较差,加之流动人口主动获取意识淡薄,对流动人口的健康教育和促进工作带来了诸多不便,目前流动人口健康知识、健康行为、健康素养亟待提高。要切实加强流动人口健康教育和健康促进工作,引导流动人口合理使用卫生服务,减少因信息缺失对卫生服务可得性的影响,为流动人口提供健康服务,尤其是抓好科学普及健康常识,增强流动人口的健康意识,养成良好的健康生活方式,提高流动人口健康素养。

(三)加强流动人口心理健康服务。我国正处于经济社会快速发展时期,人们心理调适滞后于社会发展变化的速度,容易发生心理健康问题。健康不仅指躯体健康,很大一部分还包括心理健康和社会适应能力。习近平总书记强调,"要加大心理健康问题基础性研究,做好心理健康知识和心理疾病科普工作,规范发展心理治疗、心理咨询等心理健康服务"①。尽管流动人口的收入水平逐年有所提高,但相对而言流动人口生活和居住环境较差,加上超时超量工作,流动人口的心理和身心健康很容易受到损害。尤其是新生代流动人口还面临婚恋生活和自身发展等问题,容易产生心理失衡、情感孤独,极易产生心理问题和精神疾病。目前开展的卫生健康服务大部分是针对躯体疾病,心理健康干预没有实质性地开展,流动人口的心理健康服务尚处于起步阶段。要加大流动人口尤其是新生代流动人口心理健康问题基础性研究,在流动人口聚集的社区和企业、流动儿童聚集的学校,通过开设心理咨询室、培养社会工作者心理咨询队伍、聘请心理咨询师开展咨询等途径,做好心理健康知识和心理疾病科普工作,规范发展心理治疗、心理咨询

---

① 《习近平谈治国理政》(第二卷),外文出版社 2017 年版,第 372 页。

等心理健康服务,提高流动人口心理健康水平和社会适应能力。

三、切实加强流动人口传染病防控

习近平总书记要求,"坚定不移贯彻预防为主方针,坚持防治结合、联防联控、群防群控,努力为人民群众提供全生命周期的卫生与健康服务"①。流动人口成为传染病的易发、高发人群,既有我国城乡二元社会结构的长期性、城镇化的阶段性和市场经济的趋利性所导致的原因,也有公共服务政策未顾及流动人口特点、政策间缺乏有效衔接、政策不落实等原因,还有流入地政府认识和监管不到位、流动人口健康意识淡薄等原因。为此,要从以下几个方面做好流动人口传染病防控工作。

第一,落实流动人口流入地属地化管理责任。坚持属地化管理,按照体现公平、优先照顾的原则,将流动人口纳入当地疾病预防控制服务体系,保障流动人口平等地享受与当地户籍人口同等、便捷、安全、有效的疾病预防控制服务。建立健全各项管理制度,规范工作流程,加强流动人口传染病动态监测和防治,实现对流动人口传染病的早发现、早报告,及时处置。

第二,切实加强流动人口传染病防控基础管理。加强流动人口信息采集,探索建立地区和部门间信息共享机制,尽可能摸清流动人口底数,为做好流动人口传染病防控工作提供信息支撑和决策支持。采取针对性措施,重点抓好"城中村"和城乡接合部等薄弱环节防控工作。

第三,落实好流动人口艾滋病、结核病等重大传染病的免费救治等政策。坚持就地治疗,在流动人口中落实艾滋病防治"四免一关怀"、结核病免费诊疗和国家免费抗病毒治疗政策,建立流动人口病患异地

---

① 《习近平谈治国理政》(第二卷),外文出版社2017年版,第371页。

治疗保障机制。

第二节　促进流动人口家庭团聚发展

习近平总书记指出，"无论时代如何变化，无论经济社会如何发展，对一个社会来说，家庭的生活依托都不可替代，家庭的社会功能都不可替代，家庭的文明作用都不可替代"[①]。家庭是维持个人生存和发展的重要福利资源，稳定的家庭支撑与和谐的家庭关系和氛围不仅为个体提供了物质基础，也满足了个人的情感需求。同时，家庭作为社会组织的基本单位，是社会和谐与稳定的基石，也是促进发展极为珍贵的资源。传统的家庭生命周期理论认为，一个完整的家庭生命周期要依次经历形成、扩展、稳定、收缩、空巢和解体6个阶段。

流动人口的家庭发展与传统的家庭相比具有其特殊性，由于一些人口变化和特殊事件等的影响，流动人口的家庭不再按照传统的家庭生命周期各个阶段变化，而是出现它自身特有的改变，变得不完整或是出现阶段性具体内容的变化。一定程度上，流动人口的外出是对家庭生命周期理论的一种革新。近年来，大量流动人口家庭成员的随迁使得其家庭生命周期的次序发生相应变化，家庭成员重新相聚在一起，流动人口的家庭从"解体"状态回复到"稳定"状态甚至"扩展"状态，"空巢"状态结束。流动人口家庭发展是在人口流动发生和演进过程中，其家庭成员从居住分离、部分留守的流动模式到整户迁出、相互团聚的流动模式，而后从两地之间频繁往返转变为城镇中稳定居住的生存发展方式，最后从城乡区隔、内外分割的社会排斥格局到城市立足、社区接纳的社会融合格局。要大力促进流动人口的家庭团聚及家庭发展，

[①]　《习近平谈治国理政》（第二卷），外文出版社2017年版，第353页。

一方面应该促进家庭团聚的实现，另一方面，应该采取相应措施，解决好流动人口随迁子女教育问题，切实保障流动人口随迁子女平等享有受教育权利，这关系到流动人口家庭发展能力提升。同时，还应关注流出地的家庭发展情况，切实解决留守者面临的困难及问题，进而解除流动人口的后顾之忧。

一、实现流动人口家庭团聚意义重大

习近平总书记十分关心流动人口的家庭团聚问题，2012 年农历除夕来临之际，他来到北京地铁 8 号线南锣鼓巷站施工工地看望慰问坚守岗位的一线劳动者，听说工地为农民工家人团聚安排了"夫妻房"，总书记特地走进其中的一间，看望来自河南的钢筋工范勇一家，关切地对他们说："来一趟不容易，看看北京的景点，好好团聚一下。"[1]从经济学的角度考虑，随着流动者在流入地工作和生活稳定性的增加，基于家庭利益最大化的原则，家庭化流动将是一个较为理性的选择。夫妻二人一起流动的比例从"四普"的 7.4% 上升至"五普"的 46.1%，十年间增长了近 39 个百分点。进入 21 世纪以来，夫妻二人并且携带子女一起流动者逐年增加。一项最近的调查表明，将近 90% 的新生代已婚流动人口选择夫妻双方共同流动，而选择与配偶、子女共同流动者约占 60%。而随着人口老龄化、全面二孩政策的实施，将有越来越多的老人随子女开始流动。目前，流动人口家庭式迁移超过四分之三，其中带一个和两个家人的家庭式迁移占比接近六成，流动人口家庭的平均家庭规模为 3.02。随着越来越多的流动人口开始从单打独斗到夫妻双方、夫妻双方与子女、夫妻与子女以及老人一起流动，流动人口逐渐实现家庭团聚。

---

① 《习近平看望慰问坚守岗位的一线劳动者》，人民网，http://cpc.people.com.cn/n/2013/0210/c64094-20476040.html，2013-02-10。

（一）流动人口的家庭团聚有助于维护社会的和谐稳定。习近平总书记指出,"家庭是社会的细胞。家庭和睦则社会安定,家庭幸福则社会祥和,家庭文明则社会文明"①。一方面,家庭成员由个人外出或者家庭中的部分成员一起流动,转变为家庭成员的整体流动;另一方面,一些未婚的流动人口在流动的过程中组建家庭、结婚生子,进一步提升了流动人口在城市就业生活的家庭化水平。调查显示,由于流动人口公共服务和社会保障政策的滞后,阻碍了人口的自由迁徙和流动人口家庭的团聚,近70%的家庭不能一次性完成核心家庭成员的整体迁移,仍有很多流动人口家庭处于暂时或长期的分离状态。这不仅会影响家庭的教育、情感陪伴功能的发挥,容易造成儿童监护失责、婚姻不稳定、留守老人和妇女受侵害等问题,也会导致流动人口社会支持欠缺、心理压力过大,从而影响流动人口心理健康及躯体健康,影响家庭幸福和社会的长治久安。

从流出地到流入地,单身流动人口追求的是流动到稳定的转变。这类人以青壮年为主,作为城市里有力的劳动力,他们在城市实现生存发展的两大挑战是成家和立业。一方面,在如此高成本、高压力的大城市,他们如何才能从择偶、婚恋到组建稳定的家庭,完成单身到组建核心家庭的转变;另一方面,如何让他们在激烈的竞争下,顺利成为城市里有效的劳动供给,获得满意的工作,从而降低其和家人的生存成本,促进其家庭在城市更好地发展下去。因此,在家庭化过程中尤其要关注青壮年流动人口的家庭团聚问题,这不仅关乎个体成长与家庭幸福,而且影响社会良性运行与和谐发展。家庭是社会的细胞,家庭团聚有利于维护社会的和谐稳定,有利于提升生活质量和幸福指数,因此,在流动人口的社会融合促进中,应促进家庭团聚,不断提升家庭发展

---

① 《习近平谈治国理政》(第二卷),外文出版社2017年版,第353—354页。

能力。

（二）流动人口的家庭团聚有助于流动人口尽快融入城市。家庭是维持个人生存和发展的重要的福利资源，家庭发挥着经济、教育、情感慰藉、社会支持等各种功能。流动人口的家庭化趋势日趋明显，流动者逐渐改变个体单飞的模式，而倾向于举家迁移，他们已经更加倾向于城市生活，流动人口家庭化迁移流动、家庭团聚的实现，对其社会融合有着重要的促进作用。

本书实证研究结果显示，流动人口家庭流动成员的数量显著影响流动人口的社会融合状况。随着流动的家庭成员数量不断提升，流动人口的社会融合水平不断提升。与单人流动者相比，家庭式流动人口的社会融合程度明显更高，特别是子女随迁与否直接影响到流动人口的社会融合状况。相比于子女留守或者在其他地方的流动人口，子女随迁者的社会融合状况明显高于子女留守或者在其他地方者。子女随迁增强了流动人口的身份认同，子女随迁者更加认同自己的本地人身份、有较强的长期居留意愿及迁户意愿。可见，解决家庭团聚问题是推进流动人口社会融合的重要路径。

（三）新生代流动人口的家庭团聚需求更为迫切。大规模的人口流动迁移在我国已经持续了 30 年，流动人口已经发生代际更替，新生代流动人口已经成为流动人口的主体。新生代流动人口是在我国城镇化和工业化进程中成长起来的群体，既具有老一代流动人口的一般性特征，又有其自身的特点。随着经济社会的变迁，新生代流动人口更加注重体面就业和发展机会，逐步由生存型向发展型转变：其流动目的由以经济动因为主向经济、社会、发展等多种动因转变；流动方式由个体劳动力流动向家庭化迁移转变；流动形态由频繁的"钟摆式"流动向在城市稳定生活、稳定工作转变；流动意向由"外出务工、返乡养老"向扎根城市、融入城市社会转变。

新生代流动人口大多出生在流入地城市,成长在城市,已经熟悉了城市生活。随着流动人口生存状况的改善,新生代流动人口对未来发展有更多新的期待。与老一代相比,新生代流动人口中社会型和发展型的流动迁移明显增多,大多数农村户籍的新生代流动人口,离开学校便来到城市,在老家没有宅基地和承包地,已远离农村和农业生产,基本没有返乡意愿也无法再返回农村生活,他们更渴望成为城市公民,获得与市民同等的各项待遇。新生代流动人口更加追求学习知识和掌握技能,更加追求自身长远和未来发展,更加追求在城市实现家庭团聚。

二、建立完善以促进流动人口家庭团聚为核心的家庭发展政策体系

流动人口完成家庭的团聚或组建之后,在流入地继续着"落叶生根"的梦想。然而现实中仍然存在着诸多阻碍其家庭发展的要素,基本公共服务缺乏,流动人口在流入地进行家庭发展的机会寥寥无几,也难以得到保障。流动人口家庭是全国人民家庭的重要组成部分,他们有其自身的特殊性,其家庭发展又面临一些特有的问题和困难,必须构建以实现家庭化迁移、促进流动人口家庭团聚为核心的家庭发展政策体系,积极鼓励社会资本进入家庭政策与服务领域,建立以基本公共服务为基础,以市场服务和社会服务为补充的"三位一体"家庭服务体系,促进流动人口家庭发展能力提升。

(一)确立以实现流动人口家庭团聚为核心的家庭发展政策导向。人的城镇化最重要的标志是实现流动人口的市民化,实现流动人口的家庭化迁移和家庭团聚是流动人口市民化的必要前提和基础条件。家庭发展政策要促进实现流动人口家庭团聚,提高对实现流动人口家庭团聚、提升流动人口家庭发展能力的支持力度,确保流动人口发展能力与经济社会发展水平同步提高。一是提升家庭发展政策层级。家庭发

展政策是一项重要的国家基础性民生政策,应由中央政府制定统一的基本制度框架,制定统一的基本家庭政策,规制统一的法律基础,切实扭转家庭发展政策"碎片化"和"地方化"的现状,从基本公共服务等民生制度安排入手,扩大家庭发展政策的基础和范围。二是改变流动人口发展政策供给对象。充分考虑家庭整体利益,从以个人为基本单位转向以家庭整体为基本单位制定相关社会政策,以家庭整体作为政策实施对象,建立个人与家庭并重、个人与家庭关联的家庭发展政策。

(二)构建促进实现流动人口家庭团聚的家庭发展政策支持体系。由于户籍制度的限制,我国专门针对流动人口家庭福利的保障体系尚不健全,流动人口家庭成员的住房、卫生医保、随迁子女教育、女性就业、养老等问题正是其家庭发展的"拦路虎"。建立完善包括生育支持、幼儿抚育、青少年发展、老人赡养、病残照料等在内的家庭发展政策,增强家庭抚幼和养老功能。增强社区幼儿照料、托老日间照料和居家养老等服务功能。推进医疗卫生与养老服务相结合,探索建立长期护理保险制度。深入开展关爱女孩行动,创造有利于女孩成长成才的社会环境,促进社会性别平等。依法保障妇女的宅基地、房屋等财产继承权和土地承包权。依法保障女性就业、休假等合法权益,支持女性生育后重返工作岗位,鼓励用人单位制定有利于职工平衡工作与家庭关系的措施。

(三)切实解决流动人口随迁子女、老人的相关问题。不同流动人口家庭在家庭团聚与组建、机会获取与保障、能力培养与发展、社会融合与认同等方面都存在差异。在流动人口家庭化的过程中,家庭成员面临着融入流入地生活的困境,其随迁成员在流入地的生存发展问题日益凸显,流动人口家庭发展问题日益浮现出来。

"孩子是家庭的未来",孩子的教育和健康关系到家庭的幸福与未来。就家庭教育而言,当下随迁流动人口子女的家庭环境对他们的教育来说并不理想。流动人口家庭教育资源稀缺，入学准备意识薄弱，对流动人口子女的教育帮助十分有限。对于随迁流动人口子女而言，健康风险是其首要风险，若父母不在身边或是父母健康意识薄弱，流动儿童难以形成完善的健康观念，同时由于户籍限制等原因，流动儿童又无法第一时间接触到及时的健康资源，如疫苗、安全饮用水等等，加之居住条件相对恶劣，更可能对流动儿童的健康带来负面影响。若无法获得相应的医疗保障，流动儿童的健康成长将会受到严重的影响。

中国步入老龄化社会以来，养老问题一直受到社会各界人士的关注。家庭养老仍是中国养老的主要方式，而社会的养老政策要以老人为本，积极支持老年人家庭和赡养老年人家庭的能力建设。对随迁老年人而言，他们离开户籍所在地与家人相聚在流入地，他们融入城市存在更多的困难，社会各界给予他们的养老支持十分有限，他们缺乏获得和本地人享受同等服务的机会，其养老的问题值得人们关注。而对这一群体，需要重点关注他们的健康状况和医疗保险、养老保险的参保情况以及社区卫生服务的利用等情况。但目前对流动老人生存发展的相关研究较少，我们需要更多的实证研究来了解流动老年人口的心理状况、身体状况及养老规划等问题，制订出台流动人口随迁老人医疗和养老政策，切实做好他们的医疗和养老保障服务，以使流动老人安享晚年。因此，在流动人口社会融合水平的提升方面，要在促进实现流动人口家庭团聚的同时，着力解决好随迁子女的教育和健康问题以及随迁老人的医疗保障和养老问题。

三、提升流动人口家庭发展能力

享有与城镇户籍人口同等的待遇是所有流动人口家庭共同的梦想，在他们的生存发展机会得到保障之后，更重要的问题是如何培养自己生存发展的能力，如何利用这些服务和机会去实现流动人口家庭在流入地更好地生存与发展。从流动人口个体来讲，家庭化流动中，如何促进个体能力提升，进而促进家庭发展也至关重要。流动人口大多来自农村地区，知识存量相对较少，技术能力相对落后，来到城镇之后，流入地激烈的竞争环境对流动人口提出了更高的素质要求，培养流动人口高效工作的能力、健康生育的能力、获取信息的能力对其自身乃至家庭发展至关重要。

（一）高效工作的能力。流动人口在获得既定工作之后，如何不断提升自我工作效率和技能，如何培养个人高效工作的能力是其生存发展的关键所在。流动人口集中在制造业、建筑业等第二产业，第三产业就业比重有所提升。随着经济的快速发展，无论是第二产业还是第三产业都对流动人口的劳动素质提出了更高要求。流动人口普遍低下的劳动素质对其工作效率和工作稳定性带来了一定的负面影响。目前，流动人口的劳动素质和市场需求不相吻合，职业培训和流动人口的就业需求亦不相吻合。要提高个人高效工作的能力，可从两方面入手：一方面，流动人口个人应加强学习，不断钻研，提升自我竞争力，更好地胜任自己的工作，增加就业收入，使得个人及家庭在流入地顺利生存下去；另一方面，加强职业培训十分必要，提升流动人口的就业竞争力、改善其在流入地的发展机会迫在眉睫。

（二）健康生育的能力。流动人口家庭成员的身体健康是其生存发展的前提。对流动人口的健康而言，要特别关注其生殖健康方面的知识与技能获取。研究显示，流动人口容易存在"两非"问题，孕期不去做定期检查，临产才找急诊或者私人医生或者选择人工流产的现象较为普遍。对于未婚流动人口，存在婚前同居、婚前性行为、未婚先育等问题，更有性暴力等问题的出现，其生殖健康知识的缺乏严重危害身心健康。另一方面，男性生殖健康问题也应引起人们的重视。健康生育的能力培养主要是学习健康避孕知识、健康生育知识、健康养育知识,正确使用避孕工具、正视孕检重要性、了解人工流产的危险性,使得流动人口家庭能够在流入地安全顺利地繁衍后代,扩展家庭,更好地健康发展。

（三）获取信息的能力。信息是可持续发展的基础,21 世纪是信息时代和网络时代,要想获得更多生存与发展相关的咨询,流动人口应当提高自身获取信息的能力。住房、医保、就业、教育、养老等信息的更新直接关系着流动人口的发展方向。由于流动人口大多来自农村地区,他们对电子产品的掌握程度相对较低,信息获取能力较差,尤其是经济水平较差的家庭,甚至未能拥有电脑等新兴电子产品。来到流入地之后,流动人口获取信息的途径变得多元,报纸、电视、网络等媒介遍布与他们息息相关的最新资讯,他们应当持续关注消息的动态,及时捕捉与其相关的最新信息。同时也要注意信息的筛选,剔除错误信息,为家庭成员和个人的发展带来更多良好的机遇。

第七章 适流动、多交往，创新城市流动人口服务管理和社会融合社区服务平台

流动人口服务管理既是城市管理的薄弱环节，也是创新城市社会治理的重要节点。作为城市政府，有责任加快建立与以人为核心的国家新型城镇化相协调、适应流动性的城市流动人口服务管理新体制，构建流动人口社会融合平台，实现惠及流动人口在内的全体市民均等化基本公共服务，切实保障流动人口政治参与和精神文化权益，以利于引导作为重要生产要素的劳动力跨区域合理流动，推动现阶段我国城乡、区域经济社会一体化发展。

第一节 创新城市流动人口服务管理

当前城市流动人口服务管理严重滞后于大规模人口流动迁移的形势，流动人口服务体系不够健全，对流动人口的管理还存在盲区和漏洞，流动人口合法权益没有得到有效保障，迫切需要将流动人口社会融合作为城市社会治理创新的重要内容，加快建立"规划统筹、信息完备、服务优先、管理高效"的流动人口服务管理体制机制，形成政府主导、部门协同、社会参与、多元供给的流动人口社会融合工作格局。根

据流动人口进入城市以后不同阶段的具体需求和自身特征，切实加强流动人口服务管理，积极探索城市流动人口服务管理的新路子，进一步提升城市流动人口服务管理能力和水平。

一、加强城市流动人口规划统筹

流动人口社会融合涉及流动人口就业、子女教育、住房、卫生健康、文化交往等方方面面，关系到流动人口民生服务和社会治理的各个领域，是一项政策性极强的系统工程，需要政府、企业、社会的全面参与，人群之间的理解、尊重、包容、接纳。城市在编制城市经济社会发展规划、制定社会公共政策和建设公用设施时，要统筹考虑流动人口融入城市社会的各项需求，将流动人口工作纳入城市经济社会发展全局和总体规划之中，促进城市人口与经济社会资源环境协调发展。加强流动人口服务管理工作规划，把对流动人口的吸纳和管理与城市的产业结构、投资结构的调整协调起来，使流动人口的增长速度和规模与城市的基础设施建设相适应。加强流动人口服务管理机构、设施和能力建设，充分考虑流动人口对各项基本公共服务的需求，建立覆盖流动人口的管理机构和服务网络，优化和改进服务管理条件，实现城市流动人口服务管理的全覆盖。

二、做到流动人口信息完备

完整、统一、准确的流动人口信息是有效实施流动人口服务管理的前提。只有准确掌握流动人口基本情况，了解流动人口需求，服务管理才能有的放矢。流动人口居所变动频繁，信息采集困难。统计、公安、卫生健康、人力资源社会保障、民政等多部门都对流动人口进行调查统计，但相关部门流动人口统计口径不一致，服务管理信息分散在各个部门，也没有建立相关部门间的信息适时传输、共享、交换、查阅的共享机制,造成城市流动人口底数不清、数据不全、情况不明,漏统漏管现象突出。

第一,构建和完善城市统一的流动人口综合服务管理信息平台。充分整合相关行政部门管理资源,明确卫生健康、民政、人力资源社会保障、公安、税务、工商等部门提供、获取流动人口信息的责任和权利,发挥各自优势,共同补充完善城市流动人口基础信息,建立统一的城市全员流动人口信息采集、比对、更新和动态管理制度,及时录入、查询、变更流动人口信息,实现跨部门、跨系统、跨地区共享。

第二,加强流动人口生存发展状况动态监测。利用相关信息对流动人口的流量、流向、结构等进行预研、预判,开展流动人口变动趋势的预警监测和综合分析,全面掌握流动人口生存发展状况,出台有针对性的政策措施。

第三,建设开发人口迁移分布和城镇化决策支持平台。系统评估人口分布合理性和流动人口社会融合的程度,为政府科学决策和开展流动人口服务管理提供强有力的信息支撑。

三、坚持流动人口服务优先

大量流动人口的涌入带来了流动人口服务量的剧增,加之流动人口流动性强、居所不固定、职业不稳定等特点,现有的服务网络明显不适应这些情况,基本公共服务还未实现流动人口全覆盖。按照常住人口配置服务资源,根据不同区域常住人口的分布、年龄结构、需求特征,优化资源配置,结合人口流动特点和流动人口规模,调整配备流动人口机构网点设置,将流动人口纳入城镇基本公共服务管理范围。着力优化财政支出结构,形成合理分担、分级保障的城市流动人口基本公共服务均等化机制,为流动人口提供优质便捷的服务,逐步缩小流动人口与城镇居民公共服务差距。面对流动人口日益多样化的需求,需要充分发挥好社会力量的作用。按照"政府主导、坚持公益"的原则,积极鼓励民间、社会资本参与,创新形成以公共财政为主、社会各方共同参与的流动人口基本公共服务供给模式,实现提供主体和提供方式多元化。强化主动服务、上门服务,提高流动人口享受基本公共服务的可及性,简化办事手续,加大便民维权措施的落实力度,切实保障流动人口的合法权益。

四、实现流动人口管理高效

牢靠的城市基层基础工作是实现流动人口社会融合的重要保障。随着流动人口的剧增,传统的以户籍制度管理为基础的城乡二元管理体制,日益显现出条块分割、多头管理、权责分散的弊端,加上流动人口不仅流量大、流速快,而且在文化程度、经济收入以及流动动因等方面都表现出了很大差异性,单一、粗放型的流动人口管理手段和管理方式,已经不适应流动人口服务管理新形势的需要。在运行层面,流动人口统筹管理机制尚未建立,流动人口服务管理机构不健全,特别是在流入人口相对集中的地区,流动人口已经超过了城市户籍人口。但现有的流动人口服务管理机构和人员都是依据户籍人口数量按照一定比例建设和配备的,难以满足流动人口服务管理的需要,制约着流动人口工作的发展。

第一,建立健全城市流动人口统筹管理机制。建立党政领导负责的流动人口工作协调议事机构,切实加强对流动人口工作的统筹协调。加强政府部门内部及系统工作的统筹,协调流动人口相关部门的流动人口服务管理,形成部门共同做好流动人口工作的合力。

第二,切实加强城市基层基础建设。全面实施城市人口网络覆盖流动人口工程,确保各级流动人口工作机构设置、人员配备、经费投入能够满足工作要求。整合社区资源和协管员,充实基层流动人口服务管理队伍,共同参与流动人口服务管理。突破城乡接合部、城中村等薄弱环节,加强企业、产业园区等流动人口聚集地及城市新建社区、高档小区和城乡接合部等管理薄弱环节的流动人口服务管理网络建设,扫除服务管理盲区。

第三,坚持法治化、属地化、信息化和规范化管理。在实施流动人口管理中,坚持依法行政,做到流动人口法治化管理;按照属地管理的要求,做到流动人口属地化管理;充分利用现代化手段特别是计算机和网络技术,做到流动人口信息化管理;按照社会组织章程,规范流动人口自我管理。

第二节　保障流动人口政治参与和精神文化权益

习近平总书记在党的十九大报告中指出,"发展社会主义民主政治就是要体现人民意志、保障人民权益、激发人民创造活力,用制度体系保证人民当家作主"[①];"保证人民依法通过各种途径和形式管理国家事务,管理经济文化事业,管理社会事务,巩固和发展生动活泼、安定团结的政治局面"[②]。促进流动人口政治参与、丰富精神文化是发展社会主义民主政治、构建和谐社会的必然要求。流动人口规模庞大、数以亿计,流动人口与市民的比例关系正在发生实质性改变,流动人口参与城市社会和政治事务、实现基本文化权益是必然的要求和客观现实,社会各界应尊重流动人口特别是新生代流动人口的诉求,这样才不至于导致阶层对立,激化社会矛盾。调查显示,由于渠道狭窄,流动人口在流入地城市的政治参与水平较低,流动人口参加工会、选举活动、评优

---

① 习近平:《决胜全面建成小康社会　夺取新时代中国特色社会主义伟大胜利——在中国共产党第十九次全国代表大会上的报告》。

② 习近平:《决胜全面建成小康社会　夺取新时代中国特色社会主义伟大胜利——在中国共产党第十九次全国代表大会上的报告》。

活动以及居委会管理活动的比例较低,大多数流动人口未参加过以上任何社会活动,与其融入城市社会的新期待不相适应。要适应流动人口政治参与、实现基本文化权益的需要,加快相关制度改革,充分发挥群团组织、社会组织在覆盖流动人口、促进政治参与方面的作用,拓宽流动人口参与民主政治、社会治理的渠道。鼓励流动人口参加公益性、互助性社会组织,发挥社会组织作为流动人口和市民之间润滑剂的功能,及时有效化解流动人口和市民的心理隔阂和矛盾,解决流动人口在当地生活、工作中的困难和问题,切实保障流动人口政治参与和精神文化权益,促进流动人口融入城市社会。

一、壮大工人阶级队伍,使"外者有其归"[①]

习近平总书记指出,执政党要巩固党的阶级基础和扩大党的群众基础,必须使"外"来务工人员有其"归",这个"归"就是工人阶级的大家庭。[②] 工会是我国工人阶级的政治团体,不仅在维护国家政治稳定、促进经济社会发展方面起着重要作用,也是我国工人从事政治参与、进行合理化利益诉求的重要渠道。目前,九成以上的流动人口没有加入工会组织,不仅削弱了工会组织作为工人阶级代表的权威性,也损害了流动人口作为工会组织一员应有的权益,消减了流动人口对工会组织的认同感和对流入地城市的归属感。要逐步打破户籍限制,消除"职工"和"打工"的区别,最大限度地把外来务工流动人口组织到工会这一大家庭中来,通过工会组织制度的创新,真正落实流动人口的政治、经济、文化权益,使流动人口真正有"归属感"。

---

① 参见习近平:《干在实处　走在前列——推进浙江新发展的思考与实践》,中共中央党校出版社 2016 年版,第 257 页。
② 习近平:《干在实处　走在前列——推进浙江新发展的思考与实践》,中共中央党校出版社 2016 年版,第 258 页。

第一,大力发展流动人口工会会员。各级工会要把组织建设和队伍建设这两大任务摆到重中之重的位置,引导和指导各级各类企业完善工会组织、壮大队伍。推进企业工会组织流动人口全覆盖,哪里有务工流动人口,工会组织就建到哪里。要健全城乡一体的流动会员服务管理工作制度,积极创新工会组织形式和流动人口入会方式,提高流动人口的组织化程度。在流动人口集中的地区和行业,大力推进楼宇工会、一条街工会等工会联合会建设,充分发挥基层工会联合会在组织流动人口加入工会组织中的重要作用。

第二,加强流出地和流入地工会组织的协作。两地工会组织要合力推进流动人口入会,采取源头入会、劳务市场入会、先入会再组织成建制劳务输出等方式,最广泛地把流动人口组织到工会中。加强双向协作,流入地工会组织做好流动人口会员会籍的转移接续,流出地工会组织及时督促返乡流动人口将会籍转移到所在乡镇(街道)、村(社区)工会,确保流动人口会员不因流动而流失。

二、享有民主政治权利,使"优者有其荣"①

习近平总书记强调,"要扩大人民民主,健全民主制度,丰富民主形式,拓宽民主渠道,从各层次各领域扩大公民有序政治参与,发展更加广泛、更加充分、更加健全的人民民主"②。享有民主政治权利对于流动人口社会融合来说是一个很关键的因素。流动人口在物质生活水平不断提高的同时,民主政治的参与程度和应有的社会政治地位也在不断提高。但政治权利的享有较之经济利益的落实显得迟缓,民主政治权益还是局部的、不完全的,其根本原因仍与户籍制度所拥有的民主

---

① 习近平:《干在实处　走在前列——推进浙江新发展的思考与实践》,中共中央党校出版社 2016 年版,第 256 页。

② 《十八大以来重要文献选编》(中),中央文献出版社 2016 年版,第 55 页。

政治属地性紧密相关。现行基层民主选举、决策监督等政治参与渠道仍然建立在传统户籍人口管理制度基础之上，绝大部分流动人口因为长期脱离户籍地，又没有城市正式户口和市民身份，按照现行的制度要求，既不能在流出地行使民主政治权利，也不能参与流入地的政治生活。调查数据显示，接近2成的新生代流动人口表示近几年身边发生过群体性事件，由于表达利益诉求渠道不畅，流动人口尤其是新生代流动人口更倾向于通过非制度化的渠道反映诉求，他们参加群体性事件的倾向和趋势明显增加，这对扩大流动人口政治参与不啻提供了一个重要预警。人民是否享有民主权利，要看人民是否在选举时有投票的权利，也要看人民在日常政治生活中是否有持续参与的权利；要看人民有没有进行民主选举的权利，也要看人民有没有进行民主决策、民主管理、民主监督的权利。

第一，切实保障流动人口在流入地依法享有民主政治权利。健全以流入地党团组织为主、流出地党团组织配合的流动人口党员团员教育管理服务工作制度，加强流动人口中的党团组织建设，重视从流动人口尤其是新生代流动人口中发展党员团员。鼓励、支持、推荐优秀流动人口作为各级党代会、人大、政协的代表、委员，企业职工代表大会应有流动人口的代表，组织流动人口参与企业管理，落实流动人口的各项民主权利。在流动人口聚居的社区，召开社区居民会议或居民代表会议应有一定数量的流动人口参加，保障流动人口参与管理社区公共事务和公益事业的民主权利，搭建流动人口与社区管理层之间的对话平台，为他们提供有效的利益表达途径和诉求渠道。凡拟订社区发展规划、兴办社区公益事业、制定社区公约和居民自治章程等涉及流动人口切身利益的重要事项，都应听取流动人口的意见。在评选劳动模范、先进工作者等方面享有与城镇职工的同等待遇，使流动人口"优者有其荣"。

第二，积极稳妥地处理好外来流动人口与当地城镇居民的关系。

促进流动人口与当地居民和睦相处、和谐共融。其中尤其要处理好"老村民"和"新村民"的关系。习近平总书记指出，大量外来农民到一些城中村和城乡接合部租房居住、打工务农，同本村居民容易形成差别，容易引发矛盾。他强调促进新老村民和谐相处，既要保障"老村民"的基本权益，也要兼顾"新村民"的利益诉求。① 要按照法律法规落实"新村民"在村民委员会组织中的各项权利，包括依法行使民主选举、民主决策、民主管理、民主监督的权利。做到与"老村民"同服务、同管理，同"老村民"和谐相处。

第三，维护外出流动人口在本村的权利和权益。在大量村民外出务工的情况下，村里的重大事项如何决策，外出务工流动人口在本村的权利和权益如何维护，是一个需要认真对待的重要问题。要处理好"走出去"和"留下来"的关系，流动人口户籍所在地的村（居）民委员会，在组织换届选举或决定涉及外出流动人口权益的重大事务时，应及时通知外出流动人口，并保障其通过适当方式行使民主权利。要创造新办法、开辟新渠道，充分兼顾"走出去"和"留下来"的村民各自在村民自治组织和集体经济组织中的权利和权益。

三、丰富精神文化生活，使"力者有其乐"②

习近平总书记指出，"农民工远离家乡和亲人，从事高强度的劳动，他们往返于城乡之间，不断经历社会角色的变换，思维方式、行为习惯和消费观念受到了城市生活的影响，普遍有融入城市生活的强烈愿望，希望能够得到更多的平等待遇和人文关爱"③。我国社会正处在思

---

① 参见《十八大以来重要文献选编》（上），中央文献出版社 2014 年版，第 685 页。

② 习近平：《干在实处　走在前列——推进浙江新发展的思考与实践》，中共中央党校出版社 2016 年版，第 256 页。

③ 习近平：《干在实处　走在前列——推进浙江新发展的思考与实践》，中共中央党校出版社 2016 年版，第 257 页。

想大活跃、观念大碰撞、文化大交融的时代,精神文化融入是流动人口社会融合的最高体现。目前,多数流动人口仍存在过客心理,近七成的流动人口认为自己不是本地人,虽然多数流动人口能够感受到流入地居民的友好和接纳态度,但其在精神文化方面的社会融合仍是一件很遥远的事情,流动人口群体呈现出较强的内卷化特征。调查显示,无论是旨在丰富精神生活的文化教育活动,还是致力于提高健康水平的卫生计生活动,新生代流动人口的参与比例均不足两成,这种状况不利于增加他们的归属感和促进其社会融合。

通过发展社会主义先进文化不断巩固和谐社会建设的精神支撑,是建设和谐社会的重要途径。习近平总书记指出,"实现农民工基本文化利益、达到'以文促和',这是构建和谐社会的重要必要条件"[1]。要坚持以社会主义核心价值观为引领,以加强公共精神文化服务为重点,深入研究新时代流动人口的文化需求特点,促进流动人口在精神文化方面的社会融合。加强对流动人口精神文化工作的统筹协调,加大资源整合和共建共享力度,以政府财政为主大力推进流动人口基本文化服务均等化,切实做好流动人口精神文化服务工作。坚持政府主导、社会参与、共建共享,加快形成覆盖城乡、便捷高效、保基本、促公平的现代公共文化服务体系。加强城市文化基础设施和公共文化服务均等化、标准化建设,完善公共文化服务网络,将流动人口纳入城市公共文化服务体系,建立适度普惠型文化福利制度。推动图书馆、文化馆、博物馆等公共文化服务设施向流动人口同等免费开放。在流动人口相对集中的企事业单位、工业园区和城市社区等重点区域建设"流动人口书屋",为流动人口学习知识、获取信息、提高素质、丰富文化生活提供便利条件。加强社区文化建设,打造一批反映先进文化、群众喜闻乐见

---

① 习近平:《干在实处　走在前列——推进浙江新发展的思考与实践》,中共中央党校出版社 2016 年版,第 257 页。

的文化精品,积极组织流动人口参与社区文化活动,提高流动人口社区文化活动参与率,突出流动人口在社区文化建设中的主体地位和重要作用。引导企业开展流动人口喜闻乐见、丰富多彩的业余文化活动,开展慰问流动人口的文艺演出和文化艺术创作活动。发挥公益性文化单位和公共文化设施作用,鼓励文化单位、文艺工作者和其他社会力量为流动人口提供文化产品和公益文化服务。发挥社会组织作用,通过加大政府购买力度,创新公共文化服务供给方式,丰富流动人口对公共文化服务需求。

第三节　构建城市流动人口社会融合社区服务平台

　　本书研究证实了城市社区作为一种特定场域,其物质、社会环境会对流动人口的行为与心理产生重要的影响,因此在流动人口社会融合方面应当更加重视社区的力量,要统筹社区建设,将社区建设与流动人口社会治理统筹结合,强化流动人口聚集社区的工作网络和资金支持,推动政府、企业、社会等各项资源在社区有效整合,以社区为依托构建城市流动人口社会融合服务平台,为流动人口融入城市社区、与城市市民和睦相处创造更好的条件。

一、增强社区自治和服务功能

　　人的管理方式可以分为自律(道德、诚信)、互律(社会组织自我管理、流动人口自我管理)和他律(法律规范)三种类型。就流动人口社会治理而言,可以通过社区的舆论监督、社交生活与文化活动,促进自律;通过社区组织和流动人口自我管理组织,实现互律;通过法律规范的社区实施,促进他律。流动人口长期在城市就业,在社区生活,既是社区建设的参与者,也是社区建设的受益者,应当与当地户籍居民一样参与社区管理,享有社区服务。为此,要按照加强和创新城市基层社会治理的要求,强化健全社区服务体系,创新社区管理方式。强化社区本身的自治和服务功能,充分发挥社区在流动人口社会融合中的积极影响,促进流动人口与本地市民和睦相处、互动融合。

第一,增强社区自治功能。有效发挥政府、社会组织、公众的角色资源和互补功能,实现政府行政管理与基层社区群众自治有效衔接和良性互动。鼓励流动人口参与社区自治,吸纳流动人口代表参与社区居委会日常管理工作,拓展流动人口参与社区建设和政治参与的渠道,丰富流动人口社区生活,增强作为社区成员的意识。针对流动人口的需求和特点,发挥工会、共青团、妇联、计生协会等群众组织的作用,鼓励流动人口参加社区公益性、服务性、互助性社会组织,提高流动人口参与社区管理和服务的组织化程度。鼓励支持流动人口广泛参与,引导流动人口理性、合法地表达自己的诉求,提高自我管理、自我教育和自我服务能力。

第二,增强社区服务功能。立足社区,打破行政管理部门壁垒,整合卫生健康、公安、民政、房管、教育等部门有关服务管理流动人口的职能,将流动人口服务管理融入基层社会治安综治中心、农民工综合服务中心、流动人口服务中心等职责之中,搭建便民高效的流动人口综合服务管理工作平台,提升基层社区流动人口服务管理水平。一体化采集流动人口基础信息,动态掌握流动人口底数以及生存发展状况,主动向流动人口发放优质服务承诺书、联系方式,提供政策咨询、登记、办证、免费服务,实行"一个窗口"受理,提供"一站式"服务,方便流动人口办事。在基层社区培养和造就一批专门为流动人口服务的社区工作者,切实维护流动人口的合法权益。

二、增进流动人口与本地市民的彼此接纳

在社会交往方面，流动人口在流入地的社会关系、社会网络和人际交往主要围绕血缘、地缘等关系构成，其自身群体意识较强，但与当地其他社会群体交流不多，参与当地活动较少。要搭建流动人口与当地户籍居民社区互动平台，增进外地人与本地人相互接纳和彼此认同。

第一，构筑交往、交流和对话平台。正视流动人口与城市社区居民之间存在的思想认识、生活方式、行为习惯差异，教育城市居民和流动人口相互理解、相互尊重，推动包容式融合，实现包容式发展。采取社区居民喜闻乐见的形式，组织开展形式多样的宣传教育和交流培训活动，增进流动人口对所在社区的认识，加快他们对城市生活理念和生活方式的适应和融入。利用社区文化活动室、公园、城市广场等场地，经常性地开展群众文体活动，促进流动人口与市民之间交往、交流，在社区内形成流动人口与当地居民相互理解、尊重、包容的生活氛围。组织本地市民和流动人口共同参与的活动，拓展流动人口的社交网络，增进流动人口与本地市民的了解和感情，建立多样化和融洽的人际关系。通过举办邻里节、社区运动会、社区"跳蚤市场"、邻里聚餐会等睦邻活动，加深本地居民与流动人口的接触、交流和沟通，促进社区新老居民之间的情感交流和生活交融。广泛动员社区居民开展面向流动人口的志愿互助服务、困难救助服务，通过举办公益性慈善救助、邻里互助、志愿服务等公益性活动，引导流动人口和当地居民互帮互助、和谐相处，加快流动人口融入社区的步伐。

第二，鼓励混合居住，打造多元邻里类型。破除居住隔离的现象，推进社区流动人口与当地居民混合居住，促进流动人口与城镇居民互动交流。政府在进行城市规划的过程中应考虑流动人口的住房需求，在每个居住区内，设计出不同面积、不同套型、不同质量的住宅，同时对

低收入流动人口给予适当的住房福利，降低流动人口入住门槛，使越来越多满足条件的流动人口也能进入城市社区生活，让流动人口与当地居民相邻而居，增加相互了解的机会，促进流动人口参与社区生活。

三、加强流动人口社会融合的文化养成

倡导包容、开放、和谐的城市社区文化，充分发挥社区在流动人口社会融合中的积极影响，促进流动人口身份认同和社会责任培育。借助学校课堂和新媒体，介绍本地的风土人情和文化习俗，帮助流动人口逐渐熟悉城市生活方式、养成城市生活习惯，尽快适应本地的生产和生活。加强对流动人口的思想道德教育、理想信念教育和国情形势的宣传教育，使流动人口树立正确的世界观、人生观，强化法纪意识教育，提高流动人口遵纪守法的自觉性和依法维护自身权益的意识；通过宣传栏、公开栏、普法教育、科普教育、文明家庭创建等有效载体，引导流动人口养成爱护公共环境、讲究文明礼貌、科学文明健康的生活方式和生活习惯；通过依托各类学校开设流动人口夜校等方式，开展新市民培训，培养诚实劳动、爱岗敬业的作风和文明、健康的生活方式，全面提升流动人口自身文化素质。

第八章　创方式、重购买，提升流动
人口服务能力和质量水平

习近平总书记强调，"为农民工服务要广覆盖，在实践中不断完善"[1]。让流动人口享受到均等的基本公共服务，除了发挥政府主导的作用外，还要积极调动市场和社会力量参与进来。要创新公共服务提供方式，能由政府购买服务提供的，政府不再直接承办。推进政府购买公共服务，是转变政府职能、高效配置公共服务资源的重要举措，也是解决公共产品短缺、质量不高，为流动人口提供更加便捷、优质、高效的基本公共服务，形成流动人口公共服务多元化供给体系的有效途径。

第一节　政府购买服务研究——以卫生
计生基本公共服务为例

从单一中心走向多中心治理，政府与市场、社会结成契约或伙伴关系已成为国际性趋势。其中，政府购买公共服务的做法尤其为各国政府所青睐。所谓政府购买公共服务，就是指政府把原来直接提供的公共服务事项，通过直接拨款或公开招标方式，交给有资质的企

---

① 央广网：《习近平关心济南外来务工人员　与农民工亲切交流》，http://china.cnr. cn/gdgg/201311/t20131128_514264109.shtml，2013-11-28。

业或社会组织来完成,并根据企业或社会组织提供服务的数量和质量,按照一定的标准进行评估后支付服务费用。① 至 20 世纪 90 年代,政府购买公共服务已经成为西方的基本政策工具。世纪之交,发展中国家也纷纷在公共服务中引入合同外包制度,政府购买成为一种世界性现象。

2012 年 7 月,国务院印发《国家基本公共服务体系"十二五"规划》,将基本医疗卫生、人口和计划生育基本公共服务列为重点基本公共服务领域。近年来,卫生计生部门以流动人口基本公共服务为突破口,做出了均等化的积极探索和工作试点,取得明显成效。但也由于我国人口数量的庞大、需求的日趋多样、地方财政的刚性约束等原因,卫生计生基本公共服务的发展也受到较大的发展制约。针对各公共服务领域存在的类似问题,为改进政府提供公共服务的方式,推广政府购买服务,国务院办公厅 2013 年 9 月印发了《关于政府向社会力量购买服务的指导意见》,随后财政部、民政部、国家工商总局等国务院有关部门连续出台了《关于做好政府购买服务工作有关问题的通知》《关于支持和规范社会组织承接政府购买服务的通知》《政府购买服务管理办法(暂行)》等相关政策文件,就改进政府提供公共服务的方式,在公共服务领域推广政府购买服务构建了总体框架,明确了目标任务、实现路径和工作规范,为有效推进基本公共服务体系的建设指明了方向。因此,探讨通过政府购买方式推进卫生计生基本公共服务进一步发展的方法途径,是时势所需。

本书将紧扣政府购买卫生计生基本公共服务这一主题,探讨如下几个方面的问题:1. 哪些卫生计生基本公共服务已在实行政府购买,已有的政府购买实践有何效果? 2. 哪些卫生计生基本公共服务可以采用

---

① 参见贾西津、苏明:《中国政府购买公共服务研究终期报告》,《亚洲开发银行》2009年,第1—22页。

政府购买的方式提供,各类服务的可行程度如何? 3.综合上述讨论,提出纳入购买的卫生计生基本公共服务的范围、承接主体、运行模式、中央与地方的分工、"十三五"期间的路线图等方面的意见建议。

为实现以上目的,笔者查阅了相关的学术文献、新闻报道、政府公告文件等资料,并于2014年5—12月间分别在杭州、深圳、上海、郑州开展调查,了解相关政府工作人员、民间组织、企业及社区群体的意见和看法,以总结政府购买卫生计生公共服务的经验做法,梳理尚存在的不足和问题及可能的解决路径,了解民众对于卫生计生公共服务的需求,收集民众自身对于如何才能更好地提供相应公共服务的意见建议,并据此做出综合性的对策探讨。此外,我们还在2014年12月邀请了5位从事公共管理、公共卫生及流动人口研究的学者进行了集中的座谈讨论,对经过筛选的18项卫生计生基本公共服务的政府购买必要性等进行了充分讨论和分项评定,作为提出相应对策意见的关键依据。

一、政府购买公共服务的制度设计

我国的政府购买公共服务率先在地方创新,已在各地不同程度地展开,之后才逐渐提上政策议程,因此在某些方面已经领先于学术研究和政策指导。在购买实践发展的同时,各级政府也纷纷出台政策文件指导基本公共服务的购买工作,在制度设计方面有了初步的进展。

在国家层面上,2002年卫生部等发布的《关于加快发展城市社区卫生服务的意见》指出,社区预防保健等公共卫生服务,可采取政府购买公共服务的方式,较早在中央层面上提倡政府购买公共服务的做法。2006年财政部《关于开展政府购买社区公共卫生服务试点工作的指导意见》首次在国家层面上直接对政府购买公共服务工作进行指导。2007年国办发3号文《关于加快推进行业协会商会改革和发展的若干意见》，明确提出建立政府购买行业协会服务的制度，对行业协会受政府委托开展业务活动或提供的服务，政府应支付相应的费用，所需资金纳入预算管理，说明政府在使用财政资金提供公共服务方面，开始逐步考虑到社会组织的参与。2013 年 7 月 31 日，国务院总理李克强主持召开国务院常务会议，要求推进政府向社会力量购买公共服务。9 月 26 日，国务院办公厅正式对外发布《国务院办公厅关于政府向社会力量购买服务的指导意见》，明确要求在公共服务领域更多利用社会力量，加大政府购买服务力度。2014 年 12 月，财政部、民政部、国家工商总局联合发布《政府购买服务管理办法（暂行）》，提出了各级财政部门负责制定本级政府购买服务指导性目录，包括公共教育、社会保险、社会救助、养老服务、残疾人服务、医疗卫生、人口和计划生育等领域适宜由社会力量承担的基本公共服务事项应纳入指导性目录之中。《办法》提出，政府购买服务指导性目录应该包括基本公共服务、社会管理性服务、行业管理与协调性服务、技术性服务、政府履职所需辅助性事项等适宜由社会力量承担的服务事项。

在地方层面上，2005 年无锡市出台《关于政府购买公共服务的指导意见（试行）》，这是首部指导政府购买公共服务的地方性政策。上海浦东新区政府出台《关于促进浦东新区民间组织发展的若干意见》及《浦东新区关于政府购买公共服务的实施意见（试行）》。2006 年，宁波市财政局下发《关于大力推进公共服务实行政府采购的工作意见》，将教科文体、社会保障等纳入政府采购范围。2008 年上海静安区民政局、财政局共同下发《关于静安区社会组织承接政府购买（新增）公共服务项目资质的规定》，对购买服务的流程、评估和标准做了规范。到 2009 年底，数十个地方政府出台了关于政府购买公共服务的指导意见或实施办法。最近，随着《国务院办公厅关于政府向社会力量购买服务的指导意见》、《政府购买服务管理办法(暂行)》等文件的出台,各省区市及重要城市陆续发布地方性的推进政府购买公共服务工作的实施意见。

我们选择了若干省区市及重要城市,对其关于政府购买公共服务或基本公共卫生服务的政策制度如表8-1所示。

表8-1　国务院及各地政府购买公共服务的制度规定

类别		购买主体	承接主体	购买内容	购买方式	资金拨付	绩效评估
国务院	公共服务	各级行政机关;参照公务员法管理、具有行政管理职能的事业单位;纳入行政编制管理且经费由财政负担的群团组织	依法在民政部门登记成立或经国务院批准免予登记的社会组织,以及依法在工商管理或行业主管部门登记成立的企业、机构等社会力量	适合采取市场化方式提供、社会力量能够承担的公共服务,突出公共性和公益性。基本公共服务领域要逐步加大力度。非基本公共服务领域,凡适合社会力量承担的,都可以通过委托、承包、采购等方式交给社会力量承担	公开招标、邀请招标、竞争性谈判、单一来源、询价等	所需资金在既有财政预算安排中统筹考虑。需增加的资金,应按照预算管理要求列入财政预算	建立健全由购买主体、服务对象及第三方组成的综合性评审机制,对购买服务项目数量、质量和资金使用绩效等进行考核评价
四川省	公共服务	同国务院规定	同国务院规定	适合采取市场化方式提供、社会力量能够承担的公共服务,重点考虑、优先安排与保障和改善民生密切相关的领域和项目(已制定政府购买服务指导性目录①)	同国务院规定	同国务院规定	同国务院规定

———————

① 四川省《政府购买服务指导目录》医疗卫生类:公共医疗卫生规划、法规、标准研究、咨询及宣传服务;政府组织的公共医疗卫生信息采集、发布辅助性工作;政府组织的群众健康检查服务;突发公共事件卫生应急处置辅助性工作;对灾害事故实施紧急医学救援的辅助性工作;政府组织的重大疾病预防辅助性工作;公共卫生状况的评估;公共医疗卫生知识普及与推广;公共医疗卫生项目的实施与管理;政府组织的公共医疗卫生交流合作;公共医疗卫生成果推广应用;政府委托的其他医疗卫生服务。人口和计划生育服务类:无。

续表

类别	购买主体	承接主体	购买内容	购买方式	资金拨付	绩效评估
江苏省 公共服务	公共服务供给的直接责任人	具有独立承担民事责任的能力,具备提供服务所必需的各项条件	同国务院规定	同国务院规定	同国务院规定	加强政府购买公共服务的绩效管理,引入第三方评价机制
南京市 公共服务	同国务院规定	同国务院规定	具体政府购买公共服务项目由市财政局会同有关部门,根据市委市政府中心工作、政府职能转变要求和社会公共服务需求等,确定政府向社会力量购买公共服务指导性目录	同国务院规定	同国务院规定	财政部门要会同行业主管部门建立公共服务绩效评价体系。必要时引入第三方评价
广西壮族自治区 公共服务	同国务院规定	同国务院规定	适合采取市场化方式组织提供、社会能够承担的公共服务和政府履职所需的辅助性服务,突出公共性和公益性(已制定政府购买服务指导性目录②)	同国务院规定	从部门预算安排的公用经费或经批准使用的专项经费既有预算中统筹安排	对政府购买服务项目实施全过程的绩效目标管理。必要时引入第三方实施绩效考核

---

② 广西壮族自治区《政府购买服务指导目录》基本医疗卫生类:在四川省购买项目的基础上,增加了"基本公共卫生服务项目考核评估;基本医疗卫生信息系统运行维护工作;食品安全标准规划、研究咨询及宣传"等。人口和计划生育服务类:人口和计划生育政策研究、影视宣传制作服务;为符合条件的育龄夫妇免费提供计划生育、优生优育技术服务;为城乡居民免费提供计划生育、优生优育、生殖健康等科普宣传教育和咨询服务;其他政府委托的人口和计划生育服务。

类别	购买主体	承接主体	购买内容	购买方式	资金拨付	绩效评估
南宁市 公共服务	同国务院规定	同国务院规定	政府职能部门不能直接提供、需通过社会组织提供者来完成的职能，以及职能部门按规定程序将特定行业行政管理事务性、辅助性职能以授权、转移、委托方式交由行业协会承担的职能	政府采购、定额补助和凭单	在既有财政预算安排中统筹考虑。从各种财政专项资金中整合部分资金，用于扶持社会组织发展及办公场地租金、社会服务项目成本费用以及培训费用等支出	成立由购买主体、服务对象及第三方组成的评估委员会对项目进行后评估
安徽省 基本公共卫生服务	各县（市、区）卫生计生委（卫生局）、财政局	原则上为基层医疗卫生机构（乡镇卫生院及村卫生室、城市社区卫生服务中心及服务站）；兼顾县级公共卫生机构，并鼓励民营医疗卫生机构积极参与	主要购买11大类43项基本公共卫生服务，包括：(1)城乡居民健康档案管理；(2)健康教育；(3)预防接种；(4)0~6岁儿童健康管理；(5)孕产妇健康管理；(6)老年人健康管理；(7)高血压、Ⅱ型糖尿病患者健康管理；(8)重性精神疾病患者管理；(9)传染病及突发公共卫生事件报告和处理；(10)卫生监督协管；(11)中医药健康管理服务	主要是委托方式。鼓励探索通过公开招标等方式选择民营医疗卫生机构承担	实行预拨和结算相结合。年初预拨，年终或项目实施周期结束后，根据考核结果结算财政补助资金	简化考核程序，积极推行委托第三方进行绩效考核
重庆市 基本公共卫生服务	区县（自治县）卫生计生行政部门	各级各类具有基本公共卫生服务职能和公共卫生服务能力的医疗卫生机构（含非公立医疗机构）	国家基本公共卫生服务项目；地方公共卫生服务项目	根据规定的准入条件，确定承担单位	每年6月30日前将不低于50%的基本公共卫生服务补助资金预拨到服务机构，次年3月31日前完成绩效考核，并据此将结算资金全部拨付	卫生计生行政部门负责对辖区内基本公共卫生服务提供机构实施绩效考核

从表8-1所列的情况来看,各地对于政府购买服务中的购买方、承接方、资金安排、绩效评估等方面的规定高度一致,基本上沿用了国务院的规定;购买方式也大都一致,只是部分地方(安徽、重庆、南宁)倾向于直接委托与定额拨付的简便方式,对竞争性的购买方式持谨慎态度;在购买内容方面,也大体遵照国务院的原则性规定,突出服务内容的公共性、公益性和事务性,区别在于具体服务项目的取舍上。其中,广西壮族自治区和四川省已出台具体的《政府购买服务指导目录》,安徽省也明确提出了纳入政府购买清单的11大类43项基本公共卫生服务。就卫生计生基本公共服务而言,各地关于基本医疗卫生服务采购项目的规定相对一致,而在人口和计生服务方面有所不同,四川省等部分地方未将其纳入采购目录。

二、政府购买卫生计生基本公共服务的实践

(一)卫生计生基本公共服务的内容界定。国家层面关于卫生计生基本公共服务的权威性文件,主要有2012年7月11日国务院发布的《国家基本公共服务体系"十二五"规划》以及2013年11月28日国家卫生计生委专门针对流动人口印发的《流动人口卫生和计划生育基本公共服务均等化试点工作方案》。根据这两个文件,可以对政府关于基本公共卫生服务、人口计生基本公共服务的内涵的界定有概貌性的了解。

依据《国家基本公共服务体系"十二五"规划》,基本公共卫生服务包括10个方面的内容。其中,除了预防接种、传染病防治、重性精神疾病管理具有较强的技术性以外,其余7类基本公共卫生服务都以事务性的服务为主要特征。人口和计划生育基本公共服务包括8个方面的内容。其中,除了计生临床医疗服务、再生育技术服务具有较强的技术性以外,其余6类基本公共卫生服务都以事务性的服务为主要特征。

2013 年国家卫生计生委印发《流动人口卫生和计划生育基本公共服务均等化试点工作方案》，提出了针对流动人口的 6 大类卫生计生基本公共服务。其中的"建立健全流动人口健康档案、流动人口健康教育、流动儿童预防接种、流动人口传染病防控"都可归入基本公共卫生服务的范畴，"流动孕产妇和儿童保健管理"虽然归属卫生范畴，但计卫合并前的人口计生部门也多涉猎这方面的服务，因此可以说其处于卫生与计生的交叉地带，而"流动人口计划生育基本公共服务"则基本涵盖了传统的计生公共服务。

（二）地方政府购买卫生计生公共服务概况。近十多年来，一些地方政府在实践中已做了形式多样的购买卫生计生公共服务的探索，几乎涵盖了主要的卫生计生公共服务领域。表 8-2 汇总了一些地方政府在卫生计生基本公共服务方面的采购实践。

表 8-2　地方政府购买卫生计生基本公共服务的实践做法

地区	项目	对象	内　容
深圳南山区	特殊人群服务	常住人口	吸毒者的美沙酮门诊及相关服务（使吸毒人员能够彻底摆脱毒品及其并发困扰，如家庭关系调解、情绪疏导、协助就业、休闲娱乐等，为其提供专业、全面的戒毒辅导服务）
深圳南山区	慢性病防治宣传	常住人口	结核病防治、肿瘤防治宣传
深圳南山区	主动式社区治疗（ACT）康复服务	常住人口	国际合作项目。精神病主动性社区治疗项目，针对已出院的病人，通过多学科团队的流动外展服务，满足病人在社区的康复和生活需要
上海浦东	流动人口计划生育优质服务工程	流动人口	好孕妈妈（流动妇女孕产期保健）；绿色港湾（预防家暴，维护妇女儿童安全）；美丽女性（促进两性健康，预防意外怀孕）；健康你我（性病艾滋病预防）；城市适应（城市生活技能和文化适应）；男性健康检查服务项目、就业技能培训
上海浦东	儿童早期教育服务	常住人口	从新婚至儿童 8 岁。对那些来早教点不方便、有残疾儿童的家庭则入户指导。"医教结合"，将医学知识传授给养育者，有相应 APP 可供下载学习

续表

地区	项目	对象	内　容
上海宝山区	孕情环情检查	流动人口	定期为来沪已婚育龄妇女进行孕检,并将信息通过电邮等形式通报给签约单位。在孕检点放置知识宣传栏,设置药具免费发放点,配备生殖健康指导医师
杭州西湖区	计划生育术后免费家政服务	户籍人口	以发放家政券的形式为实行计划生育手术的夫妇在术后休养期间提供免费家政服务。术后可以领取1—10次不等的家政服务券,每次享受3个小时家政服务,最高享受时长可达30个小时。家政服务内容以保洁服务为主,身体照料和心灵抚慰为辅
杭州西湖区	计划生育特殊家庭的心理咨询	户籍人口	开通心灵热线,接受特殊家庭的电话咨询。组建心理服务队伍,以国家二级心理咨询师为主干力量提供一对一上门服务
广州市	流动人口服务	流动人口	(未提及具体服务项目)
南京玄武区	政府购买计划生育技术服务	常住人口	新婚计划生育知识培训、孕期生殖保健服务、落实避孕节育措施知情选择与计划生育术后随访服务等
日照开发区	政府购买基本公共卫生服务	常住人口	城乡居民健康档案管理、健康教育、预防接种、老年人健康管理等11项国家基本公共卫生服务
无锡市	结核病防治	常住人口	基层结防医生培训、结核病的普查、检查与治疗、健康教育
无锡广益街道	政府购买失独养老服务	户籍人口	与失独家庭爱心结对,每周或节日期间提供电话聊天慰问;社工每月带队与"好孩子"一起走访失独家庭,照料其家居生活;为服务对象建立健康档案,提供心理情绪疏导
厦门市思明区	政府购买计生特殊家庭服务	户籍人口	为计生失独家庭送"迎春家政服务"暖心活动。为计生特殊家庭群体提供四项暖心服务项目:"暖心队伍"提供联谊交流活动服务;"暖心家政"提供家具家电维修、管道疏通、节日清洁等家政服务;"暖心咨询"提供心理援助、心理咨询等精神慰藉服务;"暖心关爱"提高系列关爱服务等
昆山市玉山镇	社区卫生服务站购买服务	常住人口	健康教育、传染病疫情的监测和预警、突发性公共卫生事件的处理、计划免疫、妇幼保健、慢性病的防治等

　　表8-2列举的只是部分地方的实践做法,但基本上能够涵盖现有

的卫生计生方面的政府购买服务内容。概括起来，卫生方面的服务大致有如下 10 类：1. 传染病疫情的监测和预警；2. 突发性公共卫生事件的处理；3. 慢性病（结核病、肿瘤等）防治宣传；4. 居民健康档案管理；5. 老年人健康管理；6. 健康教育；7. 计划免疫/预防接种；8. 社区戒毒服务；9. 精神病主动性社区治疗；10. 妇幼保健。计生方面的大致有如下 11 类：1. 新婚计生知识培训；2. 落实避孕节育措施知情选择；3. 意外怀孕预防；4. 性病艾滋病预防；5. 孕产期保健/孕期生殖保健；6. 孕情环情检查；7. 男性健康检查服务；8. 计划生育术后随访；9. 计划生育术后免费家政服务；10. 计划生育特殊家庭服务（心理咨询、失独家庭养老等）；11. 儿童早期教育服务。人口计生部门主要针对流动人口衍生的拓展性服务有 3 类：1. 家暴预防；2. 城市生活技能和文化适应；3. 就业技能培训。

从上文列举的各种服务内容来看，基本上是事务性的，且主要是需要大量人力实施的基础性服务，并相对适合进行预算测算、绩效评估，也具备很大的服务弹性。购买的方式则以弱竞争性的委托、竞争性谈判或单一来源为主，偏好打包式的一揽子委托，如采用购买岗位的社工模式、购买组织机构的多方面服务等。在服务对象方面，则往往不再区分流动人口与户籍人口。

三、购买实践中的主要问题

从调查了解到的情况来看，政府购买卫生计生基本公共服务所遇到的问题，与其他领域的基本公共服务的政府购买实践所遇到的问题大体一致。概括起来，主要存在如下 7 个方面的问题。

（一）购买服务方与承接方地位不对等。据深圳一家承接主动式社区治疗康复服务的社会工作服务社反映，一些地方政府部门过于强势，不尊重其智力劳动成果。这家社会工作服务社策划案被某部门采用后，未经其允许就将方案布置给多家机构，要求包括其在内的多家社工机构合作完成该项目，而其只获得了和其他社工机构同样的方案执行费用，并没有获得策划被采用的报酬，因而降低了社工组织主动作为的积极性。此外，一些地方政府部门往往在招标文件规定的工作内容外，强行加入额外的工作。这家社会工作服务社告诉笔者，当地政府部门往往在签署合同后才下发执行文件，并单方面地加入后期回访等额外的工作，经费却没有相应地增加。

（二）一些政府部门预算不足，存在支付拖延的现象。承接新彩虹计划项目的上海一家健康促进社对这一问题深有感触，认为政府部门购买服务的资金预算往往过于平抑，难以维持收支平衡，需要另找资金支持，或者被迫降低服务标准。且会经常拖欠尾款，导致资金链运行不畅。目前这家健康促进社在上海设立了若干个新市民生活馆，作为实施新彩虹计划及其自身项目"新市民生活馆"的平台。每个馆平均每年花费 40 万元上下，其中政府一般出资 7 万元左右，其他的资金来源比较多元，往往需要另找资金支持，较为不易。一般来说，如果获得的资金比较少，新市民生活馆只好缩小活动规模加以应对。

（三）各部门对承接方的资质要求不统一。一般而言，承接公共服务的社会组织很难仅仅依靠承接某一个部门的购买服务获得生存，需要承接不同部门的同类公共服务。但一个令众多社会组织头疼的问题是，不同部门对于承接方的资质却并不统一，使得他们常常顾此失彼。承接上海市浦东新区儿童早期教育服务的上海一家教育社会机构反映，相关的儿童早教服务购买部门如卫生计生、教育、妇联、科委等对于承接方的资质要求往往不一样，使得他们无所适从。

（四）绩效评估不科学。政府购买服务，自然涉及后续的过程监督与结果评估的问题。不少承接服务的组织不同程度地表示，政府部门往往自己充当评估者的角色，很少真正委托专业的第三方机构做服务绩效的评估。无论是政府部门自己评估还是第三方评估，也都存在重定量考核、轻定性考核，重表面指标考核、轻实际效果考核的问题。而最关键的问题是缺乏实质性的处罚措施，尤其缺失承接方的退出机制，容易产生劣币驱逐良币的效应。深圳市一家社会工作服务社就反映，政府部门在评估活动成效时只看产出不看成效，仅根据有无完成合同上规定的相应指标（如发放宣传资料份数、参与人数等）来判断活动质量，对于服务对象在这些活动中的实质性收获却鲜有关注。

（五）社会组织发育滞后、竞争性不足。政府购买服务是一种市场行为，如果缺乏有竞争力的市场主体，则通过市场化运作以提高绩效的愿望就会落空。因此，社会力量是否发育成熟并形成比较均衡的竞争，是政府购买服务能否实施的关键。但我国社会组织的发育明显落后于公共服务的增长需求，社会组织不但数量少，公共服务能力也非常弱，更缺乏参与服务提供的实践经验，导致市场竞争性不足，购买的市场化选择功能弱化。正是由于这方面的原因，在苏州和广州，出现了民营社区卫生服务机构公益性淡化的问题，政府重新收归国有或另行举办相应的机构来代替。也由于社会力量发展的滞后，一些地方的政府部门最终只好向事业单位、国有企业购买服务。当然，国有企事业单位也是公共服务市场的主体，因而将事业单位排除在政府购买服务领域之外，是不现实的。但将其列为政府购买对象，如何确保竞争的公开，如何确定购买价格，都需要深入探讨。

（六）公众对通过政府购买方式提供的服务信任程度不高，较少参与。从笔者对流动人口的访谈来看，大家对于政府购买卫生计生公共服务这种形式不清楚、不了解；虽然对有关切身利益的服务（如产检孕检）较为了解，但并不了解服务的提供方、购买方。比较政府直接提供的服务和通过向机构和企业购买提供的服务，受访者对政府直接提供的服务更为信任，且对政府直接举办的活动参与度更高。例如，深圳南山区的多数受访者就表示,他们对政府把卫生计生公共服务外包给社工机构来做表示出担忧,认为这种举动会令市民不放心,主要原因是政府部门对这些社工机构的监督并不足够,社工机构服务质量无法保证。而对于企业提供的服务,则更加不信任,认为需要看企业的可信度怎么样。

（七）无谓服务现象突出。一些地方由于没有认真了解群众本身的真实需求或者最迫切的需求,盲目照搬或闭门造车,导致政府部门提供的服务和老百姓需求的服务往往不一致,出现了尴尬的公众被服务、重复服务等无谓服务现象,从事具体服务工作的基层人员也叫苦连天,造成了巨大的社会资源浪费。郑州市一名卫生部门的工作人员表示,金水区辖区内有 21 家社区服务中心和 22 家社区服务站负责建立健康档案、健康教育、预防接种、孕产妇的检查等项目,但建立健康档案的项目,由于需要多次入户,且老百姓认为没有什么帮助,因此引起居民很大的反感。河南省一位卫生计生部门的官员也坦诚地告诉笔者,政府部门能提供的服务和老百姓需求的服务往往不一致,流动人口最关注的是子女入学、法律维权等,比如一年四次的孕环情况健康检查,被认为没有必要,容易引起居民不满,一年最多一次就好。

四、推进政府购买卫生计生服务的政策措施

着眼于政府购买卫生计生基本公共服务这一主题,下文将基于调查所得的资料及学术界前人的研究成果,分别就政府购买卫生计生基本公共服务的内容、适宜模式、中央与地方的角色分工等议题做出探讨,并针对购买实践中存在的 7 大问题提出相应的解决思路。

（一）政府购买卫生计生基本公共服务的内容厘定。哪些卫生计生公共服务适合采用政府购买的方式提供,哪些不宜或暂时不宜采用这种模式,这是各方关注的一个焦点问题。要对国家规定的卫生计生基本公共服务做出这样的分类,就需要对前人关于政府购买公共服务

的适用范围和厘定原则的观点做一梳理。

关于政府购买公共服务的适用范围，学术界看法各异。最极端的观点是所有公共服务都可以购买。但更普遍的观念是，并非所有的服务都适合购买，而能否购买有一定的判断标准。归纳起来，判定标准分为三类：第一类是以价值判断为判定购买范围的标准，包括以是否是政府核心职能和服务者的动机来划定范围。① 当服务者的动机更多地出于对公共服务的责任心，更能维护公共利益时，政府可以通过购买的形式把公共服务的提供转移给服务承担者。第二类是以服务本身的特性为划定购买范围的标准，以服务质量度量的难易程度、交易成本的高低、服务的可描述性、监督的难易及竞争的程度为标准。那些特质各异、服务质量和数量较难监测且竞争性不强的医疗卫生服务项目，可能并不适合通过公共购买来提供。② 第三类是以政府购买服务的影响因素为标准。例如，政府购买哪些公共卫生服务项目主要取决于两个因素：一是居民的健康需求；二是政府的财政支付能力。在政府财政能力承受范围内，优先购买居民需求量大的公共服务。③

综合学者们提出的主张及通过调研了解到的意见，要确定哪些方面的卫生计生基本公共服务可以采用政府购买的方式提供，需要考虑如下 7 个方面的因素：1. 是否是政府核心职能；2. 服务质量度量的难易程度；3. 服务的可描述性；4. 监督的难易；5. 竞争的程度；6. 居民的需求；7. 政府的财政支付能力。对照以上原则，我们将上文梳理过的卫生计生基本公共服务的项目采取 5 分制从 7 个维度计分，计分的大致标

---

① 参见瞿振雄：《中国政府购买公共服务研究》，湖南师范大学 2010 年硕士学位论文，第 1—64 页。

② 参见刘军民：《关于政府购买卫生服务改革的评析》，《华中师范大学学报》（人文社会科学版）2008 年第 1 期。

③ 参见刘丽杭：《卫生服务购买：国际经验与中国实践》，《中南大学学报》（社会科学版）2012 年第 2 期。

准见表8-3:

表8-3　公共服务购买必要性赋值标准

标　准	赋值说明
是否核心职能	最边缘性的赋值5分,最核心的1分
质量度量难易	最容易度量的赋值5分,最难度量的1分
可描述性	最容易描述的赋值5分,最难的1分
监督难易	最容易监督的赋值5分,最难的1分
竞争程度	竞争程度最高的赋值5分,最低的1分
居民需求	公众最需要的赋值5分,最不需要的1分
支付能力	大多数政府能支付的赋值5分,极少数政府能支付的1分

　　笔者邀请了5位对卫生计生公共服务有较多了解的学者,采用小组讨论的主观判断法,对经过合并后的18项卫生计生基本公共服务内容进行了评定。除计算总得分以外,还分别计算了各项目的可控性得分及可外包性得分。其中的可控性得分由"质量度量难易"、"可描述性"、"监督难易"这三栏的得分加总而成,该指标旨在反映公共服务项目在转移给承接方后,其服务质量可以获得有效保障的程度。可外包性得分由"是否核心职能"、"竞争程度"、"居民需求"、"支付能力"这四栏的得分加总而成,该指标旨在反映公共服务项目的政府粘度与市场响应度。参照上述得分,我们将这18项服务按照五星到一星的方式加以评估,结果见表8-4。

表8-4　卫生计生基本公共服务政府购买推荐表

项目	内　容	购买星级	理　由
健康档案	免费建立统一、规范的电子健康档案,记录基本信息、主要健康问题及卫生服务记录等内容,及时更新	☆ ☆ ☆ ☆	事务性强、操作简便、竞争性强,但公众较不欢迎、"被服务"突出、难以评估

项目	内　容	购买星级	理　由
健康教育	在社区、企业、厂矿、单位和学校等主要场所设置健康教育宣传栏和资料发放点，每年定期开展卫生计生基本公共服务政策宣传活动，举办传染病防治等健康知识讲座，组织关爱健康义诊活动	☆☆☆	事务性强、竞争性强，但公众参与积极性不高，"被服务"突出、效益难评估
预防接种	为儿童建立预防接种档案，及时建卡、接种。每年对漏种儿童及时补种。开展乙肝、麻疹、脊灰等疫苗补充免疫、群体性接种和应急接种工作	☆☆☆☆	社会必需、评估简易、易于规范，但专业要求高、竞争性较弱
传染病防控	对建筑工地、商贸市场、生产加工企业等人口密集地区加强传染病监测与及时处置工作，落实艾滋病、结核病等传染病的免费救治等政策	☆	专业性强、不易监控、社会影响大
孕产妇保健	免费建立保健手册，享有孕情监测、叶酸补服、早孕建卡、孕期保健、高危筛查、住院分娩、产后访视及健康指导	☆☆☆☆	事务性强、社会效益突出、公众易接受，但专业性较强，竞争性较弱
儿童保健	免费建立保健手册，享有新生儿访视、儿童保健系统管理、体格检查、生长发育监测及评价和健康指导	☆☆☆☆	事务性强、社会效益突出、公众易接受、竞争性较好，但效果难评估
老年人保健	免费享有登记管理，健康危险因素调查、一般体格检查、中医体质辨识、疾病预防、自我保健及伤害预防、自救等健康指导	☆☆☆☆	事务性强、社会效益突出、公众易接受、竞争性较好，但效果难评估
慢性病防治宣传	结核病、高血压、糖尿病等的防治宣传服务，包括宣传日的集中宣传活动、日常性的宣传活动、各类相关项目的宣传活动等	☆☆☆☆	事务性强、社会效益突出、公众易接受、竞争性较好，但效果难评估
慢性病管理	免费享有登记管理、健康指导、定期随访和体格检查，结核病的免费治疗及跟踪管理等	☆☆☆☆☆	事务性强、公众乐于配合、易于评估、社会效益突出
重性精神疾病管理	免费享有登记管理、随访和康复指导，包括精神病主动性社区治疗等	☆☆☆☆☆	事务性强、社会功能突出、易于监控、效果良好
社区戒毒服务	吸毒者的美沙酮门诊及相关服务（使吸毒人员能够彻底摆脱毒品及其并发困扰，如家庭关系调解、情绪疏导、协助就业、休闲娱乐等，为其提供专业、全面的戒毒辅导服务）	☆☆☆☆☆	事务性强、社会功能突出、易于监控、效果良好

项目	内 容	购买星级	理 由
卫生监督协管	免费享有食品安全信息、学校卫生、职业卫生咨询、饮用水卫生安全巡查等服务与指导	☆	行政性较强,需要权威性、较难评估
计生技术指导咨询	免费获取避孕药具,免费享有查环查孕经常性服务、术后随访服务及计划生育、优生优育、生殖健康科普、教育、咨询服务(含新婚计生知识培训、意外怀孕预防、落实避孕节育措施知情选择、男性健康检查等)	☆☆	事务性强、竞争性强,但公众参与积极性不高、"被服务"突出、效益难评估
计生临床医疗服务	免费享有避孕和节育的医学检查、计划生育手术、计划生育手术并发症和计划生育药具不良反应的诊断、治疗	☆☆	专业性强、受众很少、竞争性较弱
再生育技术服务	免费享有再生育相关的医学检查、输卵(精)管复通手术	☆☆☆	公众欢迎,但专业性强、受众很少、竞争性较弱
计生宣传服务	免费获取计划生育、优生优育、生殖健康等宣传品	☆☆	操作简便、竞争性强,但公众需求少、参与积极性不高,较难评估
计生术后免费家政服务	以发放家政券的形式为实行计划生育手术的夫妇在术后休养期间提供免费家政服务	☆☆☆☆☆	人性化、实惠可行、操作简便、竞争性强
儿童早期教育服务	提供早教知识宣传、社区育儿培训,组织社区亲子活动,提供早教机构的免费服务券或平价服务券	☆☆☆☆	社会效益高、公众欢迎,但专业性较强、效果不易评估,属于拓展性服务,有一定支付压力

综合而言,具有较好的社会效益、公众较为欢迎和接受、质量易于监控的卫生计生基本公共服务项目可优先采用政府购买的形式提供;有些项目虽然公众不太接受,甚至为公众厌烦,但因具有一定的社会必要性,且事务性较强、成本不高,因而也适宜采用政府购买的方式提供;还有些公众能接受和欢迎的项目,由于技术性强、受众人数很少,因而进入政府购买市场的必要性稍低;另有部分事务性强同时具有较高市场竞争性的项目,由于公众不太参与、绩效也难以监控和评估,因而可

以根据各自情况选择是否纳入政府购买市场；而对于那些行政性较强、需要一定的社会公信力作为支撑且绩效较难评估的项目，或者专业性很强、一旦做不好会造成严重社会后果、质量难以把控的项目，则暂不推荐纳入政府购买市场。

（二）卫生计生基本公共服务的承接方选择。按照国务院的《政府购买服务管理办法（暂行）》等文件，可以承接基本公共服务的单位包括依法在民政部门登记成立或经国务院批准免予登记的社会组织，以及依法在工商管理或行业主管部门登记成立的企业、机构等社会力量。从国外长期以来的实践以及国内近年来的探索来看，社会组织应该成为今后承接政府购买服务的主力军，但我国社会组织的发展受到制度性的制约，不同类型的社会组织发展不均衡，不同地域的社会组织发展程度不一，公众对社会组织的信任度也不高。中西部的中小城市，更是面临社会机构资质较低、数量少、机构人员素质参差不齐等问题。在这种大背景下，各级事业单位以及一些具有良好口碑和专业实力的公司，都可以作为卫生计生基本公共服务的承接单位。国务院将企业、机构列入备选对象，可以说已经充分考虑到了我国的现实国情。

但毕竟社会组织应是承接公共服务的主体，因此，政府可以从长远考虑，通过直接委托、签订中长期采购协议等方式，努力孵化、培育、扶持一批具有良好社会效益的社会组织。尤其是人口计生工作长期封闭在单一的行政管理"高墙"之中，还没有相对应的社会组织具备相应的服务条件和资质，因此培育市场是必经之路。可通过向社会发布公告，组织对相近的社会组织进行宣传培训，鼓励其拓展服务领域，指导其开展相关公共服务业务。此外，还可以积极进行社会组织管理创新尝试，借鉴北京等地的做法①，允许社会组织、企业、机构等社会力量组团参

---

① 参见朱晓红、陈吉：《北京市政府购买社会组织服务的组团模式解读》，《北京航空航天大学学报》（社会科学版）2012年第4期。

与政府购买公共服务的招投标。

(三)卫生计生基本公共服务的购买模式。采用何种购买方式,既要看服务项目的情况,也取决于地区卫生计生资源等背景性因素。一般而言,购买方式的选择与公共服务自身的特性、市场发育程度、政府管理水平以及承接对象的发展状况有关。以卫生公共服务为例,从外包方式看,政府主要采取合同购买、凭证购买、单病种付费、特许经营等方式。[1][2] 不过,由于单病种付费、特许经营都具有很大的特殊性,我们认为上文提及的卫生计生基本公共服务可以采取合同购买、凭证购买等形式。

合同购买这种方式适于那些可以详细说明服务的标准、质量、规格的易于监控的服务。合同购买又可细分为外部合同和内部合同,这种区分是根据提供服务的是公立机构还是私人部门或第三部门。对于服务质量和数量较难监测且竞争性不强的卫生计生服务项目,应主要采取内部合同的形式购买,效率更高,并且这类服务多属于连续性服务,适用订立关系型合同,即一般较长的合同期限。其余项目则大都可以采取外部合同的模式,即政府将卫生计生公共服务的数量和质量标准确定好之后,采取招标承包的方式运作。

凭证购买又叫定向补助,主要做法是政府向符合条件的个人发放购买凭证,持券者在指定的组织机构接受公共卫生计生服务,组织机构再凭收到的消费券(如"公共卫生服务券"、"医疗救助券"、"健康券"、"产后家政服务券"等)向相应的政府部门兑换公共服务经费。这种购买方式选择多样、操作简便灵活、弹性较大,比较适合面向特殊人群或

---

[1] 参见储亚萍:《政府购买社区公共卫生服务中的问题与对策》,《理论界》2012 年第 8 期。

[2] 参见赵海燕、刘倩倩:《我国政府购买农村公共卫生服务的理论、现状以及实践原则》,《前沿》2011 年第 1 期。

者单项的卫生计生公共服务。在具体的实践中，服务券模式也往往与合同购买相结合，以兼顾灵活性与规范性的需要。

在预算和支付上，一方面，要实现补偿方式多样化，综合运用按人头付费、按服务项目数量与质量付费，甚至工资补偿等方式。但在根本上应根据卫生计生基本公共服务项目的性质决定。基本医疗卫生服务，尤其是一些主要面向群体的服务，如健康教育、传染病控制，适用按照实际服务人口付费的给付方式。例如，可以借鉴郑州市的经验，在基层社区采用片医负责制，按人口数量支付相应的购买费用。而一些面向个体的服务如健康档案、老年人保健、儿童保健、孕产妇保健等，可按照服务项目的数量和质量进行支付。同时，不同服务项目可以结合工资付费、分项预算等混合方式。此外，还可以根据服务项目的性质，采取综合性的岗位购买方式。例如，那些非技术性的以事务性为主的卫生计生基本公共服务，可以像深圳市南山区、郑州市金水区那样采取购买社区社工的方式提供。

（四）中央和地方的角色分工。关于政府购买服务方面的中央与地方分工，贾西津、苏明的观点是，中央政府应当指明方向、把握全局，购买具有全国性质的公共服务，而地方政府购买的则是具有地方性质的公共服务，并在实践过程中勇于创新。中央政府负起转移支付和规范责任，地方政府则作为公共服务的主要承担者。

具体到卫生计生基本公共服务，我们认为，预防接种、传染病防控、孕产妇保健、儿童保健、慢性病防治宣传、慢性病管理、重性精神疾病管理、计生技术指导咨询、计生临床医疗服务、再生育技术服务、计生宣传服务这11项公共服务都应由中央财政统一安排，而健康档案、健康教育、老年人保健、社区戒毒服务、卫生监督协管、计生术后免费家政服务、儿童早期教育服务这7项公共服务则由地方政府根据各自的具体情况自行取舍、自行支付。

（五）"十三五"期间政府购买卫生计生公共服务的路线图。上文对卫生计生基本公共服务的内容、购买模式、预算和支付机制、中央和地方角色分工等方面的内容分别做了梳理,为简明起见,笔者将上述梳理结果进行了汇总,并提出了各项目在"十三五"期间要实现的目标（见表8-5）。

表8-5　政府购买卫生计生基本公共服务的总体思路

项目	主要模式	预算机制	承接主体	央地分工	"十三五"目标
健康档案	向社区定向采购或凭证购买	按人口	社区	中央	建档率95%
健康教育	公开招标	按项目	社会组织、企业、机构	地方	传达率50%
预防接种	内部合同	按人口	公立医疗机构	中央	全覆盖
传染病防控	内部合同	按项目	疾控机构	中央	全覆盖
孕产妇保健	公开招标	按人口	医疗机构	中央	覆盖率90%
儿童保健	公开招标	按人口	医疗机构	中央	覆盖率90%
老年人保健	公开招标	按人口	医疗机构	中央	覆盖率90%
慢性病防治宣传	公开招标	按项目	社会组织、企业、机构	中央	传达率50%
慢性病管理	凭证购买	按人口	医疗机构	中央	覆盖率90%
重性精神疾病管理	凭证购买	按人口	医疗机构	中央	全覆盖
社区戒毒服务	凭证购买	按人口	戒毒机构、社区、社会组织	地方	全覆盖
卫生监督协管	内部合同	按项目	卫生机构	地方	公众满意率80%
计生技术指导咨询	内部合同及公开招标	按项目及人口	卫生计生机构、社会组织	地方	公众满意率80%
计生临床医疗服务	内部合同	按人口	卫生计生机构	中央	服务满意率80%
再生育技术服务	内部合同	按人口	卫生计生机构	中央	服务满意率90%

续表

项目	主要模式	预算机制	承接主体	央地分工	"十三五"目标
计生宣传服务	定向采购或公开招标	按项目	卫生计生机构、企业、社会组织	地方	传达率50%
计生术后免费家政服务	公开招标	按人口	企业	地方	覆盖率100%
儿童早期教育服务	公开招标	按项目及人口	企业、社会组织、机构	地方	覆盖率70%

表8-5是针对卫生计生基本公共服务的政府购买提出的一般性构想，考虑到不同公共服务项目的性质、服务对象、质量要求差别较大，有些项目内部的各种服务内容也存在着一定的差异，各地还需因地制宜、因时制宜，做出灵活变通。

（六）突出问题的应对思路。针对上文归纳提出的政府购买卫生计生基本公共服务过程中遇到的7个主要问题，需相应地采取如下7个方面的措施加以应对：1.政府需要自觉遵守市场规则，充分尊重承接方的独立性、能动性和自主裁量权。2.各级政府一方面需要根据自己的财力逐步推行政府购买公共服务，避免以小博大的投机行为，一方面需要规范预算制度，严格依照合同约定支付资金。3.国务院相关部门和地方政府要破除部门壁垒，尽早出台政府购买卫生计生公共服务的规章制度和实施细则，设立承接方资质要求等方面的统一标准。4.政府需更多地引进第三方评估机构开展独立评估，兼重定量考核与定性考核、指标考核与口碑考核，并设立对等的奖励和惩罚措施，以提高评估结果的准确性和激励作用。5.需要积极培育公共服务市场，保证存在足够的服务提供机构尤其是能够承接卫生计生公共服务的社会组织，使机构之间存在一定程度的竞争。因此，一方面，要进一步改革登记制度、税收优惠减免制度、社会组织年检制度，鼓励引导民间资本进入公共服务供给领域;另一方面,要对相近社会组织进行宣传培训、鼓励其拓展服务领域、指导其开展相关业务,孵化、培育和扶持一批可以承接卫生计生基本公共服务的社会组织。6.政府不仅需要对外包的公共服务开展事后的评估,还需要做好全程的监督,以增强民众的信任感,提高民众参与服务、接受服务的积极性。7.政府需要深入了解本地民众的需求状况,据此确定公共服务的优先次序,对于老百姓需要的服务,就全力去做,而对于那些老百姓不急需或不需要的服务,则要暂缓提供,更不能一厢情愿地让老百姓"被服务"。

第二节　太仓市推进政府购买流动人口卫生计生服务的实践与启示

江苏省太仓市外向型经济和民营经济发达,吸引了大量的流动人口到太仓务工经商。2014 年底,太仓市户籍人口 47.74 万人,登记在册流动人口达到 48.12 万人,超过了户籍人口数量规模,并有如下明显的特点。一是流动人口来源地较为集中,具有很强的地域特征。大部分来自周边的安徽、河南和湖北等省份,其中来自安徽的流动人口有 12 万人,而安徽滁州市流动人口 3 万多人,该市定远县流动人口近 2 万人。二是大部分为青壮年流动人口,超过一半的流动人口集中居住在卫生计生服务设施状况较差的城乡接合部,对卫生计生服务需求旺盛。三是健康意识差、健康保健参与度低等情况非常突出,流动人口融入当地社会的程度比较低。针对流动人口特点和卫生计生服务需求,原太仓市人口计生委(现已与市卫生部门机构整合为太仓市卫生计生委)2014 年 6 月起实施政府购买流动人口计生服务项目。

一、大力培育承接流动人口服务的社会组织

针对流动人口来源地比较集中的特点，原太仓市人口计生委与流动人口主要来源地的计生部门建立了流动人口计生双向协作机制。2014年，在太仓、定远两地计生部门的支持下，以定远在太仓人员为主体，组建成立了为流动人口提供服务为主的社会组织——太仓市皖江红新市民服务中心（以下简称皖江红）。该中心以维护流动人口计生合法权益，推进流动人口社会融合为宗旨，开展自治互助服务，提供计生宣传、随访服务、健康检查发动、信息采集、健康档案等服务，具备了承接政府购买相关服务的资质和能力。其特征有五：一是具有独立的法人地位，按照民办非企业单位的形式在民政局注册登记；二是依托流出地计生部门服务管理机构而成立，有一定的工作需求；三是架起了流入地计生部门与流动人口的桥梁和沟通渠道，有大量的流动人口计生服务需求；四是主要人员是来自户籍地的流动人口，具有乡音乡情的信任便利，便于与流动人口沟通和服务；五是具有统一的工作指导规范，确保服务质量。

二、协商确定购买流动人口计生服务的主要内容和费用

2014年6月，原太仓市人口计生委面向社会发布购买社会工作服务项目，经综合考查，与皖江红分别作为甲乙双方签署了为期一年的《政府购买流动人口计划生育自治互助服务项目协议书》（2014年6月—2015年6月），以向皖江红购买服务的方式开展流动人口计划生育自治互助服务。

（一）服务内容。皖江红承接的流动人口计生服务共计10项，具体项目下完成每例（场）服务，由原太仓市人口计生委支付一定的购买价格。购买的流动人口计生服务可分为五大类：一是宣传类服务，主要

是组织生殖健康、科学育儿讲座等宣传教育活动;二是信息类服务,包括流动人口基础信息比对、重点人员信息采集等;三是组织动员类服务,包括生殖健康服务与孕环情监测的组织发动等;四是随访类服务,主要是对新生育和新落实措施对象开展随访服务,提供必要的计划生育服务;五是管理协助类服务,包括提供违法生育行为线索等。

(二)购买费用。政府购买服务经费由三部分构成:一是项目活动经费,按照上述 10 项服务项目支付标准据实结算;二是日常管理经费,用于皖江红工作人员工作津贴及办公、交通、通讯所需经费;三是综合评估经费,协议期满,根据项目实施情况评估结果,给予一定资金的综合奖励。

三、加强项目实施工作指导和流程规范

为落实好政府购买的流动人口服务项目,原太仓市人口计生委加强对流动人口服务项目全程监管。一是加强对皖江红核心工作人员的业务培训和工作指导,及时传达流动人口计划生育服务的政策和要求;二是制定了《流动人口卫生计生自治互助服务项目业务规范》,每一项服务内容都明确了业务要点、业务流程和评估标准,指导皖江红按照业务规范开展服务,加强工作人员的业务技能和职业道德培训,合法合规运作业务;三是指导皖江红按照民办非企业单位要求规范运行;四是要求皖江红在完成承接项目中对获悉的数据、信息、材料保密。

四、实施效果评估

2015 年 7 月,太仓市卫生计生委依据协议内容和工作规范,组织包括第三方机构在内的专门力量,从综合评估和单项服务内容两个方面对项目实施效果开展了终期评估。一方面,太仓市卫生计生委通过信息平台验收、数据分析、群众反映、社会反响等方式,对规范运作情

况、服务质量情况、整体效果情况等进行工作综合评估;另一方面,委托第三方机构对皖江红承接的 10 项服务内容,就服务的真实性、服务对象基础信息、接受服务的情况、服务对象对流动人口计生政策知识的了解等实施效果进行评估。

项目实施一年期间,皖江红共计开展了 3063 例服务,太仓市卫生计生委评估工作组按其申报服务量的 20%抽取 612 例服务,委托第三方机构太仓市"12345 便民服务热线"电话调查 304 例,商请安徽省定远县卫生计生委核对 183 例,太仓市卫生计生委核查 188 例。评估结果显示,皖江红积极接受太仓市卫生计生委业务指导和监督管理,按民办非企业社会组织规定规范运作;能够认真落实《流动人口计划生育自治服务项目业务规范》要求,服务比较到位、资料比较翔实,社会反响良好。根据太仓市民政局 2015 年度社会组织评估结果,皖江红荣获太仓市 3A 级社会组织,列被评获得相应等级的 74 家社会组织第一名。依据相关评估结果,太仓市卫生计生委按协议规定向皖江红支付了购买服务的所需资金,并给予一定的资金奖励。

在认真总结经验的基础上,结合新时期推进健康中国建设、促进人口均衡发展的新任务和新要求,太仓市卫生计生委与皖江红于 2015 年 9 月 30 日签署了新一轮的《政府购买流动人口卫生计生自治互助服务项目协议书》,将服务对象范围由定远县扩展到整个滁州市,由流动人口计生服务扩展到流动人口卫生计生服务,调整了部分计划生育服务,增加了健康教育与健康促进、健康素养监测、服务需求与社会融合调查等服务内容。

五、积极成效

太仓市政府购买流动人口卫生计生自治互助服务项目经过实践,探索出了一条政府部门推进政府购买流动人口服务的有效路子,得到社会组织的充分认可和流动人口的普遍欢迎。

(一)通过政府购买这一服务提供方式改革,扩大了流动人口获得基本公共卫生计生服务的覆盖面,有力地推进了流动人口基本公共卫生计生服务均等化进程。由于大部分流动人口健康意识差、健康保健参与度低等问题非常突出,现居住地较多卫生计生工作事倍功半。太仓市近年来在推进流动人口卫生计生服务均等化和社会融入等方面,投入了大量人力物力,但效果并不明显。

太仓市卫生计生委在推进政府购买流动人口服务项目的进程中,通过自治服务的形式,政府部门从前台走到后台,卫生计生服务主体发生了明显变化,不仅促进了政府部门职能转变,也弥补了政府部门工作的不足。相比较政府部门直接提供服务,由社会组织提供服务还相对节约了服务成本。皖江红利用购买服务的经费,依托乡音乡情优势,建立了亲戚型、乡亲型、行业型等多层次的服务网络,服务渠道更加多元,服务范围更加广泛,政府部门与社会组织形成了有效互动,实现了流动人口基本公共卫生计生服务提供的多元化,有效扩大了卫生计生服务对流动人口的覆盖面,同时也对现有卫生计生服务管理体制形成有益的补充。

(二)以流动人口社会组织为桥梁,搭建了流出地和流入地政府部门流动人口卫生计生双向协作的工作平台,有力地促进了流动人口信息互通、服务互补、管理互动的全国"一盘棋"工作格局。流入地和流出地政府部门的双向协作是做好流动人口卫生计生服务工作的基础。由于流动人口的特殊性,虽然目前太仓市卫生计生委与定远县卫生计生委已经在政府部门层面建立了合作关系,但由于没有流动人口的参与,双方的协作在操作层面上缺少一种有效的机制。

流动人口社会组织作为民间团体,来自基层,与服务对象有着天然的联系,政府部门通过社会组织了解流动人口的需求和基本信息,为流动人口提供基本公共卫生计生服务;流动人口通过社会组织实现"自我宣传,自我服务、自我管理",在功能上流动人口社会组织作为中介,为两地政府部门之间的双向协作搭建了有效的载体。这种服务模式,不仅激发了流动人口作为自我服务主体的热情和积极性,流动人口从"要我健康"变成了"我要健康",健康意识明显提高;也有效地解决了"户籍地看不到管不住、现居地看得见管不着"的服务难落实问题,为实现流动人口信息互通、服务互补、管理互动的全国"一盘棋"奠定了基础。

(三)取得了较好的工作成绩和社会效益。一年来,太仓市流动人口计生政策、健康知识的普及率大幅提升,健康意识明显提高。2015年流动人口重点人群健康档案建档率达到85%,流动适龄儿童疫苗接种率100%,产妇住院分娩率100%,流动人口免费计生技术服务获得率100%,产妇住院分娩率100%,流动人口免费计生技术服务获得率100%。定远县在太仓市的流动人口各项计划生育统计数据较上年有较大变化,其中重点人员信息采集进机率上升54%,服务人次上升52%。根据第三方机构对304例服务对象的电话回访,群众满意率为98%。同时,通过皖江红提供的"三生"服务,发送各类扶助金3万多元,提供就业机会160多个,有力促进了流动人口社会融合。

太仓市在实践过程中发现,还有一些问题亟待解决。比如,目前社会组织服务力量仍很薄弱,缺少专业服务人才,较多服务项目由志愿者兼职承担;服务流动人口人群覆盖面不够宽、深度服务不够;服务人群有一定的区域局限;等等。建议进一步鼓励、培育和发展提供流动人口服务的社会组织,尤其是培育壮大以流动人口本身为主体的流动人口社会组织。进一步加强引导和规范,加大对提供流动人口服务的社会组织的支持力度,不断提升它们服务流动人口的能力和水平,充分发挥流动人口社会组织接近流动人口、熟悉流动人口的优势,为流动人口提供便利化、有效可及的卫生计生优质服务，满足流动人口多元化的卫生计生服务需求。

第三节　有序推进政府购买流动人口服务

2015 年 10 月 29 日，党的十八届五中全会通过的《中共中央关于制定国民经济和社会发展第十三个五年规划的建议》，强调"创新公共服务提供方式，能由政府购买服务提供的，政府不再直接承办"。应根据财力保障和流动人口的需求变化，有序推进政府向社会组织购买公共服务。可将部分基本公共服务以政府购买的方式外包给社会组织承担。充分发挥非政府组织灵活、多样、自发等优势作用，逐步建立政府主导、市场引导、社会参与的基本公共服务多元供给模式。充分利用各社会组织和专业机构，通过政府购买的方式实现服务供给，满足流动人口多样性和多层次的需求。这里面，要着力处理好以下几个问题。

一、把握政府购买公共服务的关键

（一）着力转变政府职能，推进政府购买服务工作制度化。推进政府购买公共服务，是推动行政管理部门职能转变的重点内容，就是要在公共服务领域，划好行政管理部门与社会和市场的边界，将政府中可以交给社会和市场具体实施的事务性工作剥离，政府则发挥领导和监管作用，把握方向、统管全局。哪些服务可以采用购买的方式提供，如何购买、如何监管，需要加紧建立健全政府购买公共服务的制度和规范，使之有规可依、有章可循，有序推进政府购买公共服务。

（二）始终以全面提高流动人口服务质量和水平为核心目标。以政府购买的方式为群众提供公共服务，只是改变了部分公共服务的提供模式，手段的变化和推陈出新，是为了更好地实现流动人口基本公共服务均等化这一核心目标。因此，在推进政府购买公共服务的过程中，要时刻牢记服务目标，不能仅仅从手段创新的角度来动脑筋、做事情，而要从何种措施能更好地实现目标的角度来想办法、出主意。

（三）大力培养支持社会组织发展，提升其承接服务的能力。政府购买服务涉及购买方与承接方两大主体，承接方是政府购买服务得以有效实施的关键一方，如果没有一定数量的具备相应服务能力的承接方，政府购买服务就会一厢情愿，最终流于形式。因此，按照培育发展和管理监督并重的原则，对为流动人口服务的社会组织正确引导、给予培养扶持，增加其数量，帮助提高其服务能力，形成一定规模的有序竞争的承接方市场，这样才能真正地实现通过服务外包的形式更好地为群众提供更好、更便捷的公共服务的目标。

二、明确政府购买公共服务的判断标准和重点内容

如何评判政府购买服务的质量、如何判断服务内容的轻重缓急，是当前急需解决的两大问题。政府在评判外包服务的质量时，会做出自己的关于投入产出的粗略评估，大多情况下还需邀请专业的第三方评估机构介入这一评估过程。无论是政府自己评估，还是第三方评估，都离不开流动人口群众本身意见的收集、分析与判断。可以说，群众的反映是评判公共服务的质量和效果的最根本标准，因此，将政府购买公共服务的评价交由服务的享有者——群众来完成，是最科学、有效、低成本的手段。由于政府的财力、物力有限，在财政预算的刚性约束下，必然需要明确特定时期可以购买流动人口公共服务的重点内容，服务内容按照政府部门职能所在、流动人口所需、社会组织所能来确定，不同时期服务内容应予适当调整，以体现政府部门购买流动人口服务内容

的阶段性特征。

三、正确处理好政府、社会组织、服务对象和第三方评估四者关系

有据可依的购买制度、始终如一的服务目标、成熟有序的承接方市场,是政府购买公共服务有效实施的三大前提条件。做好政府购买公共服务的工作,离不开委托者、承接方、服务对象这三大主体之间的良性互动。委托者是行政管理部门,扮演着资源提供者、过程和质量监控者、服务绩效最终评判者等角色;承接方包括社会组织、企事业单位等,扮演着服务的具体提供者、服务实施情况的反馈者等角色;服务对象是一般性的大众或特定人群,扮演着服务接受者、服务效果的最初评判者等角色。这三大主体,缺一不可,构成了完整的政府购买流动人口公共服务的环形链。三大利益相关主体之外的第三方评估机构也日益成为政府购买服务中的关键主体。如何正确处理政府、社会机构、服务对象及第三方评估者之间的关系,是稳步推进政府购买公共服务的突出问题。

正确处理上述四者之间关系,有赖于对各自所处地位、所扮演角色的准确把握和理解,摆正各自的位置,行使好各自的权利,完成好各自的义务。公共服务的外包并不意味着政府权利和义务的转移,行政管理部门依然是服务义务的最终承担者,是最终的问责主体,对于政府购买服务的全过程要尽到监控责任。同时作为与服务承接方对等的契约主体,也需要严格遵照市场经济下的契约精神,认真履行合同约定的义务,不随意更改合同内容,不拖延支付甚至拖欠应付的款项。社会组织等承接政府购买服务的主体,是具体服务的提供者,与政府签订契约,通过完成指定的服务内容获得政府拨付的相应资源,因此需要对政府负责,按质按量完成约定的服务项目,也有权力要求政府按照合同约定

履行按期支付、资源提供、工作配合等方面的义务。同时需要接受来自服务对象、政府及第三方评估机构的全方位监督，杜绝简单应付、暗箱操作、形式主义、弄虚作假等问题。服务对象作为权利的享有者，是政府购买服务的核心主体，在接受服务的同时，也需要积极主动地做出信息反馈，以各种方式对服务质量做出评估，指出服务中存在的问题，提出改进服务的意见建议，以推动政府与服务承接方提供更好的服务。第三方评估机构则需要采取独立的立场和科学的方式，对服务的质量、社会影响、项目绩效做出尽可能客观公正的评估，这一点也就决定了它不能与政府、承接单位、服务对象中的任何一方有利益的关联，唯其如此，才能充分发挥其独立评估服务绩效、推动有序竞争的政府购买服务市场建设的功能。

四、统筹推进政府购买流动人口服务

政府购买流动人口服务能否成功的关键，在于行政管理部门，它既是主导者，也是最终的责任者。推广政府购买服务，政府的监管责任、履约责任日益凸显，这就要求行政管理部门应恪守公共服务最终责任者的角色，加强政府购买服务工作的督促检查和有效实施，最大限度地满足流动人口的公共服务需求。自上而下，做好顶层设计，将政府购买公共服务纳入制度化轨道。国家层面制定出台政府购买流动人口服务的相关指导文件和《政府购买服务管理办法（暂行）》，大力推进政府购买流动人口服务，不断改善和加强流动人口服务，提升流动人口基本公共服务的获得感。地方行政管理部门需要经过细致调研，广泛征求各方意见和听取民意，制定统一的政府购买公共服务的规范，搞好政府购买公共服务项目的指导性目录，出台相应的实施意见，使各地政府购买公共服务有章可循。由于公共服务性质的不同、社会组织等承接机构的成熟度不同、流动人口群体的不同、接受程度的不同，需要在多个维度上采取分阶段推进的方式。要按照公共服务的紧迫性与重要性,遵循优先考虑基本公共服务,然后是其他公共服务,最后是社会性管理服务的步骤推进。

第九章 固源头、强基础，巩固流动人口社会融合新农村建设后防

习近平总书记指出，"城镇化是城乡协调发展的过程。没有农村发展，城镇化就会缺乏根基"①。协调推进新农村建设和新型城镇化是新时代流动人口社会融合的一体两面。加快落实乡村振兴战略、加强新农村建设，强化流动人口源头服务，可以为流动人口融入城市解决后顾之忧，提供稳固的、重要的后方屏障。

第一节 正确处理新时代流动人口社会融合与新农村建设的关系

农村和城市的发展有着天然而密切的联系。农村的发展离不开城市的辐射和带动，城市的发展同样离不开农村的支持和后援，农村经济和城市经济是相互联系、相互依赖、相互补充、相互促进的辩证关系，如果农村与城市发展失调，也会带来"一条腿长，一条腿短"的社会问题，造成城市发展繁荣、农村荒芜萧条的发展困境，从而制约我国经济社会可持续健康发展。

---

① 《十八大以来重要文献选编》（上），中央文献出版社 2014 年版，第 605 页。

一、大规模人口流动为乡村振兴奠定了坚实的物质和技术基础

经过 40 年的改革开放和社会主义市场经济体制的逐步建立和完善,市场机制配置资源和生产要素的决定性作用愈发显示出强劲的生命力,随之而来的一个收益就是城乡经济社会之间的联系得到显著加强。实践证明,大规模的人口流动特别是农村向城市人口流动,是我国从传统的计划经济体制向市场经济体制转变过程中产生的一种必然现象。大量的流动人口进城,使得流动人口成为城市和农村之间紧密联系的桥梁和纽带,弥补了城乡发展的失衡,为城乡协调统筹发展、解决"三农"问题、构建社会主义和谐社会起到了积极的推动作用,尤其是人口大规模在城乡间流动迁移,加强城乡之间的互动和联系的同时,也推动了"三农"问题的解决。

(一)增加了农民的收入,为农村经济发展积累了大量资金。据统计,目前我国农民近两成的收入来自外出劳务收入,四成以上的收入增长依靠进城务工。从农民增收来源的变化看,现在农民收入的构成,来自非农业的比重接近 50%,工资性收入占 1/3,工资性收入对农民增收的贡献力达到 80% 左右,来自非农业和进城务工的收入已经成为农民收入增长的主要来源。农民外出打工,不仅为农村劳动力找到了出路,还为农民脱贫致富带来了机遇。劳务输出创造出显著的经济效益,增加了农民收入,富裕了农民,缓解了农村资金紧缺的矛盾,也为农村经济发展积累了大量资金。

(二)提高了农村劳动者的素质,为新农村建设储备了人力资源。市场机制对劳动力资源配置作用的有效发挥,使得流动人口在务工经商的过程中,获得各种新知识、新技能,培育了农村劳动力的市场意识、法律意识和竞争观念,提高了农村劳动力的各种素质,为发展农村经济

培育和储备了人才。此外,城乡文化文明的交流,市民和农民思想的交汇和碰撞,有利于提高全民族的素质。

(三)为农业发展提供了有效空间。大量的农村劳动力被转移出来,缓解了农村人地矛盾,有利于土地的适度规模经营,提高了农村劳动生产率。同时为农业资源和经济结构的调整带来了机遇,能够促进非农产业发展,壮大农村经济实力,加快农村现代化的进程,由此加快了农业的发展。

二、流动人口大量进城带来了新农村建设后继乏人的问题

劳动力为何、如何在农业和非农部门之间、农村和城市之间转移?农业劳动力转移是个体寻求利益最大化的行为结果。对劳动者个人而言,选择非农就业还是从事农业生产是实现自身利益最大化的必然选择,两个生产部门的劳动报酬差异是目前年轻人非农就业的主要动力。大量研究证实,流动人口对城市发展、对工业发展起到了举足轻重的作用。从一些发达国家和地区走过的历程来看,在推进工业化、城镇化的过程中,都遇到了农村老龄化、农业后继乏人的问题。

目前我国农业现代化仍处于较低水平,我国农业劳动力面临数量不足、质量不高的双重困境,加上近年来我国农村劳动力转移的速度不断加快,尤其是青壮年劳动力的大规模外出务工,农业劳动力供求矛盾开始显现,而其中又以青壮年劳动力供求矛盾最为突出。随之而来的是农业劳动力老龄化、从业人员女性化和低文化程度化趋势加重。事实上,劳动力持续大规模的乡城流动已经对我国农业生产和农村发展带来重大的负面影响,新农村建设已经面临农业后继乏人的严重问题,对农业现代化带来了严峻挑战。同时,也严重制约着城镇化的健康发展,这已经成为重大的现实问题。

一方面,由于大量农村青壮年劳动力流入城市,使农村的老年人口

比重上升，农村人口的老龄化快于城市，造成了当前农业生产的老龄化，考虑到工业化和城镇化的长期性，当老一代农民退出劳动生产时，新生代农村人口务农比例呈下降趋势，"谁来种地"问题日益凸显。对此，习近平总书记深为忧虑，他讲，"出去的不愿回乡干农业，留下的不安心搞农业，再过十年、二十年，谁来种地？农业后继乏人问题严重，这的确不是杞人忧天啊"①！

另一方面，同农业劳动力老龄化一并出现的还有农业从业人员女性化和低文化程度化。大量青壮年劳动力流出，留在农村的劳动力主要是妇女和老弱病残，种田质量下降，个别地方出现了抛荒现象，降低了土地这一宝贵资源的利用效率。习近平总书记深有感触地说，"我到农村调研，在很多村子看到的多是老年人和小孩，年轻人不多，青壮年男性更是寥寥无几。留在农村的是'三八六一九九部队'"②。农业生产需要确保效率和可持续性。青年作为劳动力市场的主体，本应是农业生产的主要承担者，然而在农村人口大量外流的背景下，务农劳动力结构已然发生改变。老一代人各项身体机能逐渐退化，本不适合过多参与农业劳作，但新生代农村人口在农业生产中的大量缺位却使他们不得不继续务农。农村青壮年劳动力的大量流出，造成农业劳动力整体素质下降和弱化，农田水利基本建设和一些社会公益事业等无法开展，对农村和农业的发展产生一定的负面影响。老一代农民终将退出农业生产，如果新一代年轻人的务农比例和务农意愿持续低下，青壮年劳动力的空缺势必会加剧农业生产的不稳定性和脆弱性，并且由女性、低文化水平的劳动者主要务农，将很难保证农业生产的质量和效率，也不利于推进农业的现代化转型。

①　《十八大以来重要文献选编》（上），中央文献出版社 2014 年版，第 678 页。
②　《十八大以来重要文献选编》（上），中央文献出版社 2014 年版，第 678 页。

三、农业规模经营和农村土地流转要与城镇化进程和农村劳动力转移规模相适应

近年来,我国农村劳动力转移的速度不断加快,但农业现代化仍处于较低水平。如何认识劳动力转移与农业可持续发展的关系?改革完善农村土地制度、推进农业生产的现代化转型、提高农业生产效率是促进务农收入的关键所在。习近平总书记强调,"要把握好土地经营权流转、集中、规模经营的度,要与城镇化进程和农村劳动力转移规模相适应,与农业科技进步和生产手段改进程度相适应,与农业社会化服务水平提高相适应"①。在促进城镇化的过程中,我们不能忽略了农业生产的可持续发展,需防止农村劳动力结构失衡和过度转移带来的危机,把农村劳动力流出与农村的经济发展统筹规划,以促进农村的全面发展。要按照工业化、信息化、新型城镇化、农业现代化同步发展的要求,创新农村土地制度,积极探索中国特色农业劳动力转移道路。

第一,实行农村土地"三权"分置。习近平总书记强调,我们要在坚持农村土地集体所有的前提下,促使承包权和经营权分离,形成所有权、承包权、经营权三权分置、经营权流转的格局②。"三权分置"指的是在保持集体土地所有权和农户承包经营权不变的情形下,将经营权从承包经营权中分离出来。经营权可以不受身份的限制,任何人均可取得,并可以自由转让和抵押。由此,通过将经营权从承包经营权中分离,农户在保留承包经营权、继续坚持承包经营权不得抵押并严格限制转让的同时,通过经营权的形式实现了承包地的抵押和转让。落实农村土地集体所有权、农户承包权、土地经营权"三权分置"办法,不断探

---

① 《十八大以来重要文献选编》(上),中央文献出版社 2014 年版,第 671 页。

② 《中央全面深化改革领导小组第五次会议:严把改革方案质量关督察关》,新华网 2014 年 9 月 29 日。

索农村土地集体所有制的有效实现形式,落实集体所有权,稳定农户承包权,放活土地经营权,充分发挥"三权"的各自功能和整体效用,形成层次分明、结构合理、平等保护的格局。

第二,推进农村土地经营权流转。加快完善土地经营权法规和制度,加强土地经营权流转管理和服务,规范流转程序,推动流转交易公开、公正、规范运行,消除土地经营权流转过程中的障碍。农民工土地承包经营权流转,要坚持依法、自愿、有偿的原则,任何组织和个人不得强制或限制,也不得截留、扣缴或以其他方式侵占土地流转收益。鼓励和支持承包土地农户向专业大户、家庭农场、农民合作社流转,发展多种形式的适度规模经营,提高农村劳动生产率。把握好土地经营权流转、集中、规模经营的度,要与城镇化进程和农村劳动力转移规模相适应。

第二节　加快乡村振兴步伐

习近平总书记在党的十九大报告中强调,农业农村农民问题是关系国计民生的根本性问题,必须始终把解决好"三农"问题作为全党工作重中之重;提出坚持农业农村优先发展,实施乡村振兴战略。[①] 新农村建设成效如何,直接关系到农业转移人口市民化的进程,直接关系到以人为核心的新型城镇化的推进,直接关系到小康社会的全面建成。加强新农村建设,是推进流动人口社会融合的重要基础。在当前新型城镇化和人口流动背景下,如何协调推进新农村建设,促进我国农业稳定发展、维护我国粮食安全和社会稳定具有极其重要的现实意义。要协调推进新农村建设和新型城镇化,一手抓城镇化,一手抓新农村建

① 参见习近平:《决胜全面建成小康社会　夺取新时代中国特色社会主义伟大胜利——在中国共产党第十九次全国代表大会上的报告》。

设，坚持工业反哺农业、城市支持农村和多予少取放活方针，使新农村建设与新型城镇化协调发展、互惠一体，形成双轮驱动，促进城乡发展一体化，不断破解城乡二元结构。

一、建立适应市场经济体制要求的新型工农城乡关系

习近平总书记强调，"努力在统筹城乡关系上取得重大突破，特别是要在破解城乡二元结构、推进城乡要素平等交换和公共资源均衡配置上取得重大突破，给农村发展注入新的动力，让广大农民平等参与改革发展进程、共同享受改革发展成果"[①]。城市和农村天然一体、联系密切，是一个不可分割的整体。经过40年的改革开放，我国城市发展取得了显著成绩，积累了丰富的物质基础。但是由于上亿农民工的存在，我国的城乡二元结构已经超越地域的意义，出现了具有独立结构和文化的"漂移社会"，不仅制约我国国民经济良性循环和健康发展，而且影响我国社会政治稳定和长治久安。当前城乡分割和区域封闭的二元结构体制尚未从根本上改变，城乡经济仍未步入协调发展和可持续发展的良性互动轨道，城乡发展失衡成为我国经济社会发展的突出问题，制约着我国经济社会持续健康发展。当前，我国经济实力和综合国力显著增强，具备了支撑城乡发展一体化的物质技术条件，到了工业反哺农业、城市支持农村的发展阶段，同时农村建设和农业发展仍是我国经济社会发展的短板，不能再像过去那样以牺牲农村的利益来支撑城市的发展，要把工业反哺农业、城市支持农村作为一项长期坚持的方针，振兴乡村，推进城乡一体化发展。

习近平总书记强调，"全面小康，覆盖的区域要全面，是城乡区域共同的小康。努力缩小城乡区域发展差距，是全面建成小康社会的一

---

① 《习近平：健全城乡发展一体化体制机制　让广大农民共享改革发展成果》，新华网，http://www.xinhuanet.com/politics/2015-05/01/c_1115153876.htm，2015-05-01。

项重要任务"①。当前,我国进入了新型工业化、信息化、城镇化、农业现代化同步发展、并联发展、叠加发展的关键时期,进入了着力破除城乡二元结构、形成城乡经济社会一体化发展新格局的重要时期。建立新型工农城乡关系、推进城乡发展一体化,是工业化、城镇化、农业现代化发展到一定阶段的必然要求,是国家现代化的重要标志,也是解决我国"三农"问题的根本途径。统筹城乡协调发展必须着眼于缩小城乡发展差距,要求促进公共资源在城乡区域之间均衡配置,引导生产要素在城乡区域之间自由流动。习近平总书记指出,"要把工业和农业、城市和乡村作为一个整体统筹谋划,促进城乡在规划布局、要素配置、产业发展、公共服务、生态保护等方面相互融合和共同发展"②。要以逐步实现城乡居民基本权益平等化、城乡公共服务均等化、城乡居民收入均衡化、城乡要素配置合理化,以及城乡产业发展融合化为目标,着力建立城乡融合的体制机制,改革现行的户籍管理等相关制度,废除农业户口与非农业户口的划分,形成城乡人口有序流动的机制,加快形成工农互促、城乡互补、全面融合、共同繁荣的新型工农城乡关系。

推进城乡基本公共服务均等化是协调推进新农村建设和新型城镇化的重要路径,也是建设新农村的重要任务。建立新型工农城乡关系,当前最为重要的是适应推动城乡发展一体化的需要,着力改革城乡二元体制机制,推动形成城乡基本公共服务均等化体制机制。通过推进城乡基本公共服务均等化,发展现代农业,积极推进新农村建设。特别是统筹推进县域内城乡义务教育一体化发展,要针对突出问题,在合理规划城乡义务教育学校布局建设、完善城乡义务教育经费保障机制、统筹城乡教育资源配置、提高乡村教育质量、稳定乡

---

① 《十八大以来重要文献选编》(中),中央文献出版社 2016 年版,第 833 页。
② 《习近平:健全城乡发展一体化体制机制　让广大农民共享改革发展成果》,新华网,http://www.xinhuanet.com/politics/2015-05/01/c_1115153876.htm,2015-05-01。

村生源、保障随迁子女就学、加强留守儿童关爱保护等方面推出务实管用的办法。

二、深入把握新生代农村劳动力不愿务农的症结所在

笔者通过实证研究表明,有利的农村社区环境和社会政策有利于激发年轻人的务农意识。与老一代农村人不同,当代农村青年在追求高收入的同时,也更加注重社会服务质量和个人生活品质。城市更高水平的医疗服务条件、教育教学资源以及社会保障与福利已经成为吸引他们进城的重要因素。由于村民大量外出,部分农村社区陆续合并或撤销了地方学校、卫生所等机构,而这又使得城市优质公共服务条件对年轻人的"拉力"进一步增强,形成负向循环。农村劳动力务农行为决策受以下几个方面影响。

(一)家庭收入的影响。务农选择作为家庭集体的行为决策,受到家庭条件等因素的影响。家庭规模对务农选择的影响并不显著。承包土地面积增加意味着农业生产规模扩大,提高了务农增收的可能性,有利于激励年轻人留守务农。家庭收入更高的年轻人更倾向于非农就业,这可能是因为高收入的年轻人往往更有能力脱离农业生产进入其他行业。当前农业部门与非农部门的劳动报酬依然存在较大差距,非农就业年轻人家庭收入平均比务农年轻人高出近 1.5 万元[①],青年劳动者更愿意也更有能力通过非农就业获得更高收入。

(二)生活社区的影响。乡村社区是务农人口生产生活的主要载体,村庄的基础设施、福利服务和文化氛围的建设关系到居民的生活质量,并可能进一步影响其留守务农选择。社区福利和服务水平提高对新生代人口务农的促进作用显著。务农年轻人的社区低保标准平均为

---

① 数据来源:笔者基于国家卫生和计划生育委员会组织实施的"2014 年全国流动人口卫生计生服务流出地监测调查"的数据分析结果。

553.22元①,明显高于非农就业年轻人所在的社区。务农者的社区医疗卫生条件和医保覆盖水平也都更高。这表明除劳动者自身素质外,社区条件也可能是影响新生代农村人口务农选择的重要因素。农村社区生活条件改善和福利水平提高能有效引导他们的务农决策,提高务农积极性。当前我国新农村建设重视改善农村人居环境、提升农民福利水平,这将成为激励青年务农的重要因素。

(三)医疗卫生的影响。社区医疗卫生条件的改善能在很大程度上激励新生代群体从事农业生产。由于成长环境不同,当代农村年轻人比老一代更重视生活质量和生活幸福感,这也成为除增加收入之外农村青年参与非农就业的重要因素之一。基层社区尤其是农村社区的医疗服务质量不高,因而年轻人更倾向于在医疗水平高的城市生活。改善农村社区的卫生服务水平,有助于缩小城乡医疗差距,在一定程度上降低城市社区对农村青年的"拉力"。

(四)健康因素的影响。健康水平直接关系到劳动者的生活质量,新型农村合作医疗能在一定程度上降低农民因病致贫、因病返贫的风险。对新生代群体而言,以合作医疗为代表的农村社会保障制度能有效提升他们在农村的生活满意度和幸福感,进而增强他们留守农村参与农业生产的可能性。

三、为新生代农村劳动力参加新农村建设提供政策支持

农业是安天下、稳民心的战略产业。习近平总书记指出,"小康不小康,关键看老乡。一定要看到,农业还是'四化同步'的短腿,农村还是全面建成小康社会的短板"②。他强调,"即使将来城镇化达到70%,

---

① 数据来源:笔者基于国家卫生和计划生育委员会组织实施的"2014年全国流动人口卫生计生服务流出地监测调查"的数据分析结果。

② 《十八大以来重要文献选编》(上),中央文献出版社2014年版,第658页。

30%的人还在农村生活"①。新一代年轻人是未来农业生产的承担者和接班人,其务农积极性对农业发展至关重要。新生代农村人口非农就业已经是主流,如何引导部分高素质农村青年回归农村、回归农业,已经是当务之急。农村青年身强体壮、学习能力强、劳动效率高,在我国农业现代化过程中将起到举足轻重的作用,他们是否愿意并有能力承担农业生产,直接关系到中国农业生产的可持续,青年务农对中国农业的维系和可持续发展有着至关重要的意义。要加强政策创新,为新生代农村劳动力参加新农村建设提供政策支持,以新生代农村劳动力为重点培育新型职业农民,形成一支高素质农业生产经营者队伍,为农业现代化建设和农业持续健康发展提供坚实人力基础和保障。

(一)增加农民收入,增强农村的吸引力。改革完善农村土地制度、推进农业生产的现代化转型、提高农业生产效率是促进务农收入的关键所在。农业部门想要留存足够的农业劳动力,就必须采取措施提高农业劳动报酬,切实促进农民增收。促进农村一、二、三产业融合发展,支持和鼓励农民就业创业,拓宽增收渠道。

(二)加强农村社区建设。乡村社区是务农人口生产生活的主要载体,村庄的基础设施、福利服务和文化氛围的建设关系到居民的生活质量,社区福利和服务水平提高对新生代人口务农的促进作用显著,农村社区生活条件改善和福利水平提高能有效引导他们的务农决策,提高务农积极性。农村社区应当积极改善本地的基础设施建设,对道路、水电、绿化等进行修缮,营造宜居的农村人居环境,同时努力提高社区服务质量,满足新生代农村人口的服务需求。

(三)加强农村社会保障制度建设,提升农民福利水平。要改善农

---

① 《习近平:手中有粮,心中不慌》,人民网,http://politics.people.com.cn/n/2013/1128/c70731-23688867.html,2013-11-28。

村社区医疗卫生条件,提升社区医疗卫生服务水平,缩小城乡医疗差距,在一定程度上降低城市社区对农村青年的"拉力"。进一步完善农村医疗保障和福利保障政策,让政策惠及更多农民,有效增强新生代农村人口对农业农村的信心。

第三节　着力解决好城市流动人口社会融合的后顾之忧

流动人口虽然离开了户籍地,但依然与流出地有着千丝万缕的联系,尤其是农民工在流出地农村还有很大的利益和后顾之忧,流动人口融入城市的意愿和能力与此关系密切。解决好流动人口尤其是农民工在流出地农村的相关权益维护问题,直接关系到流动人口能否安心在城市扎根、融入城市。在现阶段,主要是着力解决好流动人口农地"三权"和"三留守"人员权益保障问题。

一、使"农者有其地"①

习近平总书记早在 2005 年就明确提出,跨县城、跨地区异地流动的农民工进城后,在没有转为市民以前,其土地的经营权不能变,身份要保留,让他们留下偶有经济紧缩、用工减少时的一条退路。"在保证'农者有其地'的同时,我们积极推行土地流转机制的建立,倡导土地适度规模经营,大力发展高效生态农业,使进城从事非农产业的农村劳动力能够'进退自如'"②。要切实保障农民工土地承包经营权、宅基地

---

① 习近平:《干在实处　走在前列——推进浙江新发展的思考与实践》,中共中央党校出版社 2016 年版,第 252 页。

② 习近平:《干在实处　走在前列——推进浙江新发展的思考与实践》,中共中央党校出版社 2016 年版,第 253 页。

使用权和集体经济收益分配权。

（一）坚持农村基本经营制度。稳定和完善农村土地承包关系，做好农村土地承包经营权和宅基地使用权确权登记颁证工作，切实保护农民工土地权益。不得以农民进城务工为由收回承包地，纠正违法收回农民工承包地的行为，完善土地承包经营纠纷的调解仲裁体系和调处机制。切实保障法律所赋予的农民独立行使承包和使用土地合法权利，防止大量失地农民沦为游离于正常社会生存状态之外的无业流民。

（二）维护农民工农地"三权"合法权益。农民外出务工期间，所承包土地无力耕种的不能撂荒，可委托代耕或通过转包、出租、转让等形式流转土地经营权。探索农村集体经济多种有效实现形式，保障农民工的集体经济组织成员权利。在充分保障农户宅基地用益物权、防止外部资本侵占控制的前提下，落实宅基地集体所有权，维护农户依法取得的宅基地占有和使用权，探索农村集体组织以出租、合作等方式盘活利用空闲农房及宅基地，增加农民财产性收入。

（三）建立进城落户农民工农地"三权"维护和自愿有偿退出机制。完善农民工进城落户后农地"三权"相关法律和政策，妥善处理好农民工及其随迁家属进城落户后的土地承包经营权、宅基地使用权、集体经济收益分配权问题。加快推进农村集体产权制度改革，确保如期完成土地承包权、宅基地使用权等确权登记颁证，积极推进农村集体资产确权到户和股份合作制改革，不得强行要求进城落户农民转让其在农村的土地承包权、宅基地使用权、集体收益分配权，或将其作为进城落户条件。建立完善农村产权流转市场体系，健全农民工农地"三权"自愿有偿退出机制，支持和引导进城落户农民依法自愿有偿转让上述权益，但现阶段要严格限定在本集体经济组织内部。

二、维护好农村"三留守"人员合法权益

习近平总书记高度重视农村"三留守"问题，他要求"健全农村留守儿童、留守妇女、留守老年人关爱服务体系，围绕留守人员基本生活保障、教育、就业、卫生健康、思想情感等实施有效服务"①。农村"三留守"问题，是在我国特有的城乡二元结构体制下发生大规模人口流动迁移背景下的阶段性产物，是我国城乡发展不均衡、公共服务不均等、社会保障不完善等问题的深刻反映，目前已经形成了庞大的人群规模。流动人口家庭成员长期分离，容易产生心理健康问题，尤其是留守儿童监护失责、情感缺失，容易造成心理孤僻的性格，甚至出现人身伤害和极端行为。能否有效地解决好农村"三留守"问题，直接关系到新农村建设和新型城镇化的推进，直接关系到全面建成小康社会宏伟目标的实现，直接关系到流动人口的家庭幸福，直接关系到社会的和谐与稳定。

（一）加快建立健全农村留守儿童、妇女、老年人关爱服务体系。坚持政府主导，从法律层面进一步细化家庭对留守儿童、老年人的监护主体责任。建立健全留守儿童的监护监督机制，确保他们的安全、健康、受教育等权益得到有效保障。切实加强农村"妇女之家"建设，培育和扶持妇女互助合作组织，帮助留守妇女解决生产、生活和生育方面的实际困难。加快建立农村社会养老服务体系和发展老年服务产业，建立健全农村老年社会福利和社会救助制度，发展适合农村特点的养老服务体系，努力保障留守老人生活。

（二）切实保障农村"三留守"人员合法权益和民生权利。加强农村社会治安管理，发挥农村社区综合服务设施关爱留守人员功能，保障

---

① 《十八大以来重要文献选编》（上），中央文献出版社2014年版，第681页。

留守儿童、留守妇女和留守老人的人身和财产安全，在流动人口中广泛开展农村"三留守"人员关怀关爱等活动，切实保障他们的合法权益和民生权利。

（三）从源头上减少农村"三留守"人员。大力推进农业转移人口市民化，促进流动人口家庭团聚和融入城市。中西部地区要大力发展县域经济，积极承接东部地区产业转移，积极发展就业容量大的劳动密集型产业和服务业，吸纳更多的农村富余劳动力在当地转移就业。引导扶持流动人口返乡创业就业，切实减少流动人口家庭分离现象。

第十章 讲统筹、促引导，形成流动有序、分布合理的人口发展格局

新时代流动人口社会融合不仅涉及城乡协调发展，还涉及区域协调发展，特别是流动人口流入地和流出地的沟通协作。要立足当前经济社会发展新阶段，加强国家层面顶层设计和制度安排，把握流动人口新特征、满足流动人口新期待，按照顶层设计和摸着石头过河的总体改革思路，既要加强全国流动人口服务管理的统筹协调，又要推动形成流动有序、分布合理的人口格局，统筹考虑，多管齐下。

第一节 建立完善流动人口服务管理全国"一盘棋"工作机制

从加强和创新社会治理的高度，围绕引导人口有序迁移、合理分布和加强流动人口服务管理，大力推进流动人口服务管理体制机制创新，建立完善流动人口统筹管理、信息共享、区域协作、双向考核、资金保障的全国"一盘棋"工作机制。

一、建立全国流动人口服务管理的统筹协调机制

在国家层面成立全国流动人口服务管理协调领导小组，设立国家

流动人口服务管理机构。领导小组成员由国家发展改革委、公安部、人力资源社会保障部、住房城乡建设部、自然资源部、农业农村部、国家卫生健康委、国家统计局等有关部委组成，领导小组办公室设在国家流动人口服务管理机构。全国流动人口服务管理协调领导小组及其办公室的职责是：组织贯彻落实党中央、国务院关于流动人口服务管理的方针、政策和指示；研究审议我国流动人口的中长期规划、法律法规和重大政策措施；协调各省（区、市）做好流动人口服务管理区域协作，协调解决影响全局的流动人口服务管理问题。每年定期召开一次全国流动人口服务管理工作会议，对全国流动人口服务管理工作进行统一部署，形成促进流动人口服务管理全国"一盘棋"、区域一体化的指导方案和考评办法。

二、实现流出地与流入地信息共享

信息化建设滞后成为地域间协作的障碍。当流动人口在地区间流动时，流入地和流出地信息难以衔接，既往服务利用信息也随之"丢失"，造成流动人口重复建立档案等问题。加强流动人口信息采集工作，逐步实现卫生健康部门、公安、统计、人力资源劳动保障、工商、民政、住房建设等部门流动人口信息共享和动态更新，形成以居民身份证号为基准、覆盖全国流动人口的国家人口基础数据库，推进流出地和流入地流动人口服务管理信息共享，实现流动人口情况的实时沟通和动态管理，为做好流动人口工作提供信息支撑。

三、实现流出地与流入地服务互补、管理互动

加强流动人口流入地和流出地的协作配合，实行流入地、流出地共同管理、共同服务、各司其职、各负其责，对流动人口工作实行流入地、流出地双向考核，从流出地掌握的情况考核流入地的职责落实情况，从

流入地掌握的情况考核流入地的职责落实情况，真正实现流动人口服务管理责任共担。在流动人口相对聚集地区，通过签订区域协作协议、相互通报流动人口相关服务信息、建立相应层级交流机制和召开联席会议等形式，联合开展服务管理活动，形成两地或多地相互协调、齐抓共管的流动人口服务管理区域协作局面。协作双方或多方相应建立省、市、县、乡级交流机制。通过各层级的交流，以政策告知、信息通报、层级交流为主要协作内容，推动省际、区域间、城市圈协作，基本形成长三角、珠三角、环渤海重点区域"一盘棋"，促进流动人口服务管理区域一体化。

第二节 引导流动人口在城市间
有序流动与合理分布

习近平总书记在党的十九大报告中明确提出要"实施区域协调发展战略"[①]，他强调促进区域发展，要更加注重人口经济和资源环境空间平衡。"要促进地区间人口经济和资源环境承载能力相适应，缩小人口经济和资源环境间的差距"[②]。目前我国城镇化布局不甚合理，城市发展协调性不强。同时，由于人口流动主要受市场经济的影响，流动人口的分布与城市发展格局也不相适应，不仅增加了流动成本、削减了流动人口的经济收益，也带来了流动人口家庭分离等社会问题。要加快落实《全国主体功能区规划》和区域协调发展战略，完善城镇化规划体系，构建分工定位明确、功能互补的城镇体系，形成城镇分工定位明确、功能互补，以城市群为主体、大中小城市和小城镇协调发展的城镇

---

① 习近平：《决胜全面建成小康社会　夺取新时代中国特色社会主义伟大胜利——在中国共产党第十九次全国代表大会上的讲话》。

② 《习近平谈治国理政》（第二卷），外文出版社2017年版，第243页。

化格局。引导流动人口在大中小城市间有序流动布局,促进流动人口在城市间合理分布,为流动人口社会融合提供与城市布局相匹配、相适应的城市空间。

一、以城市群为主体形态优化城镇化布局

人口向主要城市群流动迁移,这是人口聚集的一般规律。城镇化布局,就是要从宏观上研究确定我国城镇人口主要分布在哪里。《全国主体功能区规划》确定的城市群主要位于自然禀赋、区位条件、人文积累较为优越的沿江(河)、沿海、沿边主要交通线地区。习近平总书记指出,"我国已经形成京津冀、长三角、珠三角三大城市群,成为支撑和带动我国经济发展、体现国家竞争力的重要区域。在中西部和东北有条件的地区,如成渝、中原、长江中游、哈长等地区,要依靠市场力量和国家规划引导,逐步发展形成若干城市群"①。城市群是我国经济发展的重要增长极和最具创新活力的板块,是人口大国城镇化的主要空间载体,也符合人口分布与资源环境、产业布局相协调的要求。因此,促进形成合理的人口分布格局,需要严格实施主体功能区制度,以城市群为主体形态推进城镇化。

优化提升东部地区城市群,培育发展中西部地区城市群。继续推进长三角、珠三角、京津冀、成渝、中原、长江中游、哈长、北部湾等城市群建设,完善城市群协调机制,加快城际快速交通体系建设,推动城市间产业分工、基础设施、生态保护、环境治理等协调联动,形成一批参与国际合作和竞争、促进国土空间均衡开发和区域协调发展的城市群。加强人口流动迁移研究和宏观管理,注重发挥人口发展规划在统筹城乡人口发展政策、整合公共资源,调控城镇人口规模、优化人口布局中

---

① 《十八大以来重要文献选编》(上),中央文献出版社 2014 年版,第 600—601 页。

的基础作用。依据《全国主体功能区规划》和《国家新型城镇化规划（2014—2020 年）》，以及国家出台的推进基本公共服务均等化的中长期规划，加强实施过程中的统筹协调以及实施效果的跟踪评估，确保以城市群为主体形态优化城镇化布局国家战略意图的实现。

二、促进大中小城市和小城镇协调发展

习近平总书记强调，要促进大中小城市和小城镇合理分工、功能互补、协调发展。推进新型城镇化，促进区域协调发展，要更加注重人口经济和资源环境空间均衡。德国在城镇布局上有以下特点：人口 100 万以上的大城市周围多为 10 万人以下的小城镇，大城市发挥中心功能，周围小城镇依附于大城市发展，如柏林、汉堡与慕尼黑周围的城镇空间布局；人口在 30 万—100 万的城市周围一般都有相应规模的城市，各城市在功能上相互补充、支持，如德国城镇最为密集的莱茵—鲁尔地区。要统筹考虑我国城市群、超特大城市和中小城市人口聚集能力，根据东中西部城市群发展水平，实行差异化的发展策略。按照区域发展总体战略和国家新型城镇化规划，逐步完善生产力布局和城镇化布局。明确各类城市的功能定位，制定不同的产业发展和人口管理措施，促进不同类型城市协调可持续发展，使得人口与资源环境、经济社会协调发展。强化大城市对中小城市的辐射和带动作用，加快形成大中小城市和小城镇协调发展的城镇格局，引导流动人口在东中西不同区域、大中小不同城市和小城镇以及城乡之间合理分布。

三、提升中小城市和城镇吸纳农业转移人口的能力

习近平总书记于 2014 年 5 月 12 日对《福建晋江推进新型城镇化试点工作》作出重要批示："眼睛不要只盯在大城市，中国更宜多发展

中小城市及城镇。"①根据城镇化"三阶段"发展理论，当城镇化率达30%—50%时，城镇化进入"量的扩张为主"的阶段；达50%—70%时，城镇化进入"结构调整为主"的阶段；达70%以后，城镇化进入"质的提升为主"的阶段。目前我国人口城镇化率超过50%，标志着已迈入城镇化结构调整阶段，进入中小城市加速发展和就地城镇化阶段。通过政府规划引导、政策倾斜和重大工程项目支持，增强中小城市和小城镇产业发展、公共服务、吸纳就业、人口集聚能力，推动大量中小城市和小城镇快速发展，促使中心城市的空间结构更加合理，产业优势更加突出，聚集效应和带动效应更加强大。通过发展中小城市和小城镇，实现就地就近城镇化，努力完成"第三个1亿人"的工作目标，使中小城市和小城镇成为吸纳农业转移人口的重要依托。

四、调控超特大城市人口规模

实现超大、特大城市与大中小城市和小城镇协调发展是优化城市布局和形态、促进城镇化健康发展的关键环节。习近平总书记指出，"一些特大城市已经出现了不同程度的城市病，包括人口过多、交通拥堵、房价高涨、环境恶化等"②。超大、特大城市资源环境将承受较大压力，但仍是吸纳新增城市人口潜力最大的地区。发达国家城镇化实践表明，大城市集聚经济的发展存在上限，当城市发展达到某个阶段，进一步的聚集带来的负面效应会超过正面效应，从而导致城市的竞争力下降。超大、特大城市作为我国经济社会发展较快和综合承载力最强的城市，既要吸纳新增城市人口、有序推进农业转移人口市民化，又要调控人口规模，预防人口过度膨胀带来的城市病。

① 《晋江：咬定实体经济　发力转型升级》，央视网，http://tv.cctv.com/2018/07/12/VIDEx6eZ1l0fuycSyhs2ftIB180712.shtml，2018-07-12。
② 《十八大以来重要文献选编》（上），中央文献出版社2014年版，第601页。

习近平总书记指出，"要增强城市宜居性，引导调控城市规模，优化城市空间布局"①。完善超大、特大城市人口规模调控体制机制，是促进特大城市健康可持续发展的根本途径。要明确超大、特大城市战略定位，改变城市布局、优化城市功能分区，通过产业布局、产业结构调整来均衡人口分布和优化外来人口结构。科学编制实施与周边城市一体化发展规划，发挥市场在资源配置中的决定性作用，运用市场化手段促进产业转移和人口双向流动。根据其自身功能定位和发展目标，厘清核心功能和非核心功能，逐步将相关优质资源向外围新城和周边地区转移，以疏解城市非核心功能带动人口的疏散，有效调控城市人口规模。

---

① 《习近平主持召开中央财经领导小组第十一次会议》，新华网，http://www.xinhuanet.com/politics/2015-11/10/c_1117099915.htm，2015-11-10。

第二部分　基础研究篇

第十一章　流动人口的基本情况、主要特征及变动趋势

本章在分析流动人口的流量、流向、结构和流动特征的基础上，对近年来流动人口的就业、收入、住房和社会保障等密切关系影响他们社会融合的重点领域的状况及其发展趋势进行了分析①②③，以便于较为全面地掌握我国流动人口的基本情况。

第一节　流动人口的流量、流向、结构和流动特征

本节通过流动人口的流量、流向、结构等人口流动基本要素进行分

---

① 主要使用国家卫生和计划生育委员会 2014 年全国流动人口卫生计生动态监测调查数据，对我国流动人口的基本情况、现状及特点进行分析。通过 2010—2014 年五年间全国流动人口卫生计生动态监测调查数据，对流动人口基本状况及其变动趋势进行分析，其中，2010 年的数据为 2010 年下半年调查数据。

② 全国流动人口卫生计生动态监测调查由国家卫生和计划生育委员会负责组织实施。调查以 31 个省（区、市）全员流动人口年报数据为基本抽样框，采取分层、多阶段与规模成比例的 PPS 方法进行抽样，样本量大、抽样方法科学、内容覆盖面广，涉及流动人口基本人口学特征、就业状况、收入情况、住房情况、社会保障状况等多个不同方面。调查的对象为"在流入地居住一个月以上，户口为非流入地区（县、市）的劳动年龄流动人口"。

③ 国家人口计生委 2010 年实施了两次全国流动人口动态监测调查，上半年、下半年各一次。自 2011 年起，国家人口计生委每年开展一次全国流动人口动态监测调查。

析,把握这一群体流动的主要特征,全面地掌握我国流动人口的基本情况。

一、流量及变化趋势[①]

改革开放以来,我国流动人口规模持续扩大。2010—2014 年 5 年间,全国流动人口数量分别为 2. 21 亿、2. 30 亿、2. 36 亿、2. 45 亿、2. 53 亿,呈现不断增长的趋势。但是,我国流动人口的增速从总体上来看,是逐渐放缓的。2011 年、2012 年流动人口增速分别比上年回落 0. 67、1. 46 个百分点。2013 年增速比 2012 年有所回升,达到 3. 81%,但 2014 年增速再次下降,增速比 2013 年回落 0. 54 个百分点。2015 年全国流动人口总量为 2. 47 亿,出现下降现象,较 2014 年下降 2. 37%。2016 年、2017 年全国流动人口总量分别为 2. 45 亿、2. 44 亿,分别比上年下降 0. 81%、0. 41%,表明近 3 年全国流动人口数量持续下降,但下降速度有所放缓。

二、流动人口流向及变化

(一)东部仍是流动人口的主要流入地。流入东部地区的流动人口,2014 年占 56. 21%。其次是流入西部地区者,占近 20%,流入东北地区的流动人口仅占 9. 46%。近年来流入东部地区的流动人口占比开始呈现下降趋势,但一直占到一半以上;流入中部地区和东北地区的流动人口总体趋势下降,而流入西部地区的流动人口呈上升趋势,已经超过中部地区和东北地区,并且占到五分之一左右。

从纵向变动趋势来看,流入东部地区的流动人口在 2012 年占较高比例,接近 60%。2013 年、2014 年流入东部地区的流动人口占比开始

---

① 流动人口流量及变化趋势分析,依据的是国家统计局公布的年度流动人口数据。

呈现下降趋势(见表 11-1)。

表 11-1　2010—2014 年我国流动人口的流向分布　　　(%)

地区＼年份	2010	2011	2012	2013	2014
东部	55.10	56.25	59.78	57.70	56.21
中部	16.79	15.63	12.59	14.41	14.43
西部	16.30	20.31	20.07	20.58	19.90
东北	11.81	7.81	7.56	7.31	9.46

(二)流入长三角、珠三角的流动人口占比超过 50%。长三角、珠三角城市群作为我国经济最具活力、开放程度最高、创新能力最强的城市群,吸引了大量的流动人口,2014 年两大城市群的流入人口占比分别为 29.0%、25.76%,两者之和超过 50%。

(三)流动人口主要流向大城市尤其是向超大、特大城市快速集聚。2017 年前 50 名流动人口较多的城市流动人口总量达到 1.5 亿,占全国流动人口总量的 60%以上。

三、流动人口结构及变化

(一)性别结构:男性流动人口占比高于女性流动人口,且呈现不断增长的趋势。2014 年男性流动人口占 59%,女性流动人口占 41%。流动人口中男女比例为 3:2。从纵向变动趋势来看,2010—2014 年,男性流动人口占比不断提高,女性流动人口占比则在波动中下降,两者之间占比的差距有进一步拉大的趋势。进一步从户籍类型来看,无论是城城流动人口还是乡城流动人口均呈现与总体相同的特点(见表11-2)。

表11-2　2010—2014年我国流动人口的性别结构　　　　（％）

年份	户籍	女	男
2010	总体	49.46	50.54
	城城	43.42	56.58
	乡城	42.28	57.72
2011	总体	46.84	53.16
	城城	46.53	53.47
	乡城	46.90	53.10
2012	总体	46.91	53.09
	城城	46.53	53.47
	乡城	46.90	53.10
2013	总体	46.20	53.80
	城城	48.00	52.00
	乡城	45.88	54.12
2014	总体	41.45	58.55
	城城	41.87	58.13
	乡城	41.37	58.63

（二）年龄结构:新生代流动人口成为主体。2014年,1980年前出生的流动人口占新生代流动人口的44.97%,1980—1989年间出生的流动人口占42.77%,1990年后出生的流动人口占12.26%,1980年后出生的流动人口比1980年前出生的流动人口高出10个百分点。从代际的变动趋势来看,1980年前出生的流动人口所占比例呈现直线下降的趋势,从2010年的61.19%下降至2014年的44.97%;1980—1989年间出生的流动人口则从2010年的32.58%上升至2014年的42.77%。1990年后出生的流动人口尽管所占比例较低,但随着这部分人群逐步步入劳动力市场,1990年后流动人口占比将不断上升,1990年后出生的流动人口占比亦从2010年的6.22%上升至2014年的12.26%。

总体来看,1980年前出生的流动人口随着年龄的增大,开始逐步退出劳动力市场,1980—1989 年间出生的流动人口成为流动人口的主力军。1990 年后出生的人群越来越多地加入流动大军。从户籍来看,不同年份,无论是城城流动人口还是乡城流动人口,均呈现与总体相同的特点。2010—2014 年,1990 年后出生的城城流动人口与乡城流动人口的占比呈现逐渐拉大的趋势(见表 11-3)。

表 11-3　2010—2014 年我国流动人口的年龄结构　　　(%)

年份	户籍	1980 年前	1980—1989 年间	1990 年后
2010	总体	59.31	33.75	6.94
	城城	58.22	37.10	4.68
	乡城	59.49	33.21	7.30
2011	总体	55.18	35.44	9.39
	城城	55.29	38.61	6.09
	乡城	55.16	34.87	9.97
2012	总体	52.06	36.47	11.46
	城城	51.40	41.36	7.24
	乡城	52.19	35.56	12.25
2013	总体	49.39	39.96	10.66
	城城	48.02	45.65	6.33
	乡城	49.63	38.95	11.42
2014	总体	44.97	42.77	12.26
	城城	43.78	48.50	7.72
	乡城	45.19	41.70	13.12

(三)婚育结构:在婚(初婚、再婚)人群占到 70% 以上。从婚姻状况来看,2014 年流动人口在婚人群占 76% 以上,未婚人群占 22%。也有小部分流动人口处于离婚/丧偶状态,这一人群的比例占到 2.29%。从 2010—2014 年的变动情况来看,不同婚姻状况的流动人口所占比例变化不大。进一步分户籍来看,在所有年份中,城城流动人口中未婚、

离婚/丧偶的比例明显高于乡城流动人口(见表11-4)。

表11-4 2010—2014年我国流动人口的婚育结构 (%)

年份	户籍	未婚	在婚	离婚/丧偶
2010	总体	19.45	79.03	1.52
	城城	24.15	72.78	3.07
	乡城	18.69	80.04	1.27
2011	总体	20.95	77.49	1.56
	城城	24.22	72.94	2.84
	乡城	20.36	78.30	1.34
2012	总体	21.84	76.20	1.96
	城城	25.06	71.58	3.37
	乡城	21.24	77.06	1.69
2013	总体	21.50	76.43	2.07
	城城	24.78	71.54	3.67
	乡城	20.92	77.29	1.79
2014	总体	21.60	76.11	2.29
	城城	23.29	73.02	3.69
	乡城	21.28	76.69	2.03

(四)民族结构:少数民族流动人口呈现缓慢增长的趋势。少数民族流动人口所占比例较低,但是,呈现缓慢增长的趋势。从2010年的6.61%,上升至2014年的7.33%。随着人口持续而大规模的流动,少数民族流动人口也逐渐增多(见表11-5)。

表11-5 2010—2014年我国流动人口的民族结构 (%)

年份	户籍	少数民族	汉族
2010	总体	6.61	93.39
	城城	6.32	93.68
	乡城	6.66	93.34

年份	户籍	少数民族	汉族
2011	总体	6.94	93.06
	城城	6.20	93.80
	乡城	7.08	92.92
2012	总体	7.14	92.86
	城城	6.04	93.96
	乡城	7.35	92.65
2013	总体	7.16	92.84
	城城	5.62	94.38
	乡城	7.44	92.56
2014	总体	7.33	92.67
	城城	6.07	93.93
	乡城	7.56	92.44

（五）文化结构：流动人口的受教育程度不断提升。从受教育程度来看，2014 年初中学历流动人口占到流动人口总人数半数以上。高中文化程度占 20.55%，小学及未上过学者占 13.89%。高学历流动人口比例相对较低，占 12.86%。从纵向变动趋势来看，流动人口的受教育程度呈现不断提升的趋势。小学及以下、初中学历流动人口的占比呈现不断下降的趋势，分别从 2010 年的 16.59%、56.91% 下降至 2014 年的 13.89%、52.70%。相应地，高中学历、大专及以上学历流动人口的占比逐年增大，分别从 2010 年的 14.87%、11.63% 上升至 2014 年的 20.55%、12.86%。进一步分户籍来看，城城流动人口中，大专及以上流动人口占比较高，2010—2014 年，城城流动人口中大专及以上学历者分别占 39.29%、31.23%、36.00%、36.94%、41.93%。乡城流动人口中，初中学历者占比较大，2010—2014 年，乡城流动人口中初中学历的流动人口分别占 60.84%、59.23%、58.13%、58.76%、57.51%（见表

11-6)。

表 11-6　2010—2014 年我国流动人口的文化结构　　　（%）

年份	户籍	小学及以下	初中	高中	大专及以上
2010	总体	16.59	56.91	14.87	11.63
	城城	4.76	32.60	23.34	39.29
	乡城	18.50	60.84	13.51	7.16
2011	总体	16.50	55.02	20.65	7.84
	城城	4.52	31.45	32.80	31.23
	乡城	18.64	59.23	18.47	3.65
2012	总体	16.07	53.39	21.26	9.28
	城城	4.21	27.94	31.86	36.00
	乡城	18.28	58.13	19.28	4.30
2013	总体	14.92	54.12	21.25	9.71
	城城	4.06	27.86	31.14	36.94
	乡城	16.84	58.76	19.5	4.89
2014	总体	13.89	52.70	20.55	12.86
	城城	3.88	27.18	27.01	41.93
	乡城	15.78	57.51	19.33	7.38

（六）组成结构:乡城流动人口是流动人口的主体。2014 年城城流动人口约占 16%,乡城流动人口约占 84%。从历年的变动趋势来看,2010—2014 年乡城流动人口占比均在 85%左右。换言之,乡城流动人口占八成以上,是流动人口的主体。20 世纪 80 年代初,农民非农化的主要途径是进入乡镇企业,即"离土不离乡",随着 1984 年国务院《关于农民进入集镇落户问题的通知》的出台,国家在一定程度上放松了对农村人口进入中小城镇的控制,随之,农民除就地非农转移外,开始离开本乡,到外地农村或城市寻求就业机会,特征是"离土又离乡"。此后,随着我国户籍制度的"社会屏蔽"逐步弱化,加上全国范围内的工业化、

城镇化、信息化和市场化成为引领时代的潮流,大规模的剩余劳动力在农村的"推力"和城市的"拉力"作用下发生了由农村到城市的"向心式"流动,使乡城流动人口成为流动人口的主力军(见表11-7)。

表11-7 2010—2014年我国流动人口的组成结构 （%）

	2010	2011	2012	2013	2014
城城	13.9	15.16	15.71	15.03	15.86
乡城	86.1	84.84	84.29	84.97	84.14

四、流动的主要特征

（一）流动人口的流动范围仍以跨省为主。2014年跨省流动人口、省内跨市流动人口、市内跨县流动人口所占比例分别为50.96%、30.33%、18.71%。跨省流动仍是流动人口的主流,占到半数以上。从纵向变动趋势来看,跨省流动虽呈下降趋势,省内流动人口所占的比例在缓慢提升,但跨省流动人口仍然占半数以上。

进一步分户籍来看,2010—2014年,城城流动人口省内跨市、市内跨县流动的比例高于乡城流动人口。而乡城流动人口中跨省流动的比例比城城流动人口中跨省流动者高出5个百分点左右(见表11-8)。

表11-8 2010—2014年我国流动人口的流动范围 （%）

年份	户籍	跨省流动	省内跨市	市内跨县
2010	总体	46.15	36.08	17.77
	城城	41.18	37.99	20.83
	乡城	46.95	35.77	17.28
2011	总体	50.65	31.22	18.13
	城城	46.86	32.98	20.16
	乡城	51.33	30.90	17.77

续表

年份	户籍	跨省流动	省内跨市	市内跨县
2012	总体	56.46	27.91	15.64
	城城	55.77	27.23	17.01
	乡城	56.59	28.03	15.38
2013	总体	51.40	29.26	19.34
	城城	46.95	30.32	22.72
	乡城	52.19	29.07	18.74
2014	总体	50.96	30.33	18.71
	城城	48.01	31.49	20.50
	乡城	51.52	30.11	18.37

（二）务工经商是流动人口外出流动的主要原因。经济驱动是流动人口流动的重要原因，2013—2014 年，以务工经商而流动者占近 90%。进一步分户籍来看，乡城流动人口因务工经商而流动的比例高于城城流动人口（见表 11-9）。

表 11-9　2013—2014 年我国流动人口的流动原因　　（%）

年份	户籍	务工经商	其他
2013	总体	88.32	11.68
	城城	85.45	14.55
	乡城	88.83	11.17
2014	总体	88.13	11.87
	城城	86.79	13.21
	乡城	88.38	11.62

（三）流动性仍然较强，在流入地城市居住时间以 2 年至 5 年为主。流动人口中以流动时间 2 年至 5 年者为主，占 40%左右；其次是 1

年及以下,占 30%左右;6 年至 9 年及 10 年以上占比均在 15%左右。分户籍来看,表现出与总体相似的模式(见表 11-10)。

表 11-10　2010—2014 年我国流动人口的流动时间　　　　(%)

年份	户籍	1 年及以下	2 年至 5 年	6 年至 9 年	10 年及以上
2010	总体	37.59	35.20	13.13	14.08
	城城	36.44	37.58	13.06	12.92
	乡城	37.78	34.82	13.14	14.26
2011	总体	32.43	36.61	14.88	16.08
	城城	29.37	38.79	15.66	16.18
	乡城	32.98	36.22	14.74	16.06
2012	总体	30.52	40.76	14.93	13.79
	城城	27.73	42.86	16.12	13.29
	乡城	31.04	40.36	14.71	13.89
2013	总体	29.19	41.6	15.12	14.09
	城城	26.04	43.89	16.79	13.28
	乡城	29.75	41.19	14.83	14.23
2014	总体	29.89	40.74	15.24	14.12
	城城	26.04	43.89	16.79	13.28
	乡城	29.75	41.19	14.83	14.23

(四)流动人口家庭化趋势明显。2014 年有 23.2%的流动人口是个体式迁移,有 76.8%的是家庭式迁移,其中带一个家人的家庭式迁移占比为 26%,带两个家人的家庭式迁移占比为 29%,带三个家人的家庭式迁移占比为 17%,带四个及其以上的占比相对较少,合计只有 5%(见图 11-1)。流动人口携带两个家庭成员者较多,即三人家庭为主。流动人口家庭的平均家庭规模为 3.02。

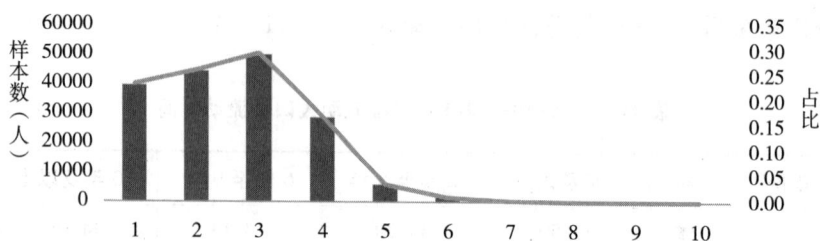

图 11-1　流动人口及其家人数量分布

第二节　流动人口的就业与收入

进城就业与获取劳动收入,是流动人口之所以流动的根本经济原因,也是影响流动人口社会融合的重点领域之一。

一、流动人口就业

(一)流动人口的就业比例在 85% 左右,呈现逐年上升的趋势。2014 年流动人口的就业比例达到 88%。从纵向变动趋势来看,2010—2014 年流动人口的就业比例呈现逐年上升的趋势。2010—2014 年流动人口处于就业状况的比例分别为 82.81%、83.79%、84.12%、87.42%、87.79%。分户籍来看,城城流动人口与乡城流动人口在就业比例方面差距较小(见表 11-11)。

表 11-11　2010—2014 年我国流动人口的就业比例　　　(%)

年份	户籍	就业	未就业
2010	总体	82.81	17.19
	城城	82.82	17.18
	乡城	82.80	17.20

年份	户籍	就业	未就业
2011	总体	83.79	16.21
	城城	83.13	16.87
	乡城	83.91	16.09
2012	总体	84.12	15.88
	城城	84.68	15.32
	乡城	84.02	15.98
2013	总体	87.42	12.58
	城城	86.71	13.29
	乡城	87.55	12.45
2014	总体	87.79	12.21
	城城	87.87	12.13
	乡城	87.77	12.23

（二）流动人口就业的职业层次较低，从事社会生产和生活服务业者占近六成。2014 年流动人口中社会生产和生活服务人员占 59.36%，每 100 个流动人口就有近 60 个人从事社会生产和生活服务。其次是生产制造及有关人员，占 25.11%。而职业层次较高的干部及专业技术人员仅占 9.08%。从纵向变动趋势来看，从 2010—2014 年，社会生产和生活服务人员所占的比例逐年提高。从 2010 年的 52.34%上升到 2011 年的 53.06%，2013 年占比高达 59.61%，2014 年占比较 2013 年略有下降，但仍占 59.36%。2010—2014 年从事生产制造及有关的人员占 25%左右，2012 年相对较高，达到 27.12%。从事农林牧渔业生产及辅助工作的流动人口所占比例较低，2010—2014 年均在 2%或 3%浮动。进一步分户籍来看，城城流动人口的职业层次明显高于乡城流动人口（见表 11-12）。

表 11-12 2010—2014 年我国流动人口的职业结构

年份	户籍	干部及专业技术人员	社会生产和生活服务人员	农林牧渔业生产及辅助人员	生产制造及有关人员	无固定职业及其他
2010	总体	13.23	52.34	2.03	24.53	7.87
	城城	26.06	55.20	0.92	13.27	4.55
	乡城	11.16	51.88	2.21	26.35	8.41
2011	总体	11.94	53.06	2.72	26.05	6.24
	城城	28.27	48.78	1.29	16.07	5.58
	乡城	9.04	53.82	2.97	27.81	6.36
2012	总体	8.96	56.68	3.29	27.12	3.96
	城城	24.19	54.23	1.21	16.72	3.65
	乡城	6.09	57.14	3.68	29.07	4.02
2013	总体	7.54	59.61	2.71	26.03	4.11
	城城	20.24	58.20	1.30	16.78	3.48
	乡城	5.31	59.86	2.96	27.65	4.22
2014	总体	9.08	59.36	3.27	25.11	3.18
	城城	23.80	56.43	1.27	16.03	2.47
	乡城	6.30	59.91	3.65	26.82	3.31

(三)流动人口多集中在批发零售、住宿餐饮业、制造业、建筑业、社会服务业等行业。2014 年流动人口所在行业排名前五的分别是批发零售(21.20%)、制造业(18.02%)、社会服务业(16.57%)、住宿餐饮业(15.04%)、建筑业(8.80%)。从纵向变动趋势来看,2010—2014年,批发零售、住宿餐饮业、制造业、建筑业、社会服务业均位居前五位行列。进一步从户籍性质来看,乡城流动人口在批发零售、住宿餐饮业、制造业、建筑业中从业者的比例明显高于城城流动人口。而城城流动人口在科教文卫、技术服务、党政机关和社会团体等行业中任职的比

例高于乡城流动人口(见表 11-13)。

表 11-13　2010—2014 年我国流动人口的行业结构

		制造业	采掘	农林牧渔	建筑	电煤水生产供应	批发零售	住宿餐饮	社会服务	金融/保险/房地产	交通运输/仓储通信	卫生/体育和社会福利	教育/文化及广播电影电视	科研和技术服务	党政机关和社会团体	其他
2010	总体	20.75	1.29	1.98	8.34	0.59	24.68	14.08	11.51	1.01	4.37	0.97	0.86	0.95	0.24	8.38
	城城	14.86	1.10	0.88	5.94	1.14	25.38	12.78	12.41	3.35	5.00	2.47	3.08	2.89	1.06	7.66
	乡城	21.70	1.32	2.16	8.72	0.50	24.57	14.29	11.37	0.64	4.27	0.73	0.50	0.63	0.11	8.50
2011	总体	20.62	1.31	2.85	10.32	0.59	23.37	12.57	11.25	1.13	4.45	0.93	0.96	1.06	0.33	8.26
	城城	15.97	1.67	1.65	7.95	1.15	22.10	11.03	11.37	3.43	5.16	2.23	3.33	3.25	1.35	8.35
	乡城	21.44	1.25	3.07	10.74	0.49	23.59	12.84	11.23	0.72	4.33	0.70	0.54	0.67	0.14	8.24
2012	总体	20.61	1.15	3.45	9.46	0.70	22.53	13.13	10.50	1.31	4.35	1.03	1.16	1.29	0.40	8.92
	城城	16.32	1.68	1.55	6.95	1.55	21.00	10.96	10.35	3.84	4.82	2.60	3.84	3.88	1.56	9.10
	乡城	21.41	1.06	3.81	9.94	0.54	22.82	13.54	10.52	0.83	4.26	0.74	0.66	0.81	0.18	8.89
2013	总体	20.00	1.07	3.00	8.81	0.71	22.92	14.31	11.84	1.18	3.79	1.11	1.15	1.24	0.43	8.45
	城城	15.13	2.05	1.49	6.77	1.43	21.96	11.55	13.41	3.31	4.27	2.49	3.64	3.59	1.43	7.46
	乡城	20.85	0.90	3.26	9.17	0.58	23.09	14.80	11.56	0.81	3.70	0.87	0.71	0.82	0.25	8.62
2014	总体	18.02	1.17	4.04	8.80	0.72	21.20	15.04	16.57	2.76	6.71	1.52	1.96	0.80	0.68	0.01
	城城	12.91	1.97	2.09	6.48	1.56	19.65	12.80	13.83	5.77	11.19	3.11	4.31	2.24	2.04	0.03
	乡城	18.99	1.01	4.40	9.23	0.56	21.50	15.47	17.09	2.19	5.86	1.22	1.52	0.53	0.42	0.01

　　(四)流动人口多在个体及私营企业工作。2014 年流动人口中,在个体及私营企业中工作者占比高达 65%。在国有企事业单位、外资及合资企业工作者占比均较低,分别为 7.70%、3.85%。

　　从纵向变动趋势来看,流动人口在个体及私营企业单位任职的比例呈现波动中增长的趋势。2010—2014 年在个体及私营企业单位任职的流动人口分别占 78.22%、63.15%、58.96%、64.84%、65.17%。即使在所占比例最低的 2012 年,也接近 60%。进一步分户籍类型来看,城城流动人口在国有及企事业单位、外资及合资企业任职者明显高于乡城流动人口（见表11-14）。

表11-14　2010—2014年流动人口所在单位性质　　　　　　（%）

年份	户籍	国有及企事业单位	个体及私营企业	外资及合资企业	无单位及其他
2010	总体	6.94	78.22	4.94	9.90
	城城	14.99	73.42	5.38	6.21
	乡城	5.64	79.00	4.87	10.49
2011	总体	7.05	63.15	4.73	25.07
	城城	14.61	58.92	5.30	21.17
	乡城	5.70	63.91	4.63	25.76
2012	总体	7.72	58.96	4.76	28.57
	城城	15.56	55.47	6.59	22.38
	乡城	6.26	59.61	4.42	29.72
2013	总体	7.25	64.84	4.06	23.86
	城城	15.31	60.37	4.93	19.39
	乡城	5.82	65.63	3.90	24.65
2014	总体	7.70	65.17	3.85	23.28
	城城	16.20	61.38	5.14	17.28
	乡城	6.10	65.88	3.61	24.41

（五）受雇就业流动人口占近六成。2014年就业身份为雇员的流动人口占近58%；其次为自营劳动者，占比在31%以上；自身为雇主者约占9%。流动人口中，就业身份为雇员的比例最高，历年均超过50%。2010—2014年就业身份为雇员的流动人口所占比例分别为57.68%、54.72%、58.46%、57.31%、57.77%。2010—2014年就业身份为自营劳动者的流动人口比例在30%左右，2010年、2011年达到36.15%、35.87%；2012—2014年分别为29.76%、30.92%、31.36%。进一步分城乡来看，城城流动人口就业身份为雇员者明显高于乡城流动

人口。乡城流动人口中自营劳动者的比例则明显高于城城流动人口（见表 11-15）。

表 11-15　2010—2014 年我国流动人口的就业身份

年份	户籍	雇员	家庭帮工	自营劳动者	雇主
2010	总体	57.68	4.18	36.15	1.99
	城城	63.87	1.72	28.78	5.62
	乡城	56.68	2.03	37.34	3.95
2011	总体	54.72	7.53	35.87	1.89
	城城	62.45	9.24	26.90	1.40
	乡城	53.35	7.22	37.45	1.98
2012	总体	58.46	10.62	29.76	1.16
	城城	67.16	11.69	20.35	0.81
	乡城	56.83	10.42	31.53	1.22
2013	总体	57.31	8.78	30.92	3.00
	城城	63.66	10.06	24.35	1.92
	乡城	56.19	8.56	32.07	3.18
2014	总体	57.77	8.99	31.36	1.88
	城城	65.30	9.98	21.50	3.22
	乡城	56.35	8.81	33.22	1.62

二、流动人口的收入

（一）流动人口的收入水平不断提高。2014 年流动人口的收入水平达到 3748 元。2010—2014 年,流动人口的收入水平总体呈现不断增长的趋势,流动人口的平均收入水平分别为 2727 元、2361 元、3150元、3212 元、3748 元,除 2011 年收入水平较 2010 年略有下降外,其他年份均呈现逐年增长的趋势,这表明,流动人口的经济基础不断改善。进一步从分户籍来看,2010—2014 年城城流动人口的收入均明显高于乡城流动人口，主要是城城流动在城市资源享有、人力资本水平方面高于乡城流动人口，因此，在劳动力市场中的议价能力更强，任职的职业层次、职业声望相对较高，收入水平亦较高（见表11-16）。

表11-16 2010—2014年流动人口月平均收入水平 （元）

年　份	户　籍	月平均收入
2010	总体	2727.38
	城城	3105.56
	乡城	2666.03
2011	总体	2361.01
	城城	2906.72
	乡城	2247.73
2012	总体	3149.58
	城城	3822.32
	乡城	3022.65
2013	总体	3211.75
	城城	3660.21
	乡城	3129.75
2014	总体	3747.72
	城城	4490.64
	乡城	3607.45

（二）流动人口的收入水平随着流动范围的增大、居留时间的延长而不断提高。从流动特征来看，2014年跨省、省内跨市、市内跨县流动者的收入依次递减。跨省流动者的收入最高（4067.28元），次为省内跨市者（3469.90元），市内跨县流动人口的收入最低（3294.13元）。从居留时间来看，流动人口的收入水平呈现随着居留时间的延长而不断提高的趋势。跨省流动者的收入最高，一方面与其流入地区有一定的关系，跨省流动者一般都是从经济不太发达地区流向经济发达地区。

另一方面,跨省流动者具有一定的选择性,相比而言,跨省流动者的人力资本水平高于省内跨市、市内跨县流动者。而从居留时间来看,随着居留时间的延长,流动者的工作经验不断丰富,社会交往及社会网络不断扩展,流动者的人力资本和社会资本水平的增长,有利于其稳定的、较高层次的就业,进而,有利于促进其收入水平的提高(见表11-17)。

表 11-17　2014 年分流动范围、居留时间的流动人口月平均收入水平(元)

	跨省流动	4067.28
流动范围	省内跨市	3469.90
	市内跨县	3294.13
	1 年及以下	3573.46
居留时间	2—5 年	3761.42
	6—9 年	3913.81
	10 年及以上	3909.52

第三节　流动人口的住房与社会保障

有稳定的居所和社会保障,是流动人口在城市能够安居乐业的重要保障,也是影响流动人口社会融合的重点领域之一。

一、流动人口住房

(一)租住私房是流动人口的主要住房来源。2010—2014 年的数据分析结果显示,租住私房是流动人口的最主要住房来源,历年均占六成以上。2010 年流动人口租住私房的比例稍高,占将近 70%。流动人口中已购商品房的比例较低,在 10% 左右。2010—2014 年,流动人口中已购商品房的比例分别为 8.34%、13.36%、12.34%、11.05%、13.60%。虽然大多数城市已将流动人口纳入保障性住房的保障对象,但是，流动人口真正享受到政策实惠的比例较低。流动人口住在政府提供的廉租房、公租房的比例在 0.3% 左右。流动人口已购政策性保障房的比例在 2014 年仅为 0.64%（见表 11-18）。

表 11-18　2010—2014 年流动人口的住房来源① 　　　　　（%）

	2010	2011	2012	2013	2014
租住单位/雇主房	8.32	5.34	5.91	7.15	5.14
租住私房	69.04	63.38	63.15	64.77	64.02
政府提供廉租房	0.17	0.2	0.3	0.14	0.14
政府提供公租房	—	—	—	0.24	0.26
单位/雇主提供免费住房（不包括就业场所）	10.16	11.76	9.99	8.67	9.42
已购政策性保障房	0.32	—	—	0.46	0.64
已购商品房	8.34	13.36	12.34	11.05	13.60
借住房	—	1.87	1.87	1.47	1.12
就业场所	—	3.71	3.9	2.73	2.21
自建房	—	—	1.87	2.83	2.97
其他非正规居所	—	0.38	0.68	0.48	0.49
其他	3.66	—	—	—	—

（二）城城流动人口已购商品房的比例远高于乡城流动人口。2014 年城城流动人口已购商品房的比例占城城流动人口的 27.13%、乡城流动人口已购商品房的比例占乡城流动人口的 11.05%，两者之间相差约 16 个百分点。而乡城流动人口租住私房的比例则比城城流动人口高出近 15 个百分点。住房是流动人口定居、融入城市的基础和保障。城城流动人口已购商品房的比例高于乡城流动人口、城城流动人口的收入水平亦高于乡城流动人口。由此，城城流动人口在立足于城市的经济基础、经济支撑方面优于乡城流动人口（见表 11-19）。

① 2011 年已购商品房数据为已购商品房与自建房的综合数据。

表 11-19 2014 年分户籍流动人口的住房来源 （%）

住房来源	城城流动人口	乡城流动人口
租住单位/雇主房	5.31	5.11
租住私房	51.75	66.33
政府提供廉租房	0.13	0.14
政府提供公租房	0.47	0.22
单位/雇主提供免费住房（不包括就业场所）	8.98	9.5
已购政策性保障房	1.04	0.56
已购商品房	27.13	11.05
借住房	1.88	0.98
就业场所	1.65	2.32
自建房	1.41	3.26
其他非正规居所	0.26	0.53

二、流动人口的社会保障状况

（一）流动人口的社会保障水平不高。总体来看，流动人口的参保水平不高。从各类社会保险的参保情况来看，流动人口参加工伤保险的比例相对较高。2010—2014 年，流动人口参加工伤保险的比例均在 30% 以上。流动人口参加养老保险、医疗保险的比例也相对较高。紧随其后的是失业保险的参加情况。2010—2014 年流动人口参加失业保险的比例呈现逐渐上升的趋势。流动人口参加生育保险、住房公积金的比例均较低，尤其是住房公积金。2010—2014 年流动人口参加住房公积金的比例呈现不断上升的趋势，从 2010 年的 2.09%、上升到 2011 年的 8.25%、2013 年的 9.91%、2014 年的 12.79%（见表 11-20）。

表11-20　2010—2014年流动人口的社会保险状况①　　　　（%）

社会保险　　　年份	2010	2011	2012	2013	2014
养老保险	27.16	27.11	—	26.48	29.71
医疗保险	34.84	30.72	31.42	25.36	28.36
工伤保险	33.52	32.66	—	32.81	30.84
失业保险	15.52	17.73	—	21.75	24.13
生育保险	10.18	12.53	—	7.9	17.36
住房公积金	2.09	8.25	—	9.91	12.79

（二）城城流动人口的社会保障状况优于乡城流动人口。2014年城城流动人口无论是参加养老保险、医疗保险还是工伤保险、失业保险、生育保险、住房公积金的比例均明显高于乡城流动人口。这是因为,城城流动人口的人力资本水平相对较高、职业的稳定性更强、职业层次更高,在国有企事业单位、外资及合资企业任职者较多,这些企业更为规范,社会保险的参保状况更高。乡城流动人口则大多任职于个体及私营企业,这些企业缺乏监管,企业出于自身利益考虑,在流动人口的社会保险的参与方面采取不交或者少交的态度。同时,流动人口在流出地有新农合、新农保等保障,这也在一定程度上影响到他们在流入地的参保水平(见表11-21)。

表11-21　2014年分户籍流动人口的社会保险状况　　　　（%）

户籍	养老保险	医疗保险	工伤保险	失业保险	生育保险	住房公积金
城城	58.44	56.73	49.28	49.51	35.77	34.30
乡城	23.42	22.15	26.80	18.58	13.34	8.08

---

①　2010—2011年养老保险、医疗保险未明确区分城镇职工、城镇居民;2012—2014年,养老保险、医疗保险均指城镇职工养老保险、城镇职工医疗保险。

第十二章 流动人口社会融合相关概念界定、研究综述与指数构建

本章在界定流动人口社会融合概念、在对国内外流动人口社会融合研究综述的基础上,构建流动人口社会融合指标体系和指数,为后面的研究提供理论指导。

第一节 流动人口社会融合相关概念的界定

本节在界定流动人口和社会融合概念的基础上,对流动人口社会融合的概念进行界定。

一、流动人口的概念

我国特有的户籍管理制度使得在中国人口大迁徙过程中形成了两类人群:一类是伴有户籍变更的人口迁移,在统计上称为"迁移人口",在户籍人口统计上通常称为"机械增加人口",这一类迁移人口类似于人口学中的"移民";另一类是没有户籍变更的异地转移人口,目前统计上称为"流动人口"。一般来说,流动人口特指那些临时性的人口移动,而在目前情况下,通常使用的"流动人口"概念包括了所有没有办理户口迁移手续的人口移动,无论这种移动是短暂的或长期的。

流动人口的概念涉及时间、空间两个方面，时间指的是离开流出地的时间或进入流入地居留时间，空间指的是流动跨越的行政区域。因此，"流动人口"可以界定为："在一定时间内不改变户口登记地和户籍身份而跨越一定地区的人口。"依据《中华人民共和国2017年国民经济和社会发展统计公报》的界定，流动人口是指人户分离人口中扣除市辖区内人户分离的人口。人户分离的人口是指居住地与户口登记地所在的乡镇街道不一致且离开户口登记地半年及以上的人口。市辖区内人户分离的人口是指一个直辖市或地级市所辖区内和区与区之间，居住地和户口登记地不在同一乡镇街道的人口。

二、社会融合的概念

融合一词很早就有学者使用，比如有学者认为在美国有两次融合的浪潮，现代时期的第一次融合浪潮是通过选举权的逐渐扩大来推动的，这是个几经反复却不可逆转的趋势，政治权利的普及几乎历经一个世纪；第二次融合浪潮源于内战导致的失业，这次浪潮不同于早期的融合冲突，是涉及劳动市场的。可见，最初使用融合时涉及的是政治领域的融合，第二次则是经济融合。大多数关于融合的研究文献表明，融合最初是用来对待特殊群体如移民群体、残疾群体、智障群体，等等。针对这些群体的融合的研究产生了社会融合研究。

大多社会融合研究者在界定社会融合的概念时有以下几点共识（见表12-1）：一是社会融合需要制度性的融合，也需要主观性的融合；二是社会融合既是手段，又是目的；三是社会融合是多维度的，包括经济融合、制度融合、心理融合、文化融合以及政治融合；四是社会融合是多层面的，常用的有全国性社会融合和城市性社会融合，也有如欧盟跨国家的区域社会融合，还有分为宏观层面、中观层面和微观层面来考察社会融合。

表 12-1 不同学者关于社会融合的概念界定

定义者	概　　　念
The Laidlaw Foundation	社会融合不是社会排斥的单纯反映,包括内涵过程和目标两个不同的方面,社会融合的目的在于所有人能够平等地参与到社会中去
Amartya Sen	社会融合是一个积极的过程,促进社会成员可以积极地、充满意义地、平等地参与并共享社会经历,确保社会成员获得基本社会福利
Saloojee	社会融合有强弱之分,前者与权利、公民权利以及种族社区与主流社会之间的重构关系密切,是利用结构的方法不断关注歧视及排斥的过程。后者则只是简单整合被社会排斥的人群
Cameron Crawford	社会融合包含社区和家庭两层意思,能平等参与社区的经济、社会以及政治文化活动;相互欣赏和尊敬的家庭、社区人际关系
Perry	社会融合是一个多维、动态和结构性的过程
Levitas	社会融合是一种意识形态或者乌托邦思想
Sen	社会融合有三个特征:积极参与和共享社会经验;机会平等;全体公民享有基本的社会福利

三、流动人口社会融合的概念

20 世纪 90 年代以来,伴随大量我国农业转移人口进入城镇务工经商,流动人口生存发展及其社会融合状况引起社会各界的高度关注,有不少学者开始从农民工的适应性视角,开展农民工的社会融合相关研究。田凯(1995)和朱力(2002)都从经济、社会、文化和心理层面分别对农民工的城市适应性做出分析。[1][2] 杨云彦(2003)提出要按照科学合理的要求,建立一套包含城市外来人口的人口迁移统计指标体系,

---

[1] 参见田凯:《关于农民工的城市适应性的调查分析与思考》,《社会科学研究》1995年第 5 期。

[2] 参见朱力:《论农民工阶层的城市适应》,《江海学刊》2002 年第 6 期。

制订相关解决方案,促进社会整合。^① 风笑天(2004)则从日常生活、家庭经济、生产劳动、邻里关系和社区认同五个维度来分析移民的社会适应。^② 近年来,社会融合成为国内学者关注的热点,越来越多的研究学者开始以全新的、社会融合的视角来研究流动人口的相关问题。与发达国家移民相比,我国流动人口与流入地城市居民的文化差异较小,但有着相似的推进流动人口社会融合工作任务。

综上所述,本书界定流动人口社会融合的概念为:流动人口在流入地城镇公平地享受政府提供的各项基本公共服务和社会福利,获得均等的生存和发展机会;流动人口与流入地城镇居民个体或群体之间通过交流、交往,达到相互渗透、相互交融的过程;流动人口全面参与流入地政治、经济、社会、文化生活,在实现流动人口经济立足、权益平等的基础上,能够被城市社会所接纳,有效履行政治参与的民主权利,最终实现流动人口对流入地城市的身份认同和文化交融。有以下三层含义。

第一,流动人口社会融合是一个渐进的过程,不仅包括主观性的融入,更需要制度性的变革。城乡分割的二元体制,制度化地造成"市民"与"农民"、"本地"与"外来"之间的区隔,客观上对流动人口的社会融合意愿造成了损害,同时分割的户籍制度及其背后的隐性福利政策,阻碍了流动人口的社会融合。首先要为已经从农村转移出来的劳动力提供融入城市社会的渠道和政策环境。^③ 流动人口在城市融合得好不好,除了制度性融合外,还要有流动人口的主观性融合。

---

① 参见杨云彦:《中国人口迁移的规模测算与强度分析》,《中国社会科学》2003年第6期。

② 参见风笑天:《"落地生根"?——三峡农村移民的社会适应》,《社会学研究》2004年第5期。

③ 参见杨云彦:《"人口窗口"转变期发展战略与新农村建设》,《学术月刊》2007年第6期。

　　第二,流动人口社会融合是多维度的,各维度之间具有递进性、互动性,主要包括经济立足、权益平等、社会接纳、政治参与、身份认同、文化交融六个维度。杨云彦、褚清华(2013)认为进城农民的社会融合涵盖经济、社会、文化、心理等多个不同方面,是一个复杂而系统的工程。[①] 王培安(2013)认为社会融合最终要实现的目标就是让流动人口在流入地实现经济、社会方面的立足与接纳,身份、文化方面的认同与交融。[②] 本书认为流动人口社会融合包括经济立足、权益平等、社会接纳、政治参与、身份认同、文化交融六个维度,各维度之间具有递进性、互动性。经济立足是流动人口社会融合的基础和前提,是流动人口在流入地安身立命之本。流动人口进城后能够稳定就业,具有适当的经济收入和消费水平,具有相对固定的住所,支撑他们在城市能够享有稳定的生活。这是流动人口社会融合的第一步。权益平等是流动人口在城镇实现经济立足的进一步要求,在劳动资源和就业机会的配置上要平等对待,不能搞"二元"分立,差别对待。要求保障流动人口享有与城镇居民平等的劳动权益,主要体现在流动人口享有平等的就业权利和同工同酬。社会接纳是流动人口社会融合的核心,所谓接纳就是制度上要开放,不能排斥;社会接纳既是流动人口在城市生活的正当需求,也体现了流入地政府和城镇居民对流动人口的包容度。流动人口作为中国的公民,应当享有自由进入城市的权利,并且享有在城市工作、生活的权利。城市政府和社会各界要以包容互爱的心态和行动,接纳外来流动人口成为城市新市民。政治参与是流动人口社会融合的关键,是社会接纳在社会事务管理和民主政治权利方面的拓展和延伸,要求保障流动人口在流入地城镇享有广泛的社会参与和民主政治的权

---

　　① 参见杨云彦、褚清华:《外出务工人员的职业流动、能力形成和社会融合》,《中国人口·资源与环境》2013 年第 1 期。

　　② 参见王培安:《让流动人口尽快融入城市社会》,《求是》2013 年第 7 期。

利，发挥着承前启后的枢纽作用。身份认同是流动人口社会融合的主观体现，反映的是流动人口个人和群体的心理问题，通过流动人口与城镇居民交流交往交融，实现流动人口与市民之间的相互认同，增强流动人口城市认同感和归属感。文化交融是流动人口社会融合的最佳状态，通过转变生活习俗、改变生活方式、城市行为和城市文化养成，乡村文化与城市文化的碰撞、相和，最后达到文化交融，形成当地社会新的文化。经济立足是流动人口在流入地社会融入的初始，经过社会交往与社区参与，实现身份认同，最后达到文化交融的境界。

第三，流动人口社会融合是多层面的。包括个体层面的微观融合、家庭层面的中观融合，以及社区乃至国家层面的宏观融合。社会融合需要政府、社会、企业以及公众等多方面的参与。

第二节 流动人口社会融合研究综述

本节从流动人口社会融合理论研究、测量研究以及个体、家庭和社区影响因素研究三个方面，对国内外流动人口社会融合研究进行综述。

一、流动人口社会融合理论研究综述

制度和政策视角是近年来研究社会融合问题的主要理论方向。特定的社会融合政策、制度建构是影响移民能否有效实现融入的决定性因素。移民的社会融入与流入地国家的各种制度安排紧密相关。起初的社会融合被限定于社会结构整合和文化整合领域。西方学者认为，移民融入主要是在制度与组织层面的社会参与度的增加，但社会环境与社会权力结构对人们生活机会的影响成为导致社会排斥的决定性因素，涉及劳动力市场机会、教育提供、收入、居住、政治权利、社会保障体系和其他的社会结构特征。而结构性融合是促进移民全面融入流入地社会的助推器,标志着社会融合过程的成熟。

多元文化主义融合理论认为,移民融合是移民与本地不同社会群体的文化和价值观相互适应,不以文化多样性的牺牲为代价,最终使得所有的社会参与者都享有平等的权利。区隔融合也可称为"碎片式"融合,即只是在某些方面融合到迁入地的主流社会中,而且融合的结果是多样化的,或融合于主流社会(或中产阶级),或融合于城市平民阶层,或经济地位向上流动但保留文化印记的选择性融合。社会接纳理论研究主要源于心理学的研究,它分为自我接纳、对他人的接纳和对他人接纳自我的感觉。主要强调人们不仅要接纳自我,也要接纳他人,突出接纳对被接纳群体或个体的重要性,通过接纳可以更有效地以适合自身价值和目标的方式去行动,同时也能通过接纳使社会交往和心理健康在互动中更具有积极作用。

二、流动人口社会融合测量研究综述

(一)国外移民融合测量。博卡德斯(Bogardus)在 1925 年就开始尝试社会融合的测量,其在《社会距离及其测量》一文中进一步扩展并延伸了帕克关于社会距离的定义,在此基础上,他设计了用于测度社会距离不同等级和程度的社会距离量变,即博卡德斯社会距离量变。[①]关于移民的融入类型化的研究,西方文献中比较有代表性的有:以帕克(Park)和米勒(Miller)为代表的"一维"模型[②]、以戈登(Gordon)为代表构建的包括结构和文化双重性的"二维"分析模型[③]、杨格—塔斯(J.

---

① 参见 Bogardus E. "Social distance and its origins. Journal of Applied Sociology", vol.9, no.2, 1925, pp216-226.

② 参见 Park R E, *Burgess E W. Introduction to the science of sociology*. Chicago: The University of Chicago Press, 1969.

③ 参见 Gordon M M. *Assimilation in American Life: The role of race, religion, and national origins*. New York: Oxford University Press, 1964.

Junger-Tas）等建构的涵盖结构性融入和社会—文化性融入以及政治—合法性融入（基于法律面前人人平等原则）为代表的"三维"分析框架，恩泽格尔（H.Entzinger）等人建立的包括经济社会融入、政治融入、文化融入以及主体社会、公民/居民对移民的社会排斥和社会接纳。① 在测量移民社会融合的问题上，Greenman & Xie 从文化融合入手，提出用在家里使用的语言和居住时间两个指标来测量文化适应，进而评测移民的社会融合状况。② 米尔顿·戈登（Gordon）对美国的移民融合问题进行了系统的研究，他在研究中提出，社会融合是描述与深入理解不同个体、不同族群以及不同代际人群融入流入地/主流社会的最有效、最佳的途径。他从结构融合、态度接受、行为适应、公共事务/服务融合、身份认同/认同性融合以及婚姻融合、文化融合等 7 个维度来考察和测量移民的社会融合。

2005 年，欧盟推出了关于欧盟移民融合的指标体系，这一指标体系包括劳动力市场融合、反歧视、促进家庭团聚、长期定居以及加入当地国籍等共 5 个方面/维度，包括 100 个指标。③ 欧盟每年发布社会指标体系监测政策所取得的进步，其中社会融合部分分为两级指标和背景指标。一级指标包括贫困风险率、持续的贫困风险率、相对贫困风险差、长期失业率、失业或半失业家庭人口、早期辍学人数、移民就业差、资料缺乏、住房、自评未满足的医疗需求、儿童福利、社会支付影响、在职贫困风险等 13 个指标；二级指标有基于家庭贫困的风险率等 14 个指标。背景指标包括收入五分比、基尼系数、地区差异、健康预期寿命、

---

① 参见梁波、王海英：《国外移民社会融入研究综述》，《甘肃行政学院学报》2010 年第2 期。

② 参见黄匡时、嘎日达：《"农民工城市融合度"评价指标体系研究——对欧盟社会融合指标和移民整合指数的借鉴》，《西部论坛》2010 年第 5 期。

③ 参见 Geddes, A., "Europe and immigrant inclusion: from rhetoric to action", The Sud-Deutsche Zeitung, 20 April 2005.

平均预期寿命等 13 个指标。

（二）国内流动人口社会融合测量。社会融合的内涵十分丰富，涵盖多个不同维度与层次。杨菊华（2009）认为社会融合是个体之间、群体之间、文化之间的互相适应的过程，是一个多维度、动态、互动以及渐进的概念，社会融合涵盖经济、文化、行为和身份认同 4 个不同的维度，这 4 个维度之间是一种递进的关系。[1] 有学者将流动人口的社会融合看作迁移/流动者在逐步接受和适应迁入/流入地文化，并以此构建迁移/流动者与迁入/流入地居民之间良性的交往和互动，互为"渗透、互惠、互补、交融"，最终形成互相认可和接纳的结果或状态。[2]

在国内，早在 20 世纪 90 年代，学者们就开始研究和关注流动人口社会融合的测量及指标体系。田凯（1995）从经济、社会、文化、心理 4 个层面考察了湖南岳阳市一家国有大型企业农民工的城市适应情况。[3] 王桂新、罗恩立（2007）从经济、政治、公共权益、社会关系 4 个方面考察农民工的社会融合状况。[4] 张文宏、雷开春（2008）从文化、心理、身份、经济 4 个维度，共 11 个测量指标，分析了新移民在上海的社会融合情况。[5] 任远、乔楠（2010）认为，流动人口的社会融合是动态的，包含多个不同方面，他们从身份认同、流动者对流入地的态度、流动者与本地居民的互动、个体自我感知以及社会态度等 4 个方面来考察

[1] 参见杨菊华：《从隔离、选择融入到融合：流动人口社会融入问题的理论思考》，《人口研究》2009 年第 1 期。

[2] 参见周皓：《流动人口社会融合的测量及理论思考》，《人口研究》2012 年第 3 期。

[3] 参见田凯：《关于农民工的城市适应性的调查分析与思考》，《社会科学研究》1995 年第 5 期。

[4] 参见王桂新、罗恩立：《上海市外来农民工社会融合现状调查研究》，《华东理工大学学报》（社会科学版）2007 年第 3 期。

[5] 参见张文宏、雷开春：《城市新移民社会融合的结构、现状与影响因素分析》，《社会学研究》2008 年第 5 期。

衡量流动人口的社会融合状况。① 黄匡时、嘎日达（2010）认为应从城市和个体两个层面来考察流动人口的社会融合。② 周皓（2012）则认为应从经济、文化、社会、结构以及身份认同5个维度来测量流动人口的社会融合。③

国内学者对农民工这一庞大的流动人口群体进行了大量的研究，相关研究表明，农民工在城镇工作及生活过程中受到制度、政治、经济社会、文化等诸多方面的排斥，处于被边缘化的境地。其中，制度排斥包括户籍制度及附属在户籍上的就业制度、教育制度、社会福利保障制度。农民工平时生活和工作中无法享受基本的社会福利，当他们在就业和生活中遭遇疾病、工伤以及失业风险时，社会保障体系也难以为他们提供相应的保护和援助；经济排斥则主要是指同工不同酬、就业上的行业限制，如：在工种分配方面受到歧视，从事低端的体力活，而且即使同一工种的工资待遇也与本地居民有很大的差距，就业中的本地人优先等；情感排斥则是指农民工受到来自城市居民、城市其他群体以及阶层的歧视，使得他们难以形成集体认同，始终游离在城市主流社会之外，不能从精神文化层面融入其中，成为名副其实的城市一员；空间排斥则是指居住方面的隔离，农民工群体聚集，农民工与城市穷人居住在一起，并不断集中化，从而形成贫民社区或者农民工社区，与富人社区、本地居民相隔离；文化排斥指的是农民工遭受排斥与歧视，形成的亚文化；社会排斥实际上指的是农民工的社会交往内卷化，社交局限在农民工群体（老乡、同事中的外地人等），与流入地当地居民缺乏交集或者

---

① 参见任远、乔楠：《城市流动人口社会融合的过程、测量及影响因素》，《人口研究》2010年第2期。

② 参见黄匡时、嘎日达：《"农民工城市融合度"评价指标体系研究——对欧盟社会融合指标和移民整合指数的借鉴》，《西部论坛》2010年第5期。

③ 参见周皓：《流动人口社会融合的测量及理论思考》，《人口研究》2012年第3期。

联系较少;政治排斥则指的是农民工群体被排斥在流入地政治组织之外,无法行使一个公民的基本权利,参与理应的基本社区选举以及其他政治活动。①② 以上的相关研究表明,农民工在城镇的社会融合应综合考虑多个方面因素,如从制度、经济、空间、社会关系、心理、文化等不同方面着手并衡量。

三、流动人口社会融合的个体、家庭和社区影响因素研究综述

（一）个体影响因素研究。杨云彦、褚清华(2013)研究发现,个体特征、家庭禀赋、流动特征对外出务工人员实现非农职业转换的能力形成影响显著,对其人力资本、社会资本和社会支持等职业上升的能力形成发挥着更加重要的影响③;进一步研究发现,教育之外其他因素对不同维度的社会融合存在明显的结构性影响差异。经过对农民工的就业稳定性与社会融合关系进行了分析,发现就业区域稳定性对农民工增强自身"城市人"的身份认同感和在务工城市长居意愿具有显著的促进作用。④ 经济因素对流动人口的社会融合显著,流动人口的留城定居意愿随着收入的提高而提升。⑤ 研究显示,人力资本越高,流动人口的就业岗位相对较好,收入也相应较高,有利于经济层面的融入。同时,人力资本较高者,在工作中有较多的机会接触流入地居民,从而加快融入的速度和程度。⑥ 此外,社会融合存在性别差异,女性在流入地

---

① 参见周奎君:《从农民工生存现状看社会排斥及后果》,《社会科学家》2006年第5期。

② 参见刘畅:《制度排斥与城市农民工的社会保障问题》,《社会福利》2003年第7期。

③ 参见杨云彦、褚清华:《外出务工人员的职业流动、能力形成和社会融合》,《中国人口·资源与环境》2013年第1期。

④ 参见石智雷、朱明宝:《农民工的就业稳定性与社会融合分析》,《中南财经政法大学学报》2014年第3期。

⑤ 参见王春兰、丁金宏:《流动人口城市融合意愿的影响因素分析》,《南方人口》2007年第1期。

⑥ 参见李培林、田丰:《中国农民工社会融入的代际比较》,《社会》2012年第5期。

面临更高的失业风险。①

（二）家庭影响因素。良好的家庭环境（高家庭亲密度、高家庭情感表达、低家庭冲突）有助于缓解歧视对新生代农民工心理健康的消极影响。② 相关研究显示，家庭规模越大，流动人口的个人健康状况越好。

对于家庭化过程中的流动人口家庭而言，首先迁入的流动人口虽有着强烈的融入意愿，但其大多从事着低薪且劳动强度极大的工作，其经济地位较低，与本地人交流有限，社会融合程度有限。尤其对于青年乡城流动人口而言，其对家乡感情淡薄，又有着强烈的融入愿望，但其面临着心理上的乡村社会排斥与事实上的城市社会排斥双重困境，也很难能融入城市社会。③ 而随迁过来的女性、儿童、老人，由于刚从农村进入城市，在生活习惯、文化习惯、心理认同方面具有诸多不适应，他们在流入地的生存发展得到保障之后，还将经过一段适应期。对他们来说，社会融合更是一个长期的过程。由于户籍制度的限制，我国专门针对流动人口家庭福利的保障体系尚不健全，从家庭发展的角度关注流动人口保障体系的研究成果较少，流动家庭服务体系尚未建立，经济基础不稳定。④ 相较于城镇居民家庭，流动人口家庭发展的经济基础不稳定，抵抗风险能力弱。⑤ 流动人口家庭成员的住房、卫生医保、教育、女性就业、养老等问题成为其家庭发展的"拦路虎"。

①　参见宋月萍：《社会融合中的性别差异：流动人口工作搜寻时间的实证分析》，《人口研究》2010 年第 11 期。

②　参见刘杨、陈舒洁、林丹华：《歧视与新生代农民工心理健康：家庭环境的调节作用》，《中国临床心理学杂志》2013 年第 5 期。

③　参见杨菊华：《社会排斥与青年乡—城流动人口经济融入的三重弱势》，《人口研究》2012 年第 5 期。

④　参见盛亦男：《中国流动人口家庭化迁居》，《人口研究》2013 年第 4 期。

⑤　参见吴帆、李建民：《家庭发展能力建设的政策路径分析》，《人口研究》2012 年第 4 期。

（三）社区影响因素。社区作为社会有机体的基本内容，是若干社会群体或社会组织聚集在某一个邻域里所形成的一个生活上相互关联的大集体，它既是一个物理结构，又是一个社会空间。作为一个物理结构，社区是指由政府监督的边界；作为一个社会空间，社区由在物理边界内生活和互动的个人组成，但不仅仅是这些个人的总和。[1]

毫无疑问，社区环境对人们的行为、生活产生重要且深远的影响。结合已有文献可以发现，社区环境是一个内涵十分丰富且复杂的概念，它包括物理环境（基础设施）、空间环境（居住分化或集中）、社会环境（邻里支持、种族/民族集中、信任与歧视、安全与危险等）。

对移民人口来说，一个显而易见的特点是同民族或种族聚居。西方文献对这一问题有三种基本的判断。一方面，同民族/种族移民聚居区为移民提供情感、住房、工作、信息、文化等各方面的支持，减少了新移民的融入成本，甚至当接受国/地存在移民歧视时，移民聚居区成为躲避歧视与不公平待遇的避难所；另一方面，移民聚居培养的是不全面的社会网络，提供的是不完整的信息，它阻碍移民人口与本地人口的交流、延缓移民人口的语言习得过程，不利于移民融入东道国社会。[2] 此外，移民聚居可能还存在拥挤外部性、负面同群效应等，这些都阻碍移民融合。[3] 也有一些学者认为移民聚居是一个中性概念，不必与移民人口的社会融合关联起来，移民聚居可能代表了移民和非移民之间的社会距离，尤其是种族界限。然而，移民住宅集中对融合的不利影响可能会被移民与其邻居以外的非移民的定期接触所抵消，例如在公共场

---

① 参见 Searson, L. J. D. Reciprocal integration：creating socially connected communities to improve the settlement and health of canada's immigrant populations, 2010, pp.1-47。

② 参见 Mesch, G. S. "Between spatial and social segregation among immigrants：the case of immigrants from the fsu in israel". International Migration Review, vol.36, no.3, 2012, pp.912-934。

③ 参见 Hatton, T. J., & Leigh, A. "Immigrants assimilate as communities, not just as individuals. Journal of Population Economics", vol.24, no.2, 2011, pp.389-419。

所、学校和工作场所的接触。

研究表明，移民在哪儿居住这个问题对融合的影响不容忽视。第一，社区特征影响居民的机遇，不管居民们社会经济地位的个体差异怎样；第二，社区为社会互动提供了一个重要的背景，例如混血种族社区提供了跨文化互动的潜力，可以冲破种族成见和偏见；第三，移民在贫困社区的集中可能对他们的融合造成严重后果，社会制度和社会凝聚力的崩溃在贫困社区中并不罕见，这种破坏，加上普遍缺乏教育和就业机会，可能会产生抑制社会融合的后果。一般而言，移民在初到迁入地时会选择租金低廉、低收入社区，这些社区充斥着更多的歧视、危险因素并且社会支持难以获得，这些会显著降低移民的社区归属感，不利于移民融入东道国社会。① 此外，也有学者指出靠近大城市的城镇居民比偏远城镇的居民能更好地融合，这主要是由于二者的经济成果不一样。②

邻里关系作为社区环境的一个重要方面，也对移民人口的社会融合产生着深远的影响。自从威尔逊考察美国城市中贫穷的非裔移民经历的贫困和不利以来，心理学家、社会学家和经济学家已经越来越重视社区邻里效应对个人幸福的影响。研究发现，好的邻里环境既能够直接提高居住者的就业可能性，又能够通过改变居住者经历社区失序和负面生活事件而间接地提高其就业可能性，从而增加家庭收入，提高工资收入在家庭收入中的占比。③ 对移民来说，良好的邻里互动使得移民人口避免遭受孤立且能获得更多的社区支持，显然，好的邻里关系会

① 参见 Wu,Z.,Schimmele,C.M.,& Hou,F."Self-perceived integration of immigrants and their children.Canadian Journal of Sociology",vol.37,no.4,2012,pp.381-408。

② 参见 Casmon,N."Economic integration of immigrants. American Journal of Economics and Sociology",vol.40,no.2,1981,pp.149-163。

③ 参见 Casciano,R.,& Massey,D.S.Neighborhood disorder and anxiety symptoms：new evidence from a quasi-experimental study.Health & Place,vol.18,no.2,2012,pp.180-190。

促进移民人口社会融合。[①]

第三节　流动人口社会融合指标
体系及指数的构建

本节首先确定选取流动人口社会融合指标的 6 个基本原则,依序构建包含 6 个维度的流动人口社会融合指标体系和指数,以便测量流动人口社会融合的实际状况。

一、选取流动人口社会融合指标的相关原则

为了保证指标体系的科学性、有效性,在指标选取方面需要遵循以下原则。

1. 科学性。在相关指标的选取、指标的定义方面,都将依据科学的理论指导,试图可以比较准确地、全面地表达流动人口社会融合的实际状况。

2. 系统性。社会融合包含多个不同维度,不同维度的内涵、模式、过程、结果都各具特点,对应各不相同的需求,因此,社会融合的指标体系必须体现综合性与系统性的特点;各个指标之间要形成有机、有序的联系,从多个不同方面反映社会融合的内涵和层次。

3. 代表性。社会融合包括多个不同方面及层次,在构建指标体系的过程中,不可能面面俱到选取指标,主要选取不同层面、不同方面的代表性指标。

4. 简明性。构建流动人口社会融合指标体系的目的,是要把复杂或

---

① 参见 Palmer,N.A.,Perkins,D.D.,& Xu,Q.Social capital and community participation among migrant workers in china.Journal of Community Psychology,vol.39,no.1,2011,pp.89-105。

者抽象的概念转变为简明的、可以比较、可以度量的属性，从而得到量化的结果。在各个具体指标的选取方面，将紧扣经济社会发展以及促进社会融合的主题，提升流动人口社会融合能力为目标，力求避繁就简。

5. 操作性。流动人口社会融合指标体系是否科学、合理性及有效性如何，这些都必须通过具体实践来检验。这就要求在构建指标体系时，必须充分考虑指标的可操作性。选取的指标便于收集数据信息和进行计算分析。

6. 实用性。构建流动人口社会融合指标体系的目的就是要通过可计算、可比较的数据表现流动人口社会融合的现状。因此，在指标的选取中，还将充分考虑到实用性。

二、流动人口社会融合指标体系的构建

一个相对准确、完善的指标体系的形成、社会融合指数的构建，都需要在前期理论的指导下，兼顾政府职能部门的实际工作需求，基于指标选取的一般原则，选择具有时效性、代表性的热点指标。本书基于前述关于社会融合理论及测量，以科学性、系统性、代表性、简明性、可操作性、实用性为原则，选取相应的指标。在此基础上，构建了一个包含6个维度、20个二级指标和若干个三级指标的流动人口社会融合指标体系。

1. 经济立足。反映了流动人口在流入地的经济生活情况，这是整个社会融合指标体系中最为核心的维度，主要选取就业、职业、收入、消费等5个二级指标来测量。

2. 权益平等。主要通过劳动合同签订、同工同酬2个二级指标来测量。

3. 社会接纳。反映的是流动人口社会融合的制度环境以及公共服务状况、社区参与情况，这是流动人口社会融合的基础维度，主要通过基本住房服务、基本公共教育、基本劳动就业创业、基本卫生服务、社会

保险 5 个二级指标来衡量。

4. 政治参与。主要考察流动人口政治活动参与情况,通过组织参与、社区管理、社区活动 3 个二级指标来测量。

5. 身份认同。反映流动人口的心理融合和自我融合,是评价流动人口社会融合的关键维度,通过是否认为自己是本地人、落户意愿、长期居留打算 3 个指标来测量。

6. 文化交融。反映了语言、风俗习惯、行为方式、相关理念、流入地的本地居民对流动者的接纳态度等,这是考察流动人口最终社会融合的重要维度,通过文化接纳、文化差异测量 2 个二级指标来测量。

测量指标体系如表 12-2 所示。

表 12-2　流动人口社会融合测量指标体系

维度	二级指标	三级指标
经济立足	就业	是否就业
	职业	职业结构
	收入	月均收入水平
	消费	月均总支出占总收入的比例
权益平等	劳动合同签订	是否签订劳动合同
	同工同酬	流动人口与本地居民从事相同职业者的收入比较
社会接纳	基本住房服务	住房公积金的参与情况
	基本公共教育	6—15 周岁随迁子女是否在学
	基本劳动就业创业	参加培训情况
	基本卫生服务	健康档案的建档情况
	社会保险	是否参加养老保险、医疗保险、失业保险、工伤保险
政治参与	组织参与	是否参加工会组织
	社区管理	是否参与居委会管理活动、业主委员会管理活动
	社区活动	是否参与选举活动、评优活动

续表

维度	二级指标	三级指标
身份认同	是否认为自己是本地人	是否认为自己现在是本地人
	落户意愿	若无限制是否愿意将户口迁入本地
	长期居留打算	未来5年是否打算在本地长期居住
文化交融	本地语言掌握程度	是否听得懂、会说本地话
	文化接纳	是否感觉被本地人接纳
	文化差异	风俗习惯、生活方式、教育理念等方面与本地人的差异

三、流动人口社会融合指数的构建

基于前面构建的流动人口社会融合指标体系,利用国家卫生和计划生育委员会组织的 2013—2014 年流动人口社会融合专题调查①数据,两年共计调查 16 个城市②③,合并后共有 32877 个样本数据。④

本书采用因子分析中的主成分法,构建流动人口社会融合的总指数以及各分指数,得分介于[0,100]之间,得分越高,表明相应的指数所反映的融合状况越好。第一,对职业、收入、社会保险、健康档案、社区参与、组织参与、迁户意愿、居留打算、本地语言掌握程度等变量进行

---

① 近年来,国家卫生和计划生育委员会除每年组织一次全国流动人口卫生计生动态监测调查外,还会每年选择若干热点问题开展相关专题调查。2013 年、2014 年连续两年开展了流动人口社会融合专题调查。

② 2013 年流动人口社会融合专题调查包括上海松江、无锡、苏州、武汉、长沙、泉州、西安、咸阳等 8 个地区或城市;2014 年流动人口社会融合专题调查包括北京、成都、嘉兴、青岛、深圳、厦门、郑州、中山等 8 个城市。

③ 调查对象为 15—59 周岁的流动人口以及和调查对象在流入地一起居住的配偶、子女、父母(公婆、岳父母)、兄弟姐妹及其配偶、孙辈、(外)祖父母等。

④ 数据特点:1.流动人口社会融合专题调查涵盖就业、社会保障、居住、社会交往、社会参与、身份认同等多个不同方面,可以全面了解流动人口的社会融合状况。2.流动人口社会融合专题调查采用分层、多阶段的抽样方法,从而保证了样本的代表性。3.16 个城市在地理位置、经济社会发展水平以及流动人口构成方面等都各具特点。

标准化处理,经过标准化处理后,所有变量的量纲得以统一,这为下一步指数的构建奠定了基础。第二,针对各维度指标下的变量进行分析,提取公因子。第三,提取各个维度的公因子,共有 6 个公因子,分别为经济立足因子、权益平等因子、社会接纳因子、政治参与因子、身份认同因子、文化交融因子,各分指数的得分,都是其维度下指标的公因子得分,反映每个维度的融入状况及程度。第四,基于 6 个维度的因子,构建流动人口社会融合的总指数,了解社会融合的总体状况。

从表 12-3 可见,经济立足、权益平等、社会接纳、政治参与、身份认同、文化交融等 6 个维度的因子分析结果比较可靠,提取的公因子可以很好地反映各维度下各具体指标的信息。

从经济立足来看,就业、职业类型、收入水平、消费 4 个指标的因子负载[①],分别为 0.8883、0.5378、0.7747、0.8567。经济立足因子解释了这 3 个变量的 36.91% 的方差。可见,经济立足公因子较好地反映了就业、职业、收入、消费 4 个指标的信息。

从权益平等来看,劳动合同签订、同工同酬两个变量的因子负载均为 0.7222,因子负载较高。权益平等公因子解释了这两个变量52.16% 的方差。

从社会接纳来看,住房服务、子女教育、就业创业、健康档案、社会保险 5 个变量的因子负载分别为 0.8680、0.5590、0.7347、0.7623、0.8677,因子负载均较高。其中,社区参与和社会接纳公因子之间高度相关。社会接纳公因子解释了这 3 个变量 37.81% 的方差。

从政治参与来看,组织参与、社区管理、社区活动 3 个变量的因子负载分别为 0.5467、0.6582、0.5529,政治参与公因子解释了这 3 个变量 50% 的方差。

---

① 因子负载,指变量与因子之间的相关系数,负载越大表明公因子与变量之间的关系越密切。

从身份认同来看,本地认同、落户意愿、居留打算 3 个指标的因子负载分别为 0.5830、0.7727、0.7163,身份认同公因子解释了 3 个变量 48.33%的方差。

从文化交融来看,语言掌握、文化差异、接纳感受 3 个指标的因子负载分别为 0.4950、0.6467、0.7269,文化交融公因子解释了 3 个变量 39.72%的方差。

表 12-3　流动人口社会融合指数构建

变量	因子负载	独特方差	特征根	解释比例
经济立足				
就业	0.8883			
职业类型	0.5378	0.5711	1.1074	0.3691
收入水平	0.7747			
消费	0.8567			
权益平等				
劳动合同签订	0.7222	0.4784	1.04328	0.5216
同工同酬	0.7222			
社会接纳				
住房服务	0.8680			
子女教育	0.5590			
就业创业	0.7347	0.3887	1.5379	0.3781
健康档案	0.7623			
社会保险	0.8677			
政治参与				
组织参与	0.5467			
社区管理	0.6582	0.5237	1.4495	0.5000
社区活动	0.5529			
身份认同				
本地认同	0.5830			
落户意愿	0.7727	0.6601	1.45	0.4833
居留打算	0.7163			

续表

变量	因子负载	独特方差	特征根	解释比例
文化交融				
语言掌握	0.4950			
文化差异	0.6467	0.7550	1.1917	0.3972
接纳感受	0.7269			

社会融合总指数在 6 个分指数的基础上计算而得。因为,每个分指数在总指数的构成中发挥各不相同的作用。因此,选择将各维度的公因子对其二级指标总变异的解释比例作为权重,以此对各个分指数的得分进行加权。通过各个分指数的加权平均值得到社会融合总指数。

第十三章 流动人口社会融合现状分析

本章从总体状况及其特征,以及经济立足、权益平等、社会接纳、政治参与、身份认同、文化交融等 6 个方面对流动人口社会融合的现状进行分析。

第一节 流动人口社会融合总体状况及其特征

分析流动人口社会融合现状分析,首先要对流动人口社会融合总体状况有所把握,并从经济社会属性和流动属性上进一步把握流动人口社会融合的主要特征,这样有助于全面了解并掌握流动人口社会融合的基本情况。

一、流动人口社会融合的总体状况

流动人口社会融合综合指数得分为 54.26 分,但存在着较大的提升空间,目前政治参与是短板。流动人口在经济立足、权益平等、社会接纳、政治参与、身份认同、文化交融 6 个维度上的社会融合水平呈现差异分化,文化交融优势较为明显,流动人口的文化交融水平最高,得分为 71.57 分。经济和社会融合维度滞后于文化融合。流动人口在经济立足和权益平等方面的得分分别为 53.72 分和 56.37 分,这表明,流动人口一定程度上具备了融入流入城市的经济基础并在一定程度上实现了劳动权益平等。相比而言,流动人口的社会接纳和政治参与水平均较低,两者得分分别为 51.89 分和 36.89 分。

　　流动人口的社会接纳和政治参与得分均较低,分别为 51.89 分和 36.89 分,见图 13-1。其中,政治参与成为我国流动人口社会融合的短板。而流动人口对公共生活领域的事务普遍兴趣不高,对于参与选举和参加城市管理等政治活动的动力不足,同时,受到政治参与制度阻碍、参与渠道少及流动人口自身素质和能力等因素的限制,使得其政治参与水平普遍较低。

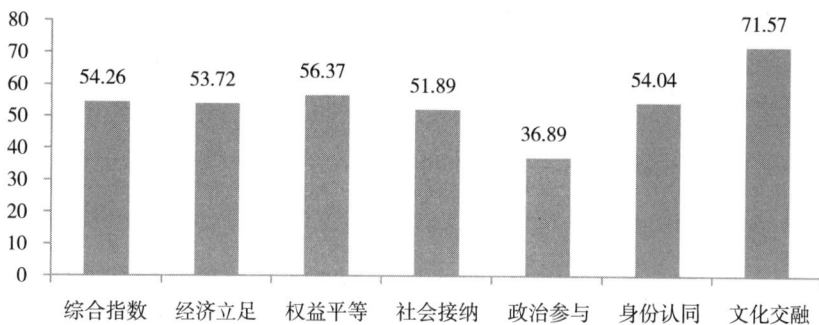

图 13-1　流动人口社会融合总指数和分指数得分

　　另外,从主客观视角来看,流动人口的社会融合是流动者的主观期望与流入城市的客观接纳之间相互统一的过程,也是流动人口自身行动参与和制度接纳的过程。经济是流动人口背井离乡、外出流动的动因,经济立足是流动人口在城市社会融合的基础。而城市的包容接纳和社会关爱则是推进流动人口社会融合的重要因素。经济立足、权益平等与社会接纳、政治参与均受到结构性因素的影响与制约,客观性因素影响较大,需要流动者个体、家庭、社区、市场、社会、政府等多方的共同努力,可以视为流动人口社会融合的客观性指标。而作为主观性指标的身份认同与文化交融,更易受到流动人口主观因素的影响与制约,因此,如果流动人口自身有融入意愿的话,其就更容易实现身份认同与文化融合。总的来讲,流动人口具有较为强烈的主观融入意愿,需要进一步改善流动人口社会融合的环境,促进他们的社会融入。

二、流动人口社会融合的经济社会属性特征

(一)流动人口社会融合与职业、行业、单位性质之间的关系。流动人口的社会融合因职业、行业、单位性质而异。职业状况也是反映流动人口社会经济地位的重要指标之一。如表 13-1 所示,从社会融合总指数来看,干部及专业技术人员的社会融合水平明显高于商业服务业人员、工人及其他。具体到各分维度指标来看,无论是在经济立足、权益平等、社会接纳、政治参与还是身份认同、文化交融方面,均呈现出干部及专业技术人员最高的特点。但是,商业服务业人员及工人在不同维度却有一定的差异。商业服务业人员在经济立足、身份认同、文化交融方面的得分优于工人及其他人员。而工人在权益平等、社会接纳方面却优于商业服务业人员,这可能与两者所任职单位的性质有一定的关系。相比而言,商业服务业人员尤其是餐饮行业人员在个体及私营企业任职者较多,这些企业在劳动合同的签订以及社会保险的参与方面不及正规大企业。

表 13-1　不同职业流动人口的社会融合水平

	综合指数	经济立足	权益平等	社会接纳	政治参与	身份认同	文化交融
干部及专业技术人员	63.29	57.46	75.60	62.85	42.49	63.86	72.07
商业服务业人员	52.36	54.63	48.38	49.60	36.44	57.00	74.64
工人及其他	55.12	51.67	61.96	52.91	36.35	48.79	67.94

如表 13-2 所示,从单位性质来看,国有企事业单位、外资及合资

企业任职的流动人口社会融合水平较高。无单位的流动人口社会融合水平最低,与国有企事业单位、外资及合资企业单位任职的流动人口社会融合水平差距为 14 分。但是,从单位性质与各个分指数之间的关系来看,则呈现不同的模式与特点。在个体私营及其他单位就业的流动人口,在权益平等、社会接纳、政治参与方面均明显低于在外资及合资企业、国有及企事业单位任职的流动人口,但在身份认同及文化交融方面的得分反而高于在外资及合资企业工作的流动人口。可见,在外资及合资企业工作的流动人口由于企业的规模较大、正规化程度较高,在劳动合同的签订、社会保险的参与等方面明显处于优势。但是,在涉及主观感受的身份认同及文化交融方面则处于较低水平。这可能与其自身的融入意愿有很大的关系。

表 13-2　不同单位性质流动人口的社会融合状况

	综合指数	经济立足	权益平等	社会接纳	政治参与	身份认同	文化交融
国有及企事业单位	62.60	54.55	78.30	63.06	43.51	61.15	74.74
个体及私营企业	53.37	54.11	54.92	50.28	36.34	53.70	72.16
外资及合资企业	62.79	53.46	82.69	67.21	40.34	49.32	66.13
无单位及其他	48.65	49.96	36.92	47.52	34.65	56.29	71.38

整合不同单位所属的行业,将其划分为四类:制造业、建筑业、商业服务业、社会服务业及其他。四类不同行业工作的流动人口社会融合状况差距不明显。服务行业任职的流动人口在身份认同、文化交融方面的得分明显优于在其他行业任职的流动人口。

(二)流动人口社会融合与签订劳动合同之间的关系。劳动合同的签订有效提升了流动人口的社会融合水平。签订劳动合同的流动人口社会融合得分比未签订劳动合同者高出 12 分。具体到各分指数来看，签订劳动合同的流动人口在经济立足、社会接纳、政治参与方面的得分均高于未签订劳动合同者。但是，在身份认同、文化交融方面，签订劳动合同者不及未签订劳动合同者。可见，劳动合同的签订有利于规范劳动力市场，是保障劳动者权益的重要法律依据，因此，增强了流动者的就业稳定性及就业权益保护，提高了流动者的融入水平。

（三）流动人口社会融合与人群之间的关系。城城流动人口的社会融合状况明显高于乡城流动人口。如表13-3所示，城城流动人口的社会融合总体状况优于乡城流动人口。无论是从经济立足、权益平等、社会接纳、政治参与还是身份认同、文化交融等方面均是如此。城城流动人口的人力资本水平相对较高，在就业的稳定性、收入、职业声望以及政治参与方面的意识、积极性均高于乡城流动人口。因此，相较于乡城流动人口，城城流动人口更容易实现社会融合。

表13-3　分户籍类型的流动人口社会融合总指数和分指数得分

	综合指数	经济立足	权益平等	社会接纳	政治参与	身份认同	文化交融
城城	57.99	54.78	62.95	56.84	39.75	66.89	73.45
乡城	53.85	53.57	55.40	51.35	36.47	52.16	71.30

（四）流动人口社会融合与居住地的关系。生活在城镇社区的流动人口，社会融合水平更高。流动人口居住的社区环境不同，在公共资源的获得、公共服务的享有方面存在明显的差异，同时，在社会交往、社会活动的参与方面也不同。相对而言，城镇社区无论是硬环境还是软环境均优于农村社区。因此，居住在城镇社区的流动人口，更容易获得更优质的公共资源，享受更高水平的公共服务，社区活动更为丰富，社会参与水平更高。因此，社会融合水平更高，无论是在经济立足、权益平等、社会接纳、身份认同、文化交融均是如此。

三、流动人口社会融合的流动属性特征

（一）东部城市的流动人口社会融合水平高于中西部。流入东部城市的流动人口社会融合水平高于流入中西部城市的流动人口。如表13-4所示，流入无锡、苏州、上海这三个东部城市的流动人口社会融合水平高于流入武汉、长沙、西安、咸阳等中西部城市。而泉州作为东部城市，虽然经济社会发展水平较高，但是，流动人口社会融合水平却不高。进一步从社会融合各分指数来看：各城市经济立足分指数得分差异较小，得分均在53分左右。进一步从权益平等来看，上海、苏州两地在权益平等方面的得分明显高于其他城市。泉州的产业模式是以民营企业为主力、以轻工业的产业集聚为特点的经济发展模式。

表 13-4　城市流动人口社会融合总指数与分指数①

	综合指数	经济立足	权益平等	社会接纳	政治参与	身份认同	文化交融
长沙市	50.77	53.91	37.98	51.24	40.28	45.70	87.53
泉州市	51.42	52.98	56.26	47.87	36.84	36.55	68.38
上海市	56.08	53.14	67.95	51.48	35.18	57.06	68.67
苏州市	56.36	53.20	64.38	55.37	35.26	54.75	71.11
无锡市	56.48	52.93	59.42	55.01	36.05	58.97	72.52
武汉市	53.96	53.39	44.90	48.97	38.15	64.19	84.79
西安市	51.92	53.57	44.22	49.18	35.47	55.42	86.31
咸阳市	54.74	53.62	56.28	52.53	39.20	49.44	84.03

（二）跨省流动人口在经济立足、权益平等方面优于省内流动人

---

① 由于2014年流动人口社会融合专题调查缺失子女教育部分的内容，因此，在城市比较分析中，无法对2013年和2014年两个年度共计调查的16个城市合并分析，此处仅对2013年8个城市的流动人口社会融合水平进行比较分析。

口,但在身份认同、文化交融方面不及省内流动人口。如表 13-5 所示,在身份认同、文化交融维度,呈现出市内跨县>省内跨市>跨省流动的特点。不难理解,流动者的流动范围越小,流入地与流出地在语言文化、生活习俗等方面差异越小,流动人口的身份认同、文化交融水平也越高。跨省流动人口在经济立足、权益平等方面优于省内流动人口,这与跨省流动人口的选择性有很大关系。

表 13-5　分流动范围的流动人口社会融合总指数和分指数得分

	综合指数	经济立足	权益平等	社会接纳	政治参与	身份认同	文化交融
跨省流动	54.37	53.67	59.71	51.89	36.17	51.71	66.42
省内跨市	54.34	53.83	52.40	52.46	37.80	56.88	76.77
市内跨县	53.15	53.55	50.73	49.62	37.73	57.44	85.65

第二节　流动人口的经济立足状况分析

经济是流动人口生存发展及社会融合的前提与基础。流动人口经济状况的改善与提高,不仅有助于生活水平的提升,而且有助于流动人口家庭发展及其他方面的融合。经济立足部分,主要通过职业、收入水平、社会保险三个指标来衡量。

一、流动人口的职业声望

较高的职业层次不仅有利于收入的提高、经济地位的改善,而且有助于社会地位的提高,扩大其社会网络,进而有助于流动人口其他方面的融合。流动人口的职业层次较低,近50%的流动人口从事商业服务业,43%的流动人口是一线工人,干部及专业技术的流动人口仅占8%。

如表 13-6 所示,进一步分性别、代际、受教育程度以及婚姻状况来看。

第一,男性流动人口的职业层次相对较高,男性流动人口中干部及专业技术职业者占 10%以上,男女两性从事商业服务业的比例相差不大。相对而言,女性流动人口从事工人及其他职业者的比例明显高于男性,比男性高出近 7 个百分点。

第二,1980—1989 年间出生的流动人口的职业层次相对较高,干部及专业技术职业者占 10.90%。而 1990 年后出生的流动人口、1980 年前出生的流动人口中干部及专业技术者分别仅占 5.66%、5.49%。1980 年前出生的流动人口中,从事商业服务业者占 52.88%。1990 年后出生的流动人口中,从事工人及其他职业者占到将近半数。

第三,随着受教育程度的提升,流动人口的职业层次不断提高,小学及以下、初中、高中、大专及以上受教育程度的流动人口,干部及专业技术职业人员的比例分别为 1.87%、3.79%、10.83%、32.89%。

第四,从婚姻状况来看,离婚及丧偶人群的职业层次相较于在婚人群、未婚人群明显要低。离婚丧偶人群中,干部及专业技术者仅占 5.30%,而在婚、未婚人群从事这一职业者分别占 7.65%、9.26%。

表 13-6　分性别、代际、教育、婚姻的职业类型　　　　　(%)

	干部及专业技术人员	商业服务业人员	工人及其他
女	5.47	48.35	46.18
男	10.15	49.98	39.86
1980 年前出生	5.49	52.88	41.63
1980—1989 年间出生	10.90	46.93	42.17
1990 年后出生	5.66	45.49	48.85
少数民族	7.34	31.75	60.91

	干部及专业技术人员	商业服务业人员	工人及其他
汉族	8.01	49.74	42.26
小学及以下	1.87	41.72	56.41
初中	3.79	49.35	46.86
高中	10.83	54.10	35.07
大专及以上	32.89	39.70	27.40
未婚	9.26	49.89	40.85
在婚	7.65	48.78	43.56
离婚/丧偶	5.30	63.59	31.11

如表 13-7 所示,城城流动人口中,干部及专业技术人员占 20.39%,而乡城流动人口中,这一类型的就业者仅占 6.17%。乡城流动人口中从事工人及其他职业的流动人口比城城流动人口高出近 14 个百分点。而从流动范围来看,跨省流动人口中从事工人及其他职业的流动人口明显高于跨市、跨县流动人口。省内流动人口中,从事商业服务业者占 60%以上。跨省流动人口中,从事工人及其他职业者占 52%以上。进一步从流动人口的居留时间来看,居留时间对流动人口的职业分化作用并不明显。从所居住的社区类型来看,居住在城镇社区的流动人口,从事商业服务业的比例明显高于居住在农村社区的流动人口;相反,居住在城镇社区的流动人口中干部及专业技术人员的比例是居住在农村社区的近两倍。由于各个地区的产业结构、劳动力市场的不同,流入不同区域的流动人口,在所从事的职业方面存在明显的差异。流入东部地区的流动人口,工人占半数以上。而流入中西部地区的流动人口,从事商业服务业者均占 70% 左右。

表 13-7　分户口性质、流动范围、居留时间、社区类型、区域的职业类型

（％）

变量		干部及专业技术人员	商业服务业人员	工人及其他
户口类型	城城流动	20.39	48.81	30.8
	乡城流动	6.17	49.29	44.54
流动范围	跨省流动	8.35	39.54	52.11
	省内跨市	7.61	61	31.38
	市内跨县	7.05	63.9	29.05
居留时间	10 年及以上	8.18	49.68	42.14
	6—9 年	8.53	49.35	42.12
	2—5 年	8.25	50.24	41.51
	1 年及以下	5.68	43.28	51.04
社区类型	农村社区	6.71	47.79	45.5
	城镇社区	11.8	53.51	34.69
区域	东部	8.89	38.93	52.18
	中部	5.14	69.6	25.26
	西部	7.38	70.59	22.02

二、流动人口的就业状况

总体来看,流动人口的就业比例较高,91%的流动人口在流入地实现了就业。进一步从人口学特征来看,男性流动人口的就业比例高于女性流动人口。1980 年前出生的流动人口的就业比例高于 1980—1989 年间出生的流动人口及 1990 年后出生的流动人口。教育与就业比例之间呈现正向关系,随着受教育程度的提升,流动人口的受教育水平亦呈现出不断上升的趋势。而从婚姻状况来看,在婚人群的就业比例不及未婚人群。这可能与在婚人群处于孕育期、出于怀孕待产以及照顾孩子等原因而可能暂时放弃工作。

三、流动人口的收入状况

流动人口的平均月收入为 3543.77 元,这表明,流动人口具备一定的经济基础。但是,平均水平容易掩盖差异。因此,将流动人口的收入水平细分为 1000 元及以下、1001—3000 元、3001—5000 元、5001—7000 元、7001—10000 元、10001 元及以上六个段,数据分析结果表明,流动人口的收入主要集中在 1001—3000 元、3001—5000 元,两者分别占比为 51.43%、28.44%。但是,也有近 10% 的流动人口收入在 10000元以上。

如表 13-8 所示,进一步从性别、代际、教育、婚姻状况、户口类型、流动范围、所居住的社区类型以及流入城市等方面来看,男性流动人口的收入水平明显高于女性,前者比后者高出 900 元、1980—1989 年间出生的流动人口相较于 1980 年前出生的流动人口在年龄上具有优势,相较于 1990 年后出生的流动人口,又具有一定的经验优势,因此,1980—1989 年间出生的流动人口凭借其人力资本优势,平均月收入水平最高,达到 3686.19 元。流动人口的收入水平与受教育程度之间呈现正向的关系,即随着受教育程度的提升,流动人口的收入水平不断提升。少数民族流动人口由于受到语言、人力资本水平的制约,在收入方面不及汉族流动人口。大专及以上受教育程度者的收入水平比小学及以下者高出 1713 元。城城流动人口的收入水平比乡城流动人口高出1000 多元。从流动范围来看,流动人口的收入水平随着流动范围的扩大而不断提升。换言之,跨省流动人口的收入水平高于跨市县流动人口,这可能与流动人口的选择性有很大关系。从居留时间来看,流动人口的收入随着居留时间的延长而不断提升。不难理解,随着居留时间的延长,流动人口的工作经验、社会适应能力均不断提升,进而有助于提升其收入水平。劳动合同的签订、培训均有助于提高流动人口的收入水平。进一步从社区类型以及流入区域来看，居住在城镇社区的流动人口收入明显高于居住在农村社区者，前者比后者高出 600 多元。而从流入区域来看，流入东部、中部、西部的流动人口，收入水平呈现梯次下降的特点。这与各区域的经济发展水平、劳动力市场以及流动人口的选择性有很大的关系。

表 13-8　分性别、代际、教育等的流动人口月平均收入　　（元）

变　量		月均收入
性别	女	3030.02
	男	3933.51
代际	1980 年前出生	3623.57
	1980—1989 年间出生	3686.19
	1990 年后出生	2754.31
民族	少数民族	3379.56
	汉族	3548.59
教育	小学及以下	3037.5
	初中	3358.24
	高中	3710.45
	大专及以上	4749.99
婚姻	未婚	3044.02
	在婚	3701.86
	离婚/丧偶	3485.93
户口类型	城城流动	4459.87
	乡城流动	3409.36
流动范围	跨省流动	3679.19
	省内跨市	3408.87
	市内跨县	3160.68
居留时间	10 年及以上	3890.31
	6 年至 9 年	3761.78
	2 年至 5 年	3498.04
	1 年及以下	3109.53

续表

变 量		月均收入
合同	签订	3665.14
	未签订	3405.73
培训	培训	3562.36
	未培训	3538.61
社区	农村社区	3389.18
	城镇社区	3998.7
区域	东部	3680.68
	中部	3386.86
	西部	3129.63

四、流动人口的消费情况

流动人口的月均支出占总收入的 66%,支出收入比过高。进一步从人口学特征来看,男性流动人口、在婚、1980—1989 年间出生的流动人口的支出收入比相对较高。不难理解,在婚人群、1980—1989 年间出生的流动人口正处于家庭发展期。生育、抚育子女的花费相对较高。

第三节 流动人口的权益平等状况分析

权益保障包括流动人口能够像城镇居民一样享受各项社会福利,包括养老保险、保障性住房、教育公平等。目前来看,这些流动人口非常关注的权益诉求,大多都与我国目前的户籍制度有关。户籍作为一种载体,承担了就业、社会保障和公共服务等多种内容。权益平等是流动人口实现稳定就业、经济立足以及其他各维度融入的重要基础。在权益平等部分,主要从劳动合同签订以及同工同酬两个方面来考虑。

一、流动人口的劳动合同签订状况

劳动合同是确立劳动者与用人单位之间的劳动关系以及明确各自权利、义务的协议。劳动合同签订有利于规范劳动力市场，是保障劳动者权益的重要法律依据。劳动合同的签订有利于增强劳动者就业的稳定性，提高劳动者的收入并提升劳动者社会保险的参保率，进而规避劳动者在工作与生活中面临的压力与风险，从而有助于其经济立足和其他方面的社会融合。

从流动人口的劳动合同签订状况来看，就业身份为雇员的流动人口中，71.64%的流动人口签订了劳动合同，仍有28.36%的流动人口未签订劳动合同。可见，流动人口的劳动合同签订率仍需进一步提升。而从流动人口所就业的单位性质来看，在外资及合资企业任职的流动人口劳动合同签订率最高，其次是在国有及企事业单位就业的流动人口，在个体及私营企业任职的流动人口，劳动合同的签订率明显低于前两者。外资及合资企业、国有及企事业单位的规模相对较大、正规化程度更高，出于社会责任与制度压力，这些企业更愿意与流动人口签订劳动合同。而个体及私营企业规模较小、缺乏监管，劳动合同签订方面就显得差强人意。

二、同工同酬状况

劳动者薪酬，除了特定领域外，应该抛开身份标签，按岗位不同、奉献多少论薪酬待遇。保障流动人口同工同酬是促进经济平稳健康发展的重要举措，也是推动新型工业化、城镇化的战略要求，维护社会公平正义的必然要求。

本书中，同工同酬主要从流动人口与本地居民之间的对比来理解，用从事相同职业的流动人口与本地居民之间的收入差距来衡量。总体来看，流动人口与本地居民基本实现了同工同酬，从事相同职业的本地居民与流动人口的收入比值在 1.02，本地居民的收入略高于流动人口。

第四节　流动人口的社会接纳状况分析

社会接纳既涉及制度环境、公共服务均等化，也涉及流入地当地居民对流动者的态度。在这一部分，主要通过住房公积金、6 周岁至 15 周岁随迁子女是否在学、流动人口健康档案的建档情况，培训活动以及养老保险、医疗保险、失业保险、工伤保险的参与情况等指标来衡量。

一、流动人口的"五险一金"情况

社会保险是流动人口遭遇疾病、工伤、失业等风险时的安全网及保护器。因此，流动人口的社会保险水平也是衡量其经济立足的重要指标。在本部分中，将流动人口的五险一金，即城镇职工医疗保险、城镇职工养老保险、失业保险、工伤保险、生育保险、住房公积金各设置为一个二分类虚拟变量，参加某一项社会保险设置为 1，否则为 0。社会保险总数是以上五险一金的加总，最小值为 0，最大值为 6。

总体来看，流动人口的社会保险水平并不高，流动人口平均参加险种为 1.11 种。流动人口中未参加任何保险者（五险一金）占 64.24%，五险一金全部参加者仅占 1.39%（如图 13-2 所示）。进一步从社会保险各分项来看，流动人口参加工伤保险的比例最高，其次为参加养老保险的比例，流动人口参加医疗保险的比例与参加城镇职工养老保险的比例相差较小，两者之间仅相差 0.08 个百分点。流动人口参加住房公积金的比例最低。

如图 13-3 所示，流动人口参加医疗保险、养老保险、失业保险、工

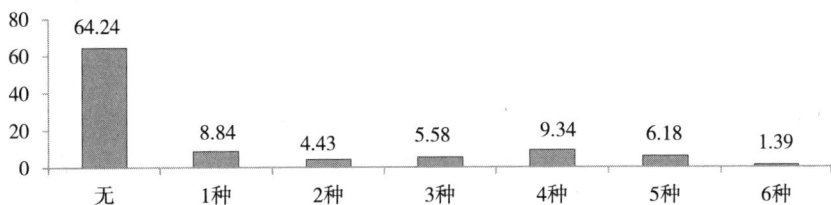

图 13-2　流动人口参加的社会保险（%）

伤保险、生育保险、住房公积金的比例分别为 26.36%、26.44%、21.56%、27.55%、14.22%、9.72%。

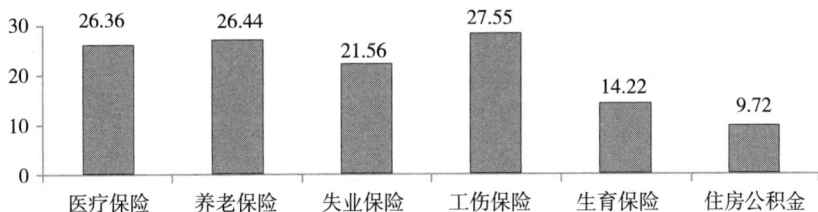

图 13-3　流动人口参加各项社会保险情况（%）

如表 13-9 所示，进一步从性别、代际、民族、教育、婚姻状况、户口类型、流动范围、所居住的社区类型以及流入城市等方面来看，男女两性流动人口在社会保险的参与方面差别不大。而从代际来看，1980—1989 年间出生的流动人口社会保险的参与水平最高，平均参与险种的数量为 1.35 种，而 1980 年前出生的流动人口和 1990 年后出生的流动人口的社会保险平均参与数量分别为 0.90 种和 0.93 种。流动人口的社会保险参与水平随着受教育程度的提升而不断提升。大专及以上学历的流动人口社会保险参与水平明显高于小学及以下者。从户口类型来看，城城流动者的社会保险参与状况明显优于乡城流动人口，两者社会保险的平均参与数量分别为 2.13 种和 0.96 种。长久以来的户籍制度，使得城城流动人口在资源获取以及福利获得方面高于乡城流动人口，城城流动人口的受教育程度也相对较高。因此,在职业稳定性、职业地位以及劳动合同签订意识等方面高于乡城流动人口,社会保险的参与水平相对较高。从流动范围来看,跨省流动人口的社会保险参与水平明显较高。进一步从社区类型来看,可以明显看出,居住在城镇社区的流动人口,社会保险的参与水平明显高于居住在农村社区的流动人口。从流入地区来看,可以看出来,流入东部地区的流动人口,社会保险的参与水平明显高于流入其他地区者。这可能与流入不同地区的流动人口特点、流入地区的产业结构、企业规范程度有关。

表 13-9　分性别、代际、教育、婚姻等的社会保险参与情况　　（种）

变　量		种　类
性别	女	1.12
	男	1.10
代际	1980 年前出生	0.90
	1980—1989 年间出生	1.35
	1990 年后出生	0.93
民族	少数民族	1.00
	汉族	1.11
教育	小学及以下	0.59
	初中	0.79
	高中	1.43
	大专及以上	2.73
婚姻	未婚	1.23
	在婚	1.08
	离婚/丧偶	0.93
户口类型	城城流动	2.13
	乡城流动	0.96
流动范围	跨省流动	1.22
	省内跨市	1.00
	市内跨县	0.79

变　量		种　类
居留时间	10 年及以上	1.23
	6 年至 9 年	1.31
	2 年至 5 年	1.10
	1 年及以下	0.78
社区	农村社区	0.93
	城镇社区	1.66
区域	东部	1.38
	中部	0.50
	西部	0.63

如表 13-10 所示,从流动人口的劳动就业特征来看,劳动合同的签订、参加培训活动有助于提升社会保险的参与。而从职业、行业、单位性质来看,干部及专业技术人员、在制造业行业工作、所在单位性质为外资及合资企业者社会保险的参与水平最高。

表 13-10　分劳动就业特征的社会保险参与情况　　　（种）

变　量		种　类
合同	签订	2.19
	未签订	0.31
培训	培训	1.44
	未培训	1.02
职业	干部及专业技术人员	2.76
	商业服务业人员	0.68
	工人及其他	1.3
行业	制造业	1.75
	建筑业	0.9
	商业服务业	0.55
	社会服务业及其他	1.25

变 量		种 类
单位	国有及企事业	2.54
	个体及私营企业	0.87
	外资及合资企业	3.24
	无单位及其他	0.27

二、流动人口的子女教育

户籍制度及衍生的教育制度在很大程度上限制了随迁子女接受平等教育的权利和机会。近年来，随着流动人口随迁子女的规模不断增大，随迁子女的教育权益保障问题日益成为政府和社会关注的焦点。本书中，通过6周岁至15周岁随迁子女是否在学来衡量流入地的基本公共教育服务。数据分析结果显示，6周岁至15周岁流动人口随迁子女的在学率接近98%。

三、流动人口的健康档案

如图13-4所示，流动人口的健康档案建立比例较低，仅有22.21%的流动人口建立了健康档案，51.88%的流动人口未建立档案，其中，没建立健康档案但听说过的占21.93%。没建，但没听说过的占29.95%。而不清楚是否建立健康档案者占近25.90%。

如表13-11和表13-12所示，进一步从流动人口的异质性来看，流动人口健康档案的建档情况呈现如下特点。

其一，男性流动人口的健康档案建档比例低于女性，这可能与女性的生殖/避孕有一定的关系。而从代际来看，流动人口健康档案建档比例的代际分化并不明显，但仍呈现出年龄越大，健康档案建档比例越高

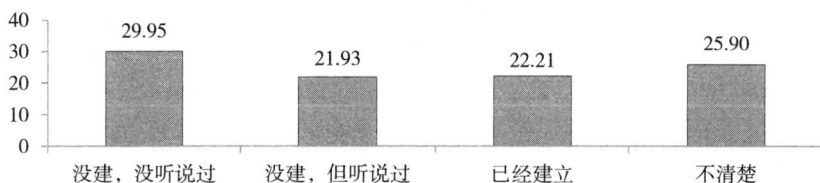

图 13-4　流动人口的健康档案(%)

的特点。但是,1980 年前出生的流动人口虽然建档比例相对较高,没建立健康档案,也没听说过的比例也相对较高。这可能与 1980 年前出生的流动人口随着年龄的增加,自身健康状况不及年轻人群有很大的关系。流动人口的健康档案建档比例并未随着受教育程度的提升而不断提升,而未建立健康档案,但听说过健康档案者则随着受教育程度的提升而不断提升。从婚姻状况来看,在婚人群的健康档案建档比例高于未婚及离婚/丧偶人群。

其二,从户口类型来看,城城流动人口与乡城流动人口健康档案的建档比例差距并不明显,但是,城城流动人口没建立健康档案,但听说过的比例明显高于乡城流动人口。可见,城城流动人口在公共服务的了解及享有方面优于乡城流动人口。

其三,从流动范围来看,跨省流动人口的健康档案建档比例不及省内流动人口。而从居留时间来看,流动者的健康档案建档比例随着居留时间的延长而不断提升。可见,居留时间的延长,增加了流动人口的社会适应力及公共服务的享有。

表 13-11　分性别、代际、教育、婚姻等的流动人口建立健康档案情况 (%)

变　　量		没建,没听说过	没建,但听说过	已经建立	不清楚
性别	女	29.36	21.51	24.01	25.12
	男	30.47	22.29	20.67	26.57

变 量		没建,没听说过	没建,但听说过	已经建立	不清楚
代际	1980 年前出生	30.03	21.93	23.07	24.97
	1980—1989 年间出生	29.85	22.25	22.18	25.71
	1990 年后出生	30.08	20.78	19.48	29.66
民族	少数民族	38.12	18.25	19.76	23.87
	汉族	29.72	22.04	22.28	25.96
教育	小学及以下	36.95	19.92	17.32	25.81
	初中	31.37	21.33	21.28	26.03
	高中	25.36	23.62	25.25	25.77
	大专及以上	29	22.11	23.2	25.69
婚姻	未婚	28.73	21.72	20.61	28.94
	在婚	30.35	22.01	22.7	24.94
	离婚/丧偶	28.34	21.2	21.66	28.8
户口类型	城城流动	28.23	23.3	23.51	24.96
	乡城流动	30.21	21.73	22.02	26.04
流动范围	跨省流动	35.28	19.88	18.04	26.79
	省内跨市	23.36	24.5	27.89	24.24
	市内跨县	22.57	24.52	24.95	27.95
居留时间	10 年及以上	33.54	21.18	23.92	21.36
	6 年至 9 年	31.7	21.38	24.18	22.74
	2 年至 5 年	28.18	22.68	22.1	27.05
	1 年及以下	32.83	19.62	18.28	29.27

其四,从流动人口的劳动就业特征来看,工人的健康档案建档比例明显偏低,没建立建档档案,也未听说过的比例则较高。流动者所在的行业对流动人口健康档案的建立影响较小,在商业服务业工作的流动人口,健康档案的建档比例相对较高。而从单位性质来看,在国有及企事业单位任职的流动人口,健康档案的建档比例明显较高。

其五,从社区类型、流入地区来看,居住在城镇社区的流动人口,健康档案的建档比例明显要好于居住在农村社区的流动人口。流入中西部地区的流动人口,健康档案的建档比例高于流入东部地区者。流入东部地区的流动人口,没建立健康档案,也没听说过的比例也明显较高(见表13-12)。

表 13-12　分劳动就业特征、社区、区域的流动人口建立健康档案情况(%)

变　　量		没建,没听说过	没建,但听说过	已经建立	不清楚
职业	干部及专业技术人员	27.72	23.15	25.06	24.07
	商业服务业人员	25.75	24.32	25.67	24.26
	工人及其他	35.21	18.95	17.7	28.13
行业	制造业	36.2	16.87	20.1	26.83
	建筑业	34.96	24.24	20.71	20.1
	商业服务业	25.52	24.87	25.92	23.69
	社会服务业及其他	30.52	21.53	20.87	27.08
单位	国有及企事业	24.15	23.7	28.51	23.64
	个体及私营	29.55	22.63	22.41	25.42
	外资及合资	32.09	18.25	21.04	28.61
	无单位及其他	32.57	20.49	19.78	27.16
社区	农村社区	30.89	21.46	21.41	26.24
	城镇社区	27.17	23.33	24.61	24.9
区域	东部	34.73	21.07	18.59	25.6
	中部	19.27	21.84	29.32	29.56
	西部	21.48	25.81	29.81	22.9

四、流动人口的培训情况

培训是人力资本投资及人力资本水平提升的重要途径之一。总体来看,流动人口参加培训的情况不太理想,仅有21.03%的流动人口参加过培训活动,换句话说,近八成的流动人口未参加过任何形式的培训

活动。如表 13-13 所示,男女两性流动人口接受培训活动的情况差别
不大。从代际来看,不同代际的流动人口接受培训活动的差别不大。
从民族来看,汉族流动人口接受培训的比例明显高于少数民族流动人
口。流动人口接受培训的情况并未随着受教育程度的提升而不断提
升。相比而言,高中学历的流动人口接受培训的比例明显要高。从户
口类型来看,城城流动人口接受培训的比例明显高于乡城流动人口。
而从居留时间来看,居留时间在 1 年及以下者的流动人口接受培训的
比例明显低于其他流动人口。

表 13-13 分人口学特征、流动特征的流动人口建立健康档案情况 （%）

变　　量		未接受	接受
性别	女	79.01	20.99
	男	78.93	21.07
代际	1980 年前出生	79.04	20.96
	1980—1989 年间出生	78.63	21.37
	1990 年后出生	79.97	20.03
民族	少数民族	84.23	15.77
	汉族	78.81	21.19
教育	小学及以下	84.9	15.1
	初中	80.78	19.22
	高中	73.89	26.11
	大专及以上	78.63	21.37
婚姻	未婚	77.53	22.47
	在婚	79.5	20.5
	离婚/丧偶	73.04	26.96
户口类型	城城流动	75.11	24.89
	乡城流动	79.53	20.47
流动范围	跨省流动	84.59	15.41
	省内跨市	71.55	28.45
	市内跨县	73.95	26.05

变　　量		未接受	接受
居留时间	10 年及以上	80.39	19.61
	6 年至 9 年	78.31	21.69
	2 年至 5 年	78.05	21.95
	1 年及以下	83.02	16.98

第五节　流动人口的政治参与状况分析

流动人口的政治参与主要通过工会组织、选举活动、评优活动以及居委会管理活动等方面的参与状况来进行具体考察。总体来讲，流动人口的组织参与水平较低，81.06% 的流动人口未参加过以上任何政治活动。仅有不到 15% 的流动人口参加过以上一种政治活动。

如图 13-5 所示，进一步从各类活动的参与来看，流动人口参与工会组织、居委会管理的比例相对较高，但也均不足 10%。而流动人口参与评优活动、选举活动的比例则均在 4% 左右。

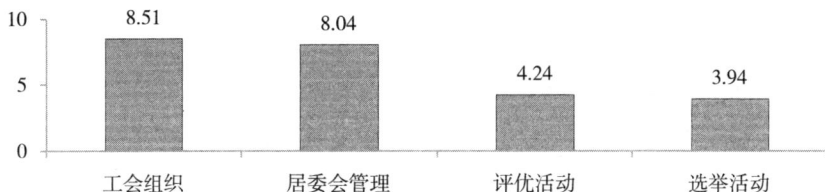

图 13-5　流动人口组织参与情况（%）

如表 13-14 所示，男性流动人口参与政治活动的数量高于女性。从代际划分来看，1980—1989 年间出生的流动人口的政治活动参与状况好于 1980 年前和 1990 年后出生的流动人口。而从民族来看,汉族流动人口的政治活动参与情况优于少数民族流动人口。随着受教育水平的提升,流动人口的政治参与意识逐步增强,更积极参与各类政治活动。

从户口类型来看,城城流动人口的政治活动参与情况优于乡城流动人口。而从流动范围来看,省内流动人口的政治参与状况优于跨省流动人口。而从劳动就业特征来看,流动人口的政治活动参与呈现明显的分化。干部及专业技术人员各类政治活动的参与状况明显更高。在国有及企事业单位任职的流动人口,政治活动的参与高于在外资及合资企业、个体及私营企业单位任职的流动人口。而从流动人口所居住的社区类型来看,生活在城镇社区的流动人口政治活动的参与情况优于在农村社区居住的流动人口。从地区来看,流入中部地区的流动人口,政治活动参与状况优于东部和西部。

表 13-14　分性别、代际、教育等的流动人口政治参与

变　　量		种数	变　　量		种数
性别	女	0.24	居留时间	10 年及以上	0.25
	男	0.25		6—9 年	0.27
代际	1980 年前出生	0.24		2—5 年	0.25
	1980—1989 年间出生	0.26		1 年及以下	0.19
	1990 年后出生	0.21	职业	干部及专业技术人员	0.48
民族	少数民族	0.20		商业服务业人员	0.22
	汉族	0.25		工人及其他	0.23
教育	小学及以下	0.17	行业	制造业	0.33
	初中	0.21		建筑业	0.21
	高中	0.29		商业服务业	0.21
	大专及以上	0.41		社会服务业及其他	0.25

变量		种数	变量		种数
婚姻	未婚	0.26	单位	国有及企事业单位	0.51
	在婚	0.24		个体及私营企业	0.22
	离婚/丧偶	0.26		外资及合资企业	0.44
户口类型	城城流动	0.35		无单位及其他	0.13
	乡城流动	0.23	社区	农村社区	0.20
流动范围	跨省流动	0.22		城镇社区	0.32
	省内跨市	0.29	区域	东部	0.22
	市内跨县	0.26		中部	0.33
				西部	0.28

第六节　流动人口的身份认同状况分析

身份认同主要从是否认为自己是本地人、落户意愿、长期居留打算3 个指标进行考察。

一、流动人口的"本地人"认同

本书的分析结果表明,流动人口对流入地缺乏认同,仍将流入地看作是"外在的"、"他人的",多数流动人口仍存在过客心理,65%的流动人口认为自己不是本地人。

如表 13-15 所示,从流动人口的异质性来看,存在如下一些特点。男女两性流动人口在本地人身份认同方面仅有微小的差别。随着年龄的增大,流动人口认同自己是"本地人"的比例逐渐提高,1980年前出生的流动人口、1980—1989 年间出生的流动人口、1990 年后出生的流动人口中,认同自己是本地人的比例分别为 38.10%、35.01%、27.80%。而从教育与本地人身份认同之间的关系来看,呈现出随着受教育程度的提高，流动人口认同自己是本地人的比例越高。受教育程度较高者，在经济融合、社会接纳方面亦相应较好，而经济社会地位的改善，有助于增强流动人口的本地人身份认同感。城城流动人口中认同自己是本地人的比例明显高于乡城流动人口，前者比后者高近 12 个百分点。而从流动人口跨越的行政区划来看，两者之间呈现出负向关系。即随着流动范围的不断增大，流动人口认同自己是本地人的比例不断降低，可见，跨越的地域、行政区划越大，流动人口越远离原有的生活场域，流入地与流出地的较大差异，使得跨省流动人口认同自己是本地人的比例明显低于跨市县流动人口。

表 13-15　分性别、代际、教育、婚姻等的流动人口"本地人"认同　（%）

变　量		是	不是
性别	女	35.59	64.41
	男	35.22	64.78
代际	1980 年前出生	38.10	61.90
	1980—1989 年间出生	35.01	64.99
	1990 年后出生	27.80	72.20
民族	少数民族	23.87	76.13
	汉族	35.73	64.27
教育	小学及以下	30.97	69.03
	初中	33.27	66.73
	高中	35.90	64.10
	大专及以上	53.37	46.63
婚姻	未婚	29.24	70.76
	在婚	37.23	62.77
	离婚/丧偶	34.79	65.21
户口类型	城城流动	45.31	54.69
	乡城流动	33.94	66.06

变　量		是	不是
流动范围	跨省流动	30.79	69.21
	省内跨市	38.69	61.31
	市内跨县	56.00	44.00
居留时间	10 年及以上	44.04	55.96
	6 年至 9 年	40.64	59.36
	2 年至 5 年	33.81	66.19
	1 年及以下	26.86	73.14

　　如表 13-16 所示,干部及专业技术人员、在社会服务业及其他行业、国有企事业单位任职的流动人口本地人认同明显更高。而从社区类型来看,在城镇社区居住的流动人口,认同自己是本地人的比例明显更高。而从流入区域来看,流入东部、中部、西部地区的流动人口,认同自己是本地人的比例不断提升。

表 13-16　分职业、行业、单位等的流动人口本地人认同　　　（%）

变　量		是	不是
职业	干部及专业技术人员	42.61	57.39
	商业服务业人员	36.55	63.45
	工人及其他	32.71	67.29
行业	制造业	18.06	81.94
	建筑业	24.85	75.15
	商业服务业	37.42	62.58
	社会服务业及其他	39.01	60.99
单位	国有及企事业单位	43.55	56.45
	个体及私营企业	34.92	65.08
	外资及合资企业	32.87	67.13
	无单位及其他	36.39	63.61

变　量		是	不是
社区	农村社区	33.15	66.85
	城镇社区	42.07	57.93
区域	东部	32.03	67.97
	中部	38.99	61.01
	西部	45.95	54.05

二、流动人口的落户意愿

如表 13-17 所示，流动人口的落户意愿并不高，近半数的流动人口不愿意将户口迁入流入地。愿意迁户和不愿意迁户的比例分别为52.13%、47.87%。但是，流动人口的落户意愿存在明显的人群差异、地区差异。1980—1989 年间出生的流动人口的落户意愿相对较高，这可能与这一人群正处于婚育阶段，子女教育是他们迁户的重要动力来源有关。随着受教育程度的提高，流动人口的迁户意愿逐渐提高。城城流动人口的落户意愿明显高于乡城流动人口，在土地、宅基地等农村福利下，"农村户口"的含金量提高，直接影响到乡城流动人口的落户意愿。从流动范围来看，跨省流动人口的落户意愿明显高于省内流动人口，跨省流动人口处于流入地福利圈层的外围，户口的迁入使得其可以享受到附着在户口上的各项福利。因此，相比省内流动人口，跨省流动人口有着更高的落户意愿。居留时间与落户意愿之间正相关，即居留时间越长，流动人口的落户意愿越高。随着居留时间的延长，流动人口对流入地的适应程度不断提高，更愿意融入流入地社会，落户意愿更为强烈。

表 13-17　分性别、代际、教育、婚姻等的落户意愿　　　　（%）

变　　量		是	否
性别	女	52.32	47.68
	男	51.96	48.04
代际	1980 年前出生	50.77	49.23
	1980—1989 年间出生	55.32	44.68
	1990 年后出生	45	55
民族	少数民族	45.36	54.64
	汉族	52.32	47.68
教育	小学及以下	43.13	56.87
	初中	48.42	51.58
	高中	56.48	43.52
	大专及以上	71.86	28.14
婚姻	未婚	48.45	51.55
	在婚	53.27	46.73
	离婚/丧偶	49.77	50.23
户口类型	城城流动	69.65	30.35
	乡城流动	49.56	50.44
流动范围	跨省流动	52.71	47.29
	省内跨市	51.89	48.11
	市内跨县	48.43	51.57
居留时间	10 年及以上	60.67	39.33
	6 年至 9 年	57.42	42.58
	2 年至 5 年	51.13	48.87
	1 年及以下	40.60	59.40

　　如表 13-18 所示,干部及专业技术人员,在国有及企事业单位任职的流动人口,落户意愿更为强烈。这部分人多在正规企业任职,实现了经济立足,具备较高的融入能力。而从区域来看,流入东部地区的流动人口,落户意愿更为强烈,东部地区的经济社会发展水平较高,相应地,福利水平也更高,户口上的附加利益也更高。因此,流入东部地区

的流动人口有着更为强烈的落户意愿。

表 13-18　分劳动就业特征、社区等的落户意愿　　　　（%）

变　量		是	否
职业	干部及专业技术人员	64.58	35.42
	商业服务业人员	53.91	46.09
	工人及其他	47.75	52.25
行业	制造业	40.04	59.96
	建筑业	44.70	55.30
	商业服务业	53.44	46.56
	社会服务业及其他	54.71	45.29
单位	国有及企事业单位	60.97	39.03
	个体及私营企业	51.14	48.86
	外资及合资企业	49.89	50.11
	无单位及其他	55.17	44.83
社区	农村社区	50.45	49.55
	城镇社区	57.13	42.87
区域	东部	55.47	44.53
	中部	44.31	55.69
	西部	46.61	53.39

三、流动人口的长期居留打算

流动人口在流入地的长期居留意愿较高，70.40% 的流动人口有在流入地长期居住的打算。如表 13-19 所示，男女两性流动人口的长期居留打算并无明显差异，分别有 69.95%、70.79% 的女性、男性流动人口有在流入地长期居住的打算。流动人口的年龄越轻，在流入地长期工作生活的比例越低，1990 年后出生流动人口的流动性更强，生活、工作的变数更大。随着受教育的提升，流动人口的长期居留意愿也不断提升。从婚姻状况来看，在婚人群的长期居留意愿更为强烈，可见，婚姻增强了流动人口的长期居留意愿。城城流动人口的长期居留意愿高于乡城流动人口,跨省流动人口的长期居留意愿不及跨市、跨县流动人口。城城流动人口的人力资本水平相对较高,经济、社会融合状况较好,因此,在流入地的长期居留意愿更高。跨市县流动人口在流入地的融入障碍低于跨省流动人口,长期居留意愿相对较为强烈。

表 13-19　分性别、代际、教育程度等的流动人口长期居住打算 （％）

变　量		是	否
性别	女	69.95	30.05
	男	70.79	29.21
代际	1980 年前出生	71.11	28.89
	1980—1989 年间出生	72.04	27.96
	1990 年后出生	62.11	37.89
民族	少数民族	62.96	37.04
	汉族	70.62	29.38
教育	小学及以下	63.18	36.82
	初中	67.89	32.11
	高中	74.79	25.21
	大专及以上	79.72	20.28
婚姻	未婚	63.95	36.05
	在婚	72.37	27.63
	离婚/丧偶	67.74	32.26
户口类型	城城流动	80.94	19.06
	乡城流动	68.86	31.14
流动范围	跨省流动	66.98	33.02
	省内跨市	75.94	24.06
	市内跨县	67.43	32.57
居留时间	10 年及以上	81.19	18.81
	6 年至 9 年	77.4	22.6
	2 年至 5 年	69.11	30.89
	1 年及以下	55.64	44.36

如表 13-20 所示,相比而言,干部及专业技术人员、在国有及企事业单位工作、居住在城镇社区的流动人口,在流入地长期工作、生活的愿望更为强烈。从流入地区来看,流入东部、中部、西部地区的流动人口,在长期居住打算方面并无明显的差异。

表 13-20　分劳动就业特征、社区等的流动人口长期居住打算　（%）

变　　量		是	否
职业	干部及专业技术人员	79.66	20.34
	商业服务业人员	75.93	24.07
	工人及其他	62.31	37.69
行业	制造业	79.89	20.11
	建筑业	81.73	18.27
	商业服务业	77.66	22.34
	社会服务业及其他	63.83	36.17
单位	国有及企事业单位	75.00	25.00
	个体及私营企业	70.82	29.18
	外资及合资企业	61.54	38.46
	无单位及其他	72.84	27.16
社区	农村社区	68.82	31.18
	城镇社区	75.10	24.90
区域	东部	70.83	29.17
	中部	69.79	30.21
	西部	69.25	30.75

第七节　流动人口的文化交融状况分析

文化交融是流动人口社会融合的最高阶段。在文化交融部分,主要通过流动人口对本地语言的掌握程度,在风俗习惯、生活方式、教育理念等方面与本地人的差异以及是否感觉被本地人接纳 3 个指标来衡量。

一、流动人口对流入地语言的掌握程度

语言是人们相互沟通、交流的媒介。熟练掌握并运用流入地的语言,有利于流动人口与本地居民之间的相互交流,促进文化融合的实现。

如图13-6所示,流动人口一定程度上掌握了流入地的语言,听得懂流入地的语言者占80%以上,其中,听得懂且会讲者占29.49%,听得懂,也会讲一些者占24.03%。29.15%的流动人口虽然能听懂一些,但不会讲。值得注意的是,17.33%的流动人口不懂流入地的语言。

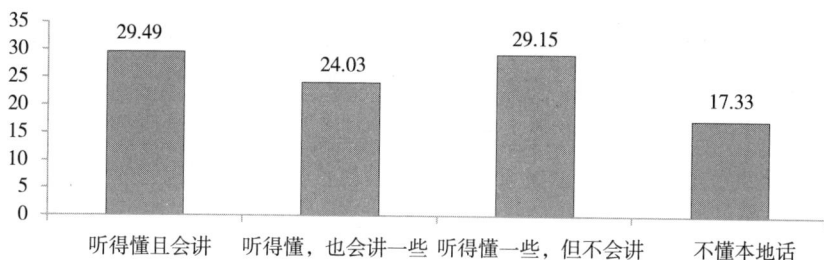

图13-6　流动人口对流入地语言的熟悉程度(%)

如表13-21所示,1990年后出生的流动人口不懂本地话的比例较高,占24.82%。换言之,约四分之一的1990年后出生的流动人口不懂流入地的语言。少数民族由于语言的限制,不懂流入地语言者占有较大比重,占30.99%。而从受教育程度来看,高中学历者不懂本地话的比例相对较低。跨省流动者由于跨越的行政区划较大,流入地与流出地的异质性较大,因此,对流入地语言的熟悉程度与省内流动人口相比处于弱势。从居留时间来看,随着居留时间的延长,流动人口对本地话的熟悉程度逐渐提升。与在流入地居留时间在1年及以下者相比,在流入地居留时间在10年及以上不懂本地话的比例降低了约15个百分点。

表 13-21　分性别、代际、流动范围等的流动人口对流入地语言的熟悉程度

（%）

变　量		听得懂且会讲	听得懂，也会讲一些	听得懂一些但不会讲	不懂本地话
性别	女	28.22	23.52	30.14	18.13
	男	30.58	24.48	28.30	16.64
代际	1980 年前出生	28.43	26.09	30.41	15.07
	1980—1989 年间出生	30.03	22.82	29.83	17.33
	1990 年后出生	31.02	21.65	22.50	24.82
民族	少数民族	17.71	18.90	32.40	30.99
	汉族	29.83	24.18	29.06	16.93
教育	小学及以下	19.36	20.15	34.65	25.84
	初中	25.98	25.22	30.67	18.14
	高中	37.85	24.14	24.66	13.35
	大专及以上	33.94	20.98	29.12	15.96
婚姻	未婚	35.78	21.7	21.59	20.92
	在婚	27.42	24.73	31.54	16.31
	离婚/丧偶	40.32	23.96	21.43	14.29
户口类型	城城流动	37.90	21.18	26.68	14.24
	乡城流动	28.26	24.45	29.51	17.78
流动范围	跨省流动	16.74	19.31	36.7	27.25
	省内跨市	42.09	30.85	21.54	5.52
	市内跨县	66.00	24.86	8.38	0.76
居留时间	10 年及以上	29.02	24.90	34.93	11.15
	6 年至 9 年	27.10	22.62	34.90	15.38
	2 年至 5 年	30.88	24.49	27.19	17.43
	1 年及以下	25.94	22.56	25.15	26.36

二、风俗习惯、生活方式、卫生习惯、观念等方面的差异

如图 13-7 所示，流动人口倾向于保持家乡的饮食习惯、风俗习惯。分别有 65.40% 和 63.97% 的流动人口认同应保持家乡的饮食、风

俗习惯。但是,在卫生习惯、服饰、人情往来以及对社会问题的看法等方面,流动人口与本地人口之间的差异较小。

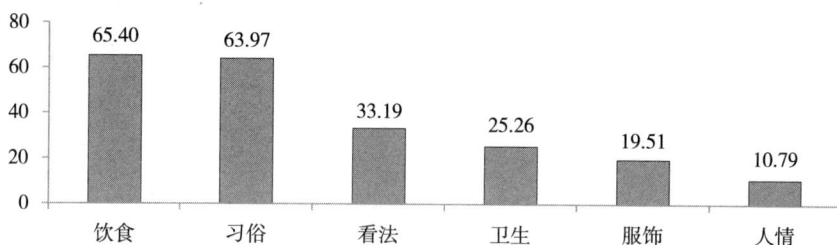

图 13-7　流动人口在饮食、习俗、看法等方面与流入地的差异(%)

如表 13-22 所示,以风俗习惯为例,男女两性在风俗习惯认同方面的差异并不明显。少数民族因为自身的民族性,相比汉族流动人口,认为流入地与家乡风俗习惯存在差异的比例更高。跨省、流入东部地区的流动人口,由于流入地与流出地的文化差异较大,在风俗习惯方面差异也较大。

表 13-22　分性别、代际、民族等的流动人口在风俗习惯方面与流入地的差异

(%)

变 量		百分比
性别	女	63.43
	男	64.44
代际	1980 年前出生	60.95
	1980—1989 年间出生	65.39
	1990 年后出生	68.84
民族	少数民族	77.43
	汉族	63.58
教育	小学及以下	65.51
	初中	64.3
	高中	66.45
	大专及以上	50.21

续表

变　　量		百分比
婚姻	未婚	67.49
	在婚	62.93
	离婚/丧偶	63.59
户口类型	城城流动	64.72
	乡城流动	63.87
流动范围	跨省流动	68.46
	省内跨市	61.61
	市内跨县	38.86
居留时间	10 年及以上	63.08
	6 年至 9 年	64.35
	2 年至 5 年	63.47
	1 年及以下	67.12
社区	农村社区	63.58
	城镇社区	65.14
区域	东部	72.69
	中部	42.52
	西部	50.83

三、接纳感受

92%的流动人口认为,本地人愿意接纳自己成为其中的一员。仅有 8%的流动人口持否定态度。可见,多数流动人口还是感受到流入地居民的友好和接纳态度。

如表 13-23 所示,进一步从代际、民族、教育细分来看,1980 年前出生的流动人口、1980—1989 年间出生的流动人口、1990 年后出生的流动人口的接纳感受逐次降低。少数民族受到地域性、民族性、宗教性的限制,接纳感受低于汉族流动人口。随着受教育程度的提高,流动人口的接纳感受不断提升。较高受教育程度者,人力资本水平高、就业稳定性强,社会交往及网络更为广泛,社会适应性强,更容易感受到本地人的接纳。跨省流动人口由于跨越的地域范围较大,面临的流出地与流入地的差异也较大,因此,在接纳感受方面不及省内流动人口。同样,由于流入地区与流动范围之间具有互动作用,使得流入东部地区的流动人口在接纳感受方面明显低于流入中西部地区的流动人口。

表 13-23　分代际、民族、教育等的流动人口接纳感受　　　（%）

变　　量		百分比
代际	1980 年前出生	92.25
	1980—1989 年间出生	91.04
	1990 年后出生	90.76
民族	少数民族	89.20
	汉族	91.57
教育	小学及以下	90.67
	初中	91.04
	高中	91.96
	大专及以上	93.97
流动范围	跨省流动	89.95
	省内跨市	93.26
	市内跨县	94.71
居留时间	10 年及以上	92.20
	6 年至 9 年	91.99
	2 年至 5 年	91.53
	1 年及以下	89.99
区域	东部	90.53
	中部	93.55
	西部	93.42

第十四章　流动人口社会融合
影响因素实证研究

本章从两个视角对流动人口社会融合的影响因素进行实证分析：第一，分析流动人口社会融合经济立足、权益平等、社会接纳、政治参与、身份认同、文化交融6个维度之间的内在关系。分别以其中的一个维度作为因变量，其他维度为自变量，通过构建相应模型，对6个维度之间相互影响因素进行实证研究。第二，从微观、中观和宏观的角度，对影响流动人口社会融合的个体因素、家庭因素、社区因素进行实证分析。

第一节　流动人口社会融合6个维度之间
相互影响因素分析

纵观已有文献，学者们主要关注流动人口社会融合指标体系的整体构成及其得分，而对不同维度之间的内在关系缺乏研究。事实上，厘清流动人口社会融合指标体系各个维度之间关系对推动流动人口社会融合政策促进具有十分重要的意义。比如，决策者可以根据不同维度之间的关系来确定政策资源的合理配置，一方面起到"以点带面"、"以一促多"的施政局面，另一方面避免产生"政策抵消"的消极结果。

本节在流动人口社会融合总指数以及分指数分析的基础上,分别以流动人口社会融合的 6 个维度作为因变量,其他维度为自变量,采用多元线性回归和 logistic 回归,研究经济立足、权益平等、社会接纳、政治参与、身份认同、文化交融 6 个维度之间的关系。

一、流动人口社会融合 6 个维度关系分析框架

重点考察 6 个维度之间的内在因果关系,分别组建经济立足、权益平等、社会接纳、政治参与、身份认同、文化交融共 6 个模型来考察流动人口社会融合各个维度之间的因果关系。

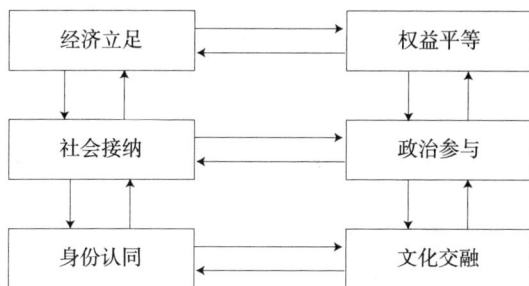

图 14-1 流动人口社会融合指标体系内在关系图

流动人口经济立足模型、权益平等模型、社会接纳模型、政治参与模型、身份认同模型、文化交融模型共 6 个模型紧密关联,有机地构成了一个完整的社会融合指标体系模型,由此构建了由经济立足模型、权益平等模型、社会接纳模型、政治参与模型、身份认同模型、文化交融模型组成的联立方程组。为了进一步考察流动人口社会融合指标体系内部维度的关系,分别在 6 个模型中引入控制变量,进一步观察在控制相关变量之后 6 个维度之间关系的变动。为此,在 6 个维度的联立方程组基础上,又形成了一套带控制变量的联立方程组。

$$
\begin{cases}
E = a + R + S + P + I + C + \{CO_i\} + \varepsilon\,(1) \\
R = a + E + S + P + I + C + \{CO_i\} + \varepsilon\,(2) \\
S = a + E + R + P + I + C + \{CO_i\} + \varepsilon\,(3) \\
P = a + E + R + S + I + C + \{CO_i\} + \varepsilon\,(4) \\
I = a + E + R + S + P + C + \{CO_i\} + \varepsilon\,(5) \\
C = a + E + R + S + P + I + \{CO_i\} + \varepsilon\,(6)
\end{cases}
$$

其中 E 为经济变量（取对数），R 为权益变量、S 为社会变量、P 为政治变量、I 为身份认同变量、C 为文化变量，$\{CO_i\}$ 为控制变量，ε 为误差项。模型 1 为经济立足模型，经济变量 E 为因变量，权益变量 R、社会变量 S、政治变量 P、身份认同变量 I、文化接纳变量 C 为自变量；模型 2 为权益平等模型，权益变量 R 为因变量，经济变量 E、社会变量 S、政治变量 P、身份认同变量 I、文化接纳变量 C 为自变量；模型 3 为社会接纳模型，社会变量 S 为因变量，经济变量 E、权益变量 R、政治变量 P、身份认同变量 I、文化接纳变量 C 为自变量；模型 4 为政治参与模型，政治变量 P 为因变量，经济变量 E、权益变量 R、社会变量 S、身份认同变量 I、文化接纳变量 C 为自变量；模型 5 为身份认同模型，身份认同变量 I 为因变量，经济变量 E、权益变量 R、社会变量 S、政治变量 P、文化接纳变量 C 为自变量；模型 6 为文化交融模型，文化交融变量 C 为因变量，经济变量 E、权益变量 R、社会变量 S、政治变量 P、身份认同变量 I 为自变量。

在 6 个模型中，分别引入相同的控制变量，主要为性别（被访者的性别为男性/女性）、年龄、民族（区分为汉族和少数民族）、教育水平（小学及以下、初中、高中、大专及以上）、户口性质（区分为城镇户口和农业户口）、流动区域（分为跨省流动、省内跨市和市内跨县三种）。

二、6个维度之间相互影响因素实证分析结果

以多元线性回归方法为基础,采用联立方程组的模式研究流动人口社会融合指标体系的内在关系。由此,在联立方程组的基础上组建了6个模型。

模型1:以经济立足得分为因变量,权益平等、社会接纳、政治参与、身份认同、文化交融为自变量,性别、年龄、民族特征、受教育水平、户口性质、流动范围为控制变量,进行多元线性回归分析。

模型2:以权益平等得分为因变量,经济立足维度、社会接纳维度、政治参与维度、身份认同维度、文化交融维度为自变量,性别、年龄、民族特征、受教育水平、户口性质、流动范围为控制变量,进行多元线性回归分析。

模型3:以社会接纳得分为因变量,经济立足维度、权益平等维度、政治参与维度、身份认同维度、文化交融维度为自变量,性别、年龄、民族特征、受教育水平、户口性质、流动范围为控制变量,进行多元线性回归分析。

模型4:以政治参与得分为因变量,经济立足维度、权益平等维度、社会接纳维度、身份认同维度、文化交融维度为自变量,性别、年龄、民族特征、受教育水平、户口性质、流动范围为控制变量,进行多元线性回归分析。

模型5:以身份认同得分为因变量,经济立足维度、权益平等维度、社会接纳维度、政治参与维度、文化交融维度为自变量,性别、年龄、民族特征、受教育水平、户口性质、流动范围为控制变量,进行多元线性回归分析。

模型6:以权益平等得分为因变量,经济立足维度、权益平等维度、社会接纳维度、政治参与维度、身份认同维度为自变量,性别、年龄、民

族特征、受教育水平、户口性质、流动范围为控制变量,进行多元线性回归分析。

6个模型的回归结果见表14-1和表14-2。表14-1为无控制变量下的回归结果,表14-2为纳入控制变量下的回归结果。

表 14-1　流动人口社会融合指标体系 6 个维度的回归结果

	模型1回归系数		模型2回归系数		模型3回归系数		模型4回归系数		模型5回归系数		模型6回归系数	
经济立足	—		-0.17		0.23	***	0.13	*	0.56	**	0.27	**
权益平等	0.00		—		0.20	***	0.02	**	-0.10	***	-0.15	***
社会接纳	0.02	***	0.79	***	—		0.20	***	0.42	***	0.09	***
政治参与	0.01	*	0.08	**	0.17	***	—		0.05		0.05	*
身份认同	0.00	**	-0.04	***	0.04	***	0.01		—		0.08	***
文化交融	0.01	**	-0.24	***	0.04	***	0.02	*	0.30	***	—	
截距	51.51	***	40.18	***	18.02	***	16.40	***	-16.36		59.71	***
样本量	4441		4441		4441		4441		4441		4441	
R^2	0.01		0.19		0.21		0.05		0.05		0.07	

注:* $p<0.05$,** $p<0.01$,*** $p<0.001$。
　—表示为因变量,其他变量为自变量。

表 14-2　引入控制变量后的回归结果

	模型1回归系数		模型2回归系数		模型3回归系数		模型4回归系数		模型5回归系数		模型6回归系数	
经济立足	—		-0.17		0.16	**	0.09		0.32		0.21	*
权益平等	0.00		—		0.19	***	0.03	**	-0.12	***	-0.19	***
社会接纳	0.01	**	0.77	***	—		0.18	***	0.34	***	0.05	*
政治参与	0.01		0.09	**	0.15	***	—		0.03		0.02	
身份认同	0.00		-0.05	***	0.03	***	0.00		—		0.07	***
文化交融	0.01	*	-0.16	***	0.02	*	0.01		0.30	***	—	
性别(女性=对照组)	1.16	***	-0.62		-1.16	**	0.01		-0.71		-0.33	***

续表

	模型1 回归系数		模型2 回归系数		模型3 回归系数		模型4 回归系数		模型5 回归系数		模型6 回归系数	
代际（1980年前出生=对照组）												
1980—1990年间出生	-0.07		1.78	*	-1.31	***	0.08		-0.94		-1.30	*
1990年后出生	/		/		/		/		/		/	
教育（小学及以下=对照组）												
初中	0.14		0.73		1.94	***	0.61		5.62	**	1.31	
高中	0.57	**	0.30		4.70	***	1.69	*	11.01	***	3.46	***
大专及以上	1.68	***	3.80		8.18	***	4.52	***	23.66	***	3.14	*
户口（城城=对照组）	-0.20		-1.17		-1.14		0.35		-4.53	*	1.04	
流动范围（跨省流动=对照组）												
省内跨市	-0.03		-8.17	***	1.15	**	2.02	***	-2.88	*	10.32	***
市内跨县	-0.20		-9.83	***	-0.76		0.80		-4.14	*	15.70	***
截距	51.40	***	38.07	***	23.49	***	18.69	***	1.41		56.53	***
样本量	4441		4441		4441		4441		4441		4441	
R^2	0.07		0.22		0.24		0.06		0.08		0.17	

注：$*p<0.05$，$**p<0.01$，$***p<0.001$。

—表示为因变量，其他变量为自变量或控制变量。

／代表缺失。

（一）经济立足维度。从表14-1模型1来看，权益平等、身份认同对经济立足的影响不显著。社会接纳、政治参与、文化交融均显著影响流动人口的经济立足。社会接纳程度越高、政治参与水平越高、身份认同程度越高、文化交融水平越高，流动人口越能实现经济立足。在控制了性别、教育、户口、流动范围等变量后，根据表14-2模型1所示，仅有社会接纳和文化交融维度对流动人口经济立足的影响显著。可见，良好的接纳环境和接纳氛围，有助于促进流动人口在流入地的经济发展。这也在一定程度上反映出，社会保障水平的提升以及随迁子女教育、住房、就业创业、卫生健康等公共服务的提供，有助于促进流动人口的就业稳定性及职业发展，进而促进流动人口经济立足的实现。

（二）权益平等维度。从表14-2模型2来看，在控制了其他维度后，经济立足维度对权益平等维度的影响并不显著。社会接纳、政治参与维度对权益平等维度的影响显著，随着社会接纳程度、政治参与水平的提高，流动人口的权益平等水平不断提升。从身份认同与文化交融维度来看，两者对权益平等维度的影响亦显著，但是，随着身份认同、文化交融水平的提升，流动人口的权益平等水平反而是降低的。从表14-2模型2可以看出，在控制了性别、受教育程度、户口、流动范围等变量后，社会接纳、政治参与、身份认同、文化交融等变量对流动人口权益平等的影响仍然显著。

（三）社会接纳维度。统计数据显示，流动人口的经济状况改善有利于促进其社会接纳水平的提高，流动人口经济立足得分每增加1分，其社会接纳得分增加0.23分。可见，经济立足对社会接纳起着正向的影响作用。权益平等、政治参与、身份认同、文化交融同样对流动人口的社会接纳起着正向的影响作用。表14-2模型3所示，在控制了性别、年龄、户口性质、流动范围等变量后，经济立足、权益平等、政治参与、身份认同、文化交融均对流动人口的社会接纳影响显著。经济立足每增加1分，社会接纳得分增加0.16分。权益平等得分每增加1分，社会接纳得分增加0.19分。政治参与得分每增加1分，社会接纳得分增加0.15分。随着身份认同、文化交融得分的增加，社会接纳得分亦有不同程度的增加。劳动合同的签订、政治参与水平的提高，增强了流动人口的社会保障水平以及获得均等化基本公共服务的能力，促进了其社会接纳。

（四）政治参与维度。统计数据显示,经济立足、权益平等、社会接纳均显著影响流动人口的政治参与。随着经济立足、权益平等、社会接纳程度的不断增强,流动人口的政治参与水平也在不断提高。身份认同对政治参与的影响并不显著。文化交融对政治参与的影响在 0.02水平上显著。表 14-2 模型 4 的分析结果显示,在控制性别、年龄、户口性质、流动范围等变量后,仅有权益平等、社会接纳对流动人口的政治参与影响显著。权益平等每增加 1 分,流动人口的政治参与提升 0.03分。而社会接纳每提高 1 分,流动人口的政治参与提高 0.18 分。流动人口社会保障水平的提升,获得均等化的基本公共服务,有利于增强其政治参与意识及政治参与能力。

（五）身份认同维度。统计数据显示,经济立足、权益平等、社会接纳、文化交融对身份认同的影响效应均显著。表 14-1 显示,经济立足每增加 1 分,身份认同随之增加 0.56 分。社会接纳每增加 1 分,身份认同得分随之增加 0.42 分。文化交融每增加 1 分,身份认同得分随之增加 0.30 分。可见,经济水平的提高、社会接纳程度的提高以及感受到来自本地人的接纳等均显著提高流动人口的身份认同。从权益平等来看,权益平等水平的提升并未增加、反而是降低了流动人口的身份认同。政治参与和身份认同之间的关系并不显著。在控制了性别、年龄、受教育程度、户口性质、流动范围等变量的影响后,权益平等、社会接纳、文化交融对流动人口身份认同的影响显著。权益平等对身份认同产生负向的影响,这背后蕴含着较为复杂的影响。良好的接纳环境与接纳氛围,有利于增强流动人口的身份认同。

（六）文化交融维度。统计数据显示,经济立足、权益平等、社会接纳、身份认同对文化交融的影响效应均显著。表 14-1 显示,经济收入正向影响着流动人口的文化交融、权益平等对文化交融的影响是负向的。

社会接纳、政治参与、身份认同均正向影响着流动人口的文化交融。表14-2模型6所示，在控制了性别、年龄、户口性质、流动范围等变量后，经济立足、权益平等、社会接纳、身份认同等变量对文化交融的影响仍然显著。经济立足得分每增加1分，文化交融的得分增加0.21分。经济是流动人口社会融合的前提和基础。经济立足的实现有利于促进流动人口的社会交往、政治参与、身份认同，进而促进其文化交融的实现。

第二节 流动人口社会融合个体、家庭和社区影响因素分析

流动人口的社会融合水平受到个体、所在的家庭、所居住的社区、流动特征等多种因素的影响。其中，个体因素既包括自然属性(性别、年龄)又包括经济社会属性(受教育程度、婚姻状况、职业、行业)等多种因素。本节将对影响流动人口社会融合的个体、家庭、社区因素进行分析。

一、流动人口社会融合的个体影响因素描述性分析

(一)性别对流动人口社会融合的影响。国外一些研究表明，与男性流动人口相比，女性流动人口不仅社会融合能力较强，而且还存在通过婚姻内化为当地居民的明显特征，这主要是因为女性在社会融合中表现出较强的适应能力和较为灵活的就业能力。

不过，描述性分析结果却发现，流动人口社会融合的性别差异不明显，男性流动人口的社会融合略高于女性。如表14-3所示，男性流动人口的社会融合总体状况优于女性，尽管两者之间相差较小。具体到各分指数来看，男性在经济立足、权益平等、社会接纳、政治参与、身份认同方面均优于女性，而女性仅在文化交融方面略高于男性。究其原

因,这可能是因为男性在劳动力市场上的竞争力、议价能力高于女性,而女性则要面临就业方面的显性与隐性歧视所致。

表 14-3　性别与流动人口的社会融合

性别	社会融合	经济立足	权益平等	社会接纳	政治参与	身份认同	文化交融
女	54.21	53.19	55.49	51.68	36.62	54.00	34.08
男	54.30	54.12	57.13	52.11	37.11	54.07	33.73

(二)年龄与流动人口社会融合的影响。文献表明,流动人口社会融合能力与个体的年龄之间存在显著的关系。年轻流动人口在社会融合能力上显现一定的弱势,而年老者则显现较强的社会适应能力。不过,本书的研究结果表明,从年龄与社会融合的关系来看,年龄与社会融合水平并非线性关系。1980 年前出生的流动人口社会融合水平略高于 1980—1989 年间出生的流动人口。但是,具体到各分指数来看,则呈现不同的模式。1980—1989 年间出生的流动人口的经济立足得分最高,其次是 1980 年前出生的流动人口,1990 年后出生的流动人口的经济立足得分最低。从权益平等来看,代际与权益平等之间呈现负向的关系,即随着年龄的增长,年流动人口的权益平等水平反而不断降低。从政治参与、身份认同来看,1980—1989 年间出生的流动人口的政治参与、身份认同最高,其次是 1980 年前出生的流动人口,1990 年后出生的流动人口的政治参与、身份认同水平最低(见表 14-4)。

表 14-4　代际与流动人口的社会融合　　　　　　(%)

代际	社会融合	经济立足	权益平等	社会接纳	政治参与	身份认同	文化交融
1980 年前出生的	54.34	53.77	52.11	52.29	36.75	54.57	32.92

代际	社会融合	经济立足	权益平等	社会接纳	政治参与	身份认同	文化交融
1980—1989 年间出生的	54.11	53.88	58.85	51.23	37.23	55.66	34.18
1990 年后出生的		52.97	61.43		36.06	46.36	36.03

（三）受教育程度对流动人口社会融合的影响。受教育程度是反映流动人口社会经济地位的重要指标之一。流动人口的社会融合水平随着受教育程度的提升而不断提高。二者呈现明显的正向关系。无论是从社会融合总指数还是经济立足、权益平等、社会接纳、政治参与还是身份认同分指数，流动人口的融合水平均随着受教育程度的提升而不断提高。可见，教育作为一种重要的人力资本以及人力资本投资的重要形式，在促进流动人口的社会融合中起着积极的正向作用。但是，从文化交融分指数来看，随着受教育程度的提高，流动人口的文化交融水平反而不断降低（见表 14-5）。

表 14-5　教育与流动人口的社会融合　　　　　　　　（%）

教育	社会融合	经济立足	权益平等	社会接纳	政治参与	身份认同	文化交融
小学及以下	51.55	52.98	51.37	48.43	34.91	46.97	37.06
初中	53.47	53.43	53.80	50.76	35.86	51.21	34.86
高中	56.01	54.05	59.01	54.70	37.99	57.32	32.47
大专及以上	61.70	55.30	69.75	61.37	42.07	69.50	28.76

（四）婚姻状况对流动人口社会融合的影响。统计数据显示，流动人口的社会融合水平与婚姻状况之间并无明显的差异，不在婚流动人口的社会融合水平略低。尽管差别较小，但是，这也从一定程度上反映了婚姻有利于促进流动人口的社会融合。从经济立足分指数来看，未

婚人群的经济发展水平更高,在婚人群的经济发展水平处于相对较低水平。而从身份认同分指数来看,在婚人群的身份认同得分更高。在婚人群家庭团聚的实现、稳定的婚姻家庭生活,使得其对流入地的认同感不断增强。

(五)民族因素对流动人口社会融合的影响。如表 14-6 所示,汉族流动人口的社会融合水平高于少数民族,无论是从综合指数还是从经济立足、社会接纳、政治参与、身份认同、文化交融。具体到各分指数来看,汉族流动人口在经济立足、身份认同、文化交融这三个分指数的得分高于少数民族流动人口。但在权益平等分指数方面,少数民族流动人口的得分反而高于汉族流动人口。可见,流入地区在汉族与少数民族流动人口的接纳方面并无明显的不同。少数民族流动人口的社会融合得分较低,很大程度上受制于自身的语言、人力资本水平以及宗教信仰等方面的限制。与汉族流动人口相比,少数民族流动人口面临着地区、文化以及宗教信仰的差别,在社会融合方面处于相对劣势。

表 14-6　民族与流动人口的社会融合　(%)

民族	社会融合	经济立足	权益平等	社会接纳	政治参与	身份认同	文化交融
少数民族	51.30	53.13	59.06	48.56	35.90	45.68	63.89
汉族	54.34	53.74	56.29	51.98	36.91	54.28	71.79

(六)户口性质对流动人口社会融合的影响。如表 14-7 所示,城城流动人口的社会融合水平明显高于乡城流动人口,无论是从社会融合总指数还是经济立足、权益平等、社会接纳、政治参与、身份认同、文化交融分指数均是如此。

表14-7　户口性质与流动人口的社会融合　　　　（%）

户口性质	社会融合	经济立足	权益平等	社会接纳	政治参与	身份认同	文化交融
城镇	57.99	54.78	62.95	56.84	39.75	66.89	73.45
农村	53.85	53.57	55.40	51.35	36.47	52.16	71.30

二、流动人口社会融合的家庭影响因素描述性分析

（一）家庭团聚与社会融合。根据问卷中"未来1—3年中是否打算把家庭成员（配偶、未婚子女、未婚者父母）带到本地"这一问题,将流动人口分为已经实现家庭团聚和未实现家庭团聚两类。如表14-8所示,实现家庭团聚的流动人口社会融合状况优于未团聚的流动人口。进一步从各分指数来看,实现家庭团聚者在身份认同和文化交融方面的得分明显优于未团聚的流动人口。家庭是维持个人生存和发展的重要资源,稳定的家庭支撑、和谐的家庭关系与氛围不仅为个体提供了物质基础,也满足了个人的情感需求。因此,家庭团聚的实现,充分发挥了家庭在情感慰藉、相互交流等方面的功能,有利于促进家庭发展以及流动人口的身份认同和文化交融。

表14-8　家庭团聚状况与流动人口社会融合状况　　　　（%）

家庭团聚	社会融合	经济立足	权益平等	社会接纳	政治参与	身份认同	文化交融
未团聚	53.74	53.62	58.63	51.62	36.89	49.67	70.47
团聚	55.21	53.99	50.99	52.36	36.87	64.42	74.19

（二）老家困难与社会融合。根据问卷中"目前在您老家,主要有哪些事情让您操心?"将老人赡养、子女照看、子女教育费用、配偶生活

孤独、干活缺人手、家人有病缺钱治等处理为二分类变量。老家困难变量，即凡是有一种就代表老家困难，否则为老家无困难。

表 14-9　老家困难与流动人口社会融合状况　（%）

老家困难	社会融合	经济立足	权益保障	社会接纳	政治参与	身份认同	文化交融
无困难	54.48	53.75	55.70	51.18	35.66	55.61	72.70
有困难	54.22	53.72	56.55	52.01	37.23	53.59	71.25

三、流动人口社会融合的社区影响因素描述性分析

（一）社区类型与社会融合。社区类型分为城镇型社区（包括别墅区或商品房社区、经济适用房社区、机关事业单位社区、工矿企业社区以及未经改造的老城区）和农村型社区（包括城中村或棚户区、城乡接结合部以及农村社区）。如表 14-10 所示，生活在城镇社区的流动人口无论是在社会融合总得分还是在经济立足、权益平等、社会接纳、政治参与、身份认同、文化交融各分指数的得分均高于生活在农村社区的流动人口。

表 14-10　老家困难与流动人口社会融合状况　（%）

社区类型	社会融合	经济立足	权益平等	社会接纳	政治参与	身份认同	文化交融
农村社区	53.56	53.45	55.72	51.01	35.78	50.69	70.34
城镇社区	55.72	54.15	57.42	53.73	38.69	59.49	73.58

（二）邻居类型与社会融合。邻居类型主要包括以外地人为主、以本地人为主和外地人与本地人差不多三类。如表 14-11 所示，邻居类型主要为外地人的流动人口社会融合水平最低，其次是邻居类型为外

地人与本地人相当的流动人口,主要邻居为本地人的流动人口社会融合水平最高。从各分指数来看,主要邻居为本地人的流动人口,无论是在身份认同还是在文化交融方面的融合水平均高于主要邻居为外地人、外地人与本地人差不多者。

表 14-11　邻居类型与流动人口社会融合状况　　　　　　（%）

邻居类型	社会融合	经济立足	权益保障	社会接纳	政治参与	身份认同	文化交融
外地人为主	53.98	53.55	57.73	51.76	36.36	49.91	67.66
本地人为主	54.74	53.85	53.91	52.12	37.74	60.09	76.62
外地人与本地人差不多	54.34	53.84	56.01	52.02	36.77	55.83	73.29

四、流动人口社会融合个体、家庭和社区影响因素的模型分析

前面分别就性别、年龄、受教育程度、婚姻状况、民族因素、户口性质、家庭团聚、老家困难、社区类型、邻居类型与流动人口社会融合之间的关系进行了分析,然而,两个变量之间的交互分析是未在控制其他因素的情况下得到的,难以反映变量之间的独立关系。为此,需要进行模型分析,在控制其他变量的影响下,进一步看两两变量之间的独立关系。如表 14-12 所示,我们将通过线性回归模型,分析性别、受教育程度、民族因素、户口性质因素、家庭团聚、老家困难、社区类型、邻居类型等个体、家庭、社区因素对流动人口社会融合的影响。需要说明的是,由于社会接纳分指数中涉及子女教育,因此,年龄、婚姻两个变量在这一分指数中有缺失。故在个体影响因素中,未纳入这两个变量。

在此共引入三个模型,模型 1 中引入个体因素变量,模型 2 中引入家庭因素变量,模型 3 中引入社区因素变量。从模型 1 到模型 2,R^2 由 0.0773(0.08) 变为 0.0813(0.08),在模型 3 中,纳入社区类型、邻居类

型变量后,R^2变为 0.0868(0.09),可见,新纳入的变量提高了模型的解释比例。

表 14-12 流动人口社会融合影响因素的模型分析 （%）

	模型 1 回归系数		模型 2 回归系数		模型 3 回归系数	
性别(女性=对照组)	−0.32		−0.34		−0.35	
教育(小学及以下=对照组)						
初中	1.83	＊＊＊	1.77	＊＊＊	1.64	＊＊＊
高中	4.19	＊＊＊	4.11	＊＊＊	3.90	＊＊＊
大专及以上	9.40	＊＊＊	9.24	＊＊＊	8.97	＊＊＊
民族(少数民族=对照组)	2.48	＊＊	2.45	＊＊	2.55	＊＊
户口(城城=对照组)	−1.36	＊＊＊	−1.29	＊＊＊	−1.16	＊＊
家庭团聚(未团聚=对照组)			1.11	＊＊＊	1.05	＊＊＊
老家困难(有困难=对照组)			0.18		0.24	
社区类型(农村社区=对照组)					1.15	＊＊＊
邻居类型(外地人为主=对照组)						
本地人为主					0.08	
外地人与本地人差不多					−0.17	
截距	50.69	＊＊＊	50.18	＊＊＊	49.79	＊＊＊
样本量	4441		4441		4441	
R^2	0.08		0.08		0.09	

注:＊$p<0.05$,＊＊$p<0.01$,＊＊＊$p<0.001$。

（一）个体因素。从模型 1 可以看出,在未纳入其他因素的情况下受教育程度、民族、户口性质均显著影响流动人口的社会融合状况。在控制其他变量的情况下,男性流动人口的社会融合得分比女性流动人口低 0.32 分。可见,性别对流动人口社会融合的影响缺乏显著性。随着受教育程度的提升,流动人口的社会融合水平不断提高。大专及以上学历、高中学历、初中学历的流动人口社会融合得分分别比小学及以下学历者高出 9.40 分、4.19 分、1.83 分。从模型 2、模型 3 来看,在控制了家庭因素变量、社区因素变量后，教育对流动人口社会融合的影响仍然显著。教育作为人力资本的重要形式，不仅有利于增强流动人口在劳动力市场的竞争力，而且有利于提高他们的社会适应能力、政治参与意识及水平，增强他们的社会资本，进而有助于促进他们的社会融合。民族对流动人口社会融合的影响显著。模型1中，在控制其他变量的情况下，汉族流动人口的社会融合水平比少数民族流动人口高出2.48分，模型2、模型3中，在控制了家庭因素、社区因素后，民族对流动人口社会融合的影响仍然显著。由于地区和文化差异等原因，相较于汉族而言，少数民族流动人口在社会融合方面面临更多的问题。

户口性质显著影响流动人口的社会融合水平。在控制了其他变量后，城城流动人口的社会融合水平高于乡城流动人口。在模型3中，在控制了其他个体因素、家庭因素以及社区因素后，乡城流动人口的社会融合水平比城城流动人口低1.16分。我国的户籍制度及城乡二元社会结构，使得乡城流动人口处于外来人口、农村人口的双重弱势地位，在先赋和后致双重因素的影响下，乡城流动人口无论是在经济立足，还是在社会接纳、身份认同，抑或是在文化交融方面均不及城城流动人口。通过对社会融合程度进行测量，研究发现，由于流动人口自身素质相对低下，且社会上存在对流动人口的误解与偏见以及缺乏与流动人口的交流，流动人口的社会地位一直较低。

（二）家庭因素。家庭是维持个人生存和发展的重要资源，家庭发挥着经济、教育、情感慰藉、社会支持等各种功能。以家庭为本位的中国文化，使得家庭在个人生存和发展过程中发挥着十分重要的作用。流动人口家庭化迁移流动、家庭团聚的实现，有利于为流动者个体的生存发展提供支持，促进其社会融合。从模型3可以看出，在控制了个体因素、社区因素后，家庭团聚情况对流动人口的社会融合影响显著。实现家庭团聚的流动人口比未实现团聚者的社会融合水平高出1.05分。

流动人口的老家困难一定程度上影响到其在流入地的生存发展和社会融合状况。从模型 3 来看,在控制了其他因素后,与老家有困难的流动人口相比,老家无困难的流动人口社会融合水平高出 0.24 分,尽管缺乏统计上的显著性。

(三)社区因素。社区是人们互动、沟通、交流的平台,也是流动人口服务管理与社会融合的中介与平台。良好的社区环境、邻里关系对流动人口的社会融合具有重要的促进作用。模型 3 的分析结果显示,在控制了其他因素的影响后,社区类型对流动人口的社会融合影响显著。生活在城镇社区的流动人口,社会融合水平比生活在农村社区的流动人口高出 1.15 分,且在 0.001 水平上显著。从邻居类型来看,与以外地人为主的社区相比,居住在以本地人为主的社区的流动人口社会融合水平相对更高,尽管缺乏统计上的显著性。可见,社区环境对流动人口的社会融合具有明显的影响,社区的"城镇性"与"本地性"越强,流动人口的社会融合状况会越好。

第十五章　德国城镇化进程中推进基本公共服务均等化、推进流动人口社会融合的实践与启示

　　一些发达国家在基本公共服务均等化方面的实践可以为我国相关政策的推进提供有益参考,而其中德国的经验教训相对更具参考价值。第一,与英国、美国等国家激进的改革不同,德国在新公共管理理念席卷全球的背景下,实施的是温和型改革,采取的是相对稳健的政策方略。第二,从历史渊源来看,德国拥有国家为中心的文化传统。[1]　第三,由于历史原因,东西德在合并之时,无论是地区经济收入还是公共服务水平上都存在巨大差异。第四,在德国公共服务均等化的推进过程中,除了东西部地区差异之外,也有移民大量流动的社会背景。[2]　可见,德国在基本公共服务均等化的社会背景及其方略选择方面,都与中国具有诸多类似之处。

---

　　①　参见靳永翥:《德国地方政府公共服务体制改革与机制创新探微》,《中国行政管理》2008 年第 1 期。

　　②　参见宋全成:《论二战后德国的合法移民及社会融合政策》,《厦门大学学报》(哲学社会科学版)2008 年第 3 期。

第一节　德国城镇化发展进程中的流动人口问题

本节通过梳理德国城镇化发展历程,分析德国在快速城镇化过程中出现的流动人口问题及其特征,以及当前德国城镇化发展中遇到的人口均衡发展和城市、区域平衡发展问题。

一、德国城镇化发展历程及面临的问题

(一)德国城镇化发展历程。大致可以分为三个阶段:1.1840年以前是德国城镇化兴起的准备阶段。这一时期德国农村人口要远远超过城市人口,农业产值在整个国民经济中占绝对的支配地位。尽管如此,农村多余劳动力,尤其是东部农业区的人口逐渐向城市转移,城市经济开始获得发展,有些大中城市已初具规模。2.1840年至1871年德国统一是德国城镇化的发展阶段。在工业革命浪潮的推动下,农村人口不断流向城市,为城镇工业和服务行业提供了源源不断的劳动力。城镇人口在全国人口的比重到1871年上升到36.1%。3.1871年至1914年是德国城镇化极大繁荣和迅速发展时期。1871年德意志帝国的成立,货币制度、税收制度、度量衡单位、商业法规、交通管理等的统一,使得工业革命如虎添翼。人口快速向城镇聚集,城镇化水平得以迅速提高。1880年,德国城镇人口的比例增加到41.4%;1990年,城镇化水平达到54.4%;到第一次世界大战之前的1910年,城镇化水平达到60.0%。[①] 1万人以上城市中居住的人口比例从1871年的12.5%增加到1910年的34.7%[②],10万人以上的大城市由1871年的8个增加到

----

① 参见科佩尔·S.平森,范德一等译:《德国近现代史:它的历史和文化》,商务印书馆1987年版,第303页。

② 参见沃尔夫冈·克拉伯:《19、20世纪的德国城市》。

1910 年的 48 个,其所占总人口比重由 4.8% 升至 21.3%,德国基本实现了初步城镇化。

(二)德国城镇化发展过程中面临的问题。1. 德国城镇化快速推进过程中面临的突出问题。在 19 世纪末 20 世纪初德国城镇化的高速发展时期,近乎每两个德国人中就有一个处于不同形式的流动状态。在 1907 年,德国总人口为 6000 万,其中流动人口 2900 万,相当于总人口的 48.3%。在许多城市 60% 都是外来移民。① 目前,在 8100 多万德国人中,大约有 1600 万人属于非德国人移民或这些移民与德国人通婚所生的后代。大量的流动人口进入城市,在促进德国的城镇化水平提高的同时,也带来了一系列的社会问题。一是大量人口的涌入给城市公共服务带来了极大的压力,突出体现在住房和教育两个方面。由于住宅供应不足及刚刚进入城市的农村居民购买力低下,大部分人都是依靠租赁房屋或床位生活。同时,儿童的基础教育及劳动力的职业教育资源严重不足,给当时的教育制度提出了新的严峻挑战。二是大量人口的涌入对城市的管理能力提出挑战。由于卫生设施严重缺乏,居住条件差,导致很多疾病蔓延,传染病流行,威胁着人们的健康和生命,严重影响了城市安全和经济发展。三是大量人口进入城市同时导致失业队伍的扩大,特别是在经济萧条期,明显增加的失业人数带来了城市贫困等问题。

2. 当前德国城镇化发展中遇到的问题。德国的城镇化是快速而高效的,但是目前德国的人口处于负增长,德国的经济增长亦出现了减速,其中一些问题日益凸显:一是人口均衡发展问题。人口萎缩、人口老龄化和移民不断增加是德国目前人口发展中的突出问题。第一,人口出生率维持在低位,人口总量继续呈负增长。2010 年德国总人口为

---

① 参见陈丙欣、叶裕民:《德国政府在城市化推进过程中的作用及启示》,《重庆工商大学学报》(社会科学版)2007 年第 3 期。

8100 万(世界第 15 位)。据预测,到 2050 年人口将减少到 6000 万左右。第二,人口老龄化严重,年轻人口过少。65 岁以上的老人比重占总人口的 20.7%,位列全欧洲之首。第三,移民人口众多。由于人口老龄化严重,劳动力短缺,移民的年均增长较快。在德国有近 1600 万人为移民和有移民背景的人,占总人口的 20% 左右。二是城市、区域平衡发展问题。伴随着城市郊区化、逆城市化的趋势,城市中心会出现"空巢"的现象;东西德统一 20 多年来,原东德地区的各项经济指标以及城市建设情况均低于整个德国平均水平。

二、德国流动人口的特征

1840 年以前德国基本上是个农业国家,19 世纪初 70% 以上的人口生活在农村。伴随 19 世纪中期第一次工业革命浪潮的兴起,大批劳动力从农村流入城市,德国的城镇化进程开始启动。到 1871 年德国统一时,德国人口增长到 4100 多万人,其中农村人口占 63.9%,城镇人口占 36.1%。[①] 1 万人以上城市占比达 12.5%。到 1910 年,1 万人以上城市占比上升到 34.7%,有 48 个城市居住人口超过 10 万人。德国基本实现了初步城市化。

随着工业化、城镇化快速发展,德国农村人口开始迅速向城镇转移,形成了规模庞大的流动人口大军。1907 年德国总人口 6000 万人,流动人口就多达 2900 万人,接近每两个德国人中就有一个在流动。[②]德国第二次比较大的人口流动发生在两德统一以后,大量东德和苏联、东欧国家人口持续迁往西德,仅在 1989 年和 1990 年这两年,就达到将

[①]　参见科佩尔·S.平森,范德一等译:《德国近现代史:它的历史和文化》,商务印书馆 1987 年版,第 303 页。

[②]　参见陈丙欣、叶裕民:《德国政府在城市化推进过程中的作用及启示》,《重庆工商大学学报》(社会科学版)2007 年第 3 期。

近 60 万人。从国内来看,1991—2006 年间,就大约有 245 万人从东德地区迁移到西德地区。在人口迁移的过程中,人口向大城市集中的趋势非常明显。截至 2008 年底,德国第一大城市柏林的人口达到 342 万人,汉堡的人口达到 173 万人,慕尼黑的人口达到 135 万人,科隆的人口达到 102 万人,法兰克福的人口达到 68 万人。一些大城市人口密度开始上升:以每平方千米计算,慕尼黑的人口密度为 4405 万人,柏林为 3849 人。目前德国大约 1/3 的人口居住在超过 10 万人规模的 81 个大城市里。

大量的流动人口进入城市,给城市管理和发展带来了在社会管理和公共服务方面的一系列问题,尤其是城市公共服务能力和保障不足,促使德国政府把加强公共服务制度和体系建设作为重点任务来布局、推进。

第二节 德国城镇化进程中加强公共服务均等化制度建设的实践

根据国家发展的需要,德国从建立基本的法律制度入手,通过政府间分工负责、规划引导、多元化的筹资与服务供给手段等措施,迅速建立了一套城镇化稳定发展所必需的制度框架,大力实施基本公共服务的均等化,并在此后 100 年时间内不断加以完善。

一、通过立法和建立相关制度保障人们享有基本公共服务的权利

德国国家宪法《德意志联邦共和国基本法》把德国定义为社会福利国家,确立了"平等生活条件原则":在整个联邦境内,不同地区的每个公民都应享受相同的服务,公共服务供给可以而且应该保障每个公

民平等的生活条件。为此,德国政府制定了一系列制度措施来实现这一目标。

（一）明确划分各级政府在公共服务提供中的职责。德国政府结构主要划分为三级:联邦政府、州政府、地方政府。《基本法》对各级政府的事权划分作了原则规定:"为了普遍的利益必须统一进行处理的事务"由联邦政府负责,其他的事务原则上由各州和地方政府承担。同时根据任务的性质和特点,确定一些事务由联邦和州政府共同承担。与地方政府更加注重执行相比较,联邦政府只有在《基本法》明确规定或者地区间外部性严重时才承担公共服务的供给责任,其主要精力放在公共服务的立法上,通过立法来管理和调节各州和地方政府的公共服务供给责任。德国联邦政府负责制定法律、政策和规章,而大部分具体职能由州政府负责执行。①

（二）建立和完善社会保障制度。德国是世界上最早建立社会保障制度的国家,也是目前社会保障体系较为完善的国家之一。德国的社会保障体制自俾斯麦政府于 19 世纪中后期颁布了医疗保险法、事故保险法、伤残保障和养老保险法以来,经过 100 多年的发展,逐步建立起一个涵盖社会每个公民的生老病死、失业、退休、教育以及住房等体制健全的社会保障制度。统一而健全的社会保障体系为城镇化降低了门槛,社会上没有明显的农工、城乡差别,可以说农民享有一切城市居民的权利,如选举、教育、就业、迁徙、社会保障等方面的平等权利。②

二、建立以保证公共服务供给和人口变化为导向的空间规划体系和发展政策

德国宪法规定由联邦、州和地方乡镇三级共同承担城镇建设发展

① 参见刘志昌:《德国公共服务体制及其启示》,《湖北社会科学》2012 年第 8 期。
② 参见王鹏:《德国城镇化的建设的经验》,《行政管理改革》2013 年第 4 期。

的任务，强调城市的统一规划和协同发展。规划一经制定，便确定为法规，任何单位和个人都不能擅自更改。① 德国空间规划工作历史悠久，目前已形成较为完善的空间规划法规体系和政策框架、健全的组织机构体系和公众充分参与的工作机制。

（一）明确把保证公共服务供给作为空间规划基本原则之一。面对全球化、欧洲一体化和人口变化所带来的挑战，2006 年德国空间规划部门联席会议确定了新的空间规划三大原则和理念：促进增长和创新、保障公共服务供给、资源保护和文化景观构建，明确规定把这三点作为各州空间规划工作的指南。

（二）把人口变化趋势作为制定空间规划政策的基础。德国目前面临人口总量萎缩和老龄化等突出问题。德国多年来在空间规划方面形成了"中心点"的理念，中心点承担某个地区或城市公共服务和生活设施提供的功能。根据人口减少的发展趋势，德国首先对中心点重新设置，如对中心点进行联合或对中心点进行功能分离，增强竞争力。其次，制定了相关战略来更好地适应趋势变化。如加强地方协作，要求各地共同承担公共服务供给责任；加强空间规划工作和私有经济的合作，对私有公共服务设施的建立提供信息支持和指导。再次，按照欧盟大地区发展原则，加强与周边不同国家之间的合作，如柏林和波兰的合作，慕尼黑和意大利的合作。同时，积极争取欧盟结构基金支持，用以促进农村地区和东德地区的发展。

（三）针对不同的人口变化地区制定不同的空间发展政策。德国空间规划部门十分注重不同区域人口变化情况的分析和预测，由此作为对不同州和不同城市实施有差异空间政策的重要依据之一。针对人口增加地区，联邦政府给予经费以项目的方式促进住宅建设，包括对现

———————

① 参见冰韧：《德国城镇化发展的启示》，《当代兵团》2013 年第 1 期。

有房屋的改建;建立"城乡伙伴关系",带动周边地区发展。针对人口减少地区,进行城市改建,拆掉空置房屋,改造原有房屋,提高服务的效率和可及性。

三、通过多级财政平衡体系保障各级政府提供公共服务的财力

德国根据事权与财权配备的原则,明确划分了各级政府的财权,并在此基础上实行纵向和横向的财政平衡政策,即财政转移支付政策。德国制定了包括《基本法》、《财政预算法》、《财政平衡法》等在内的一整套财政法律,使得财政体系规范化、制度化。按照法律规定,德国实行以共享税为主要分配格局的分税体制,同时通过纵向转移支付制度、横向转移支付制度、补贴制度等,为公共服务均等化提供了坚实的财力基础。其中,州与州之间的横向转移支付制度独具特色,经济发展水平高的州对经济发展水平低的州提供财政补贴,以保持各州财力水平的适度均衡和各州居民生活条件的相对一致。德国以均等化为目的的转移支付以全体公民为对象,而不是财政供养人口,并根据人口密度进行调整,充分体现了为公众提供均等化公共服务的理念。

四、通过加强公共治理保障基本公共服务供给的公平和效率

一方面,在城市建设和管理、公共服务提供中,充分发挥社区和非政府组织的作用,建立多元化参与机制。以促进移民社会融合为例,2005年生效的《移民法》中增加了移民参加融合课程的义务,并要求各级政府、宗教团体、社会团体广泛参与,为移民提供融合机会。这些政策措施促进了外来移民融入社区、融入城市、融入国家。[①] 科隆市通过

---

① 参见陈志强、赵梓晴:《德国移民问题的形成与治理》,《上海商学院学报》2010年第2期。

整合协会、警察、区政府等 300 多个组织机构来做社会融合工作。本地还成立了社会融合委员会，吸纳 22 名社会公众作为委员会成员参与和监督社会融合工作。

另一方面，在政策制定和公共服务效果评价中，注重公众参与和第三方评估。以移民社会融合工作为例，除联邦移民局探索建立了反映就业、收入、教育、生活状况、社会保障等多方面状况的融合指标体系，监测移民融合工作成效外，德国移民与融合基金会专家委员会、贝塔斯曼基金会等社会机构也定期评估并发布有关移民融合方面的调查研究报告，并受到社会各界的广泛关注。

第三节　德国城镇化进程中推进基本公共服务均等化的实践

为了全面展示德国推进基本公共服务均等化实践的全貌，本书使用了吉尔伯特在《社会福利政策导论》中的社会福利政策框架[①]，包括以下几个方面：1.受益人群，是普惠性质的服务还是要经过筛选后的特殊人群？基于哪些原则确定受益人群？ 2.服务内容，除了现金补贴、物资供给、直接服务之外，是否还使用了诸如抵用券、分享机会和权力等其他政策手段？ 3.供给渠道，即除了公共行政系统之外，以企业为代表的私营系统和以社会组织为代表的资源系统是否也发挥了积极的作用？ 4.资金来源，即除了财政税收之外，社会捐赠和市场营利是否也做出了重要的贡献？

一、受益人群

一般而言，按照受益人群的特征，公共服务可以分为普惠型和特定

---

① 参见吉尔伯特：《社会福利政策导论》，华东理工大学出版社 2003 年版，第 84 页。

型两种类型。普惠型公共服务覆盖的范围较广,一般是具有某些基本特征(如国民身份)的国民即可享受相关服务。而特定型公共服务则需要进行一系列的审查措施(如收入、年龄、种族、阶层、性别等),达到特定的条件才能够享受相关服务。对于基本公共服务而言,主要采用普惠型服务的形式,以平等生活条件为原则实施均等化。

德国通过国家宪法《基本法》确定了"公民生存一致性"的原则,认为虽然由于历史和政治原因,区域、阶层之间的差异现实存在,但是在整个德国联邦境内,每个公民都应享受基本相同的公共服务,每个公平的基本生活条件保障都应当是均等的。这样的价值理念不仅对保证德国的社会公平和稳定至关重要,也保障了公民的社会自由,因为公民不需要考虑自己自由迁徙的权利受到公共服务差异的影响①,同时还有利于引导人口的空间分布与经济社会发展相协调。

二、服务内容

传统公共服务的内容通常分为现金、实物(包括物资和服务)两种形式。不过,随着西方公共政策的发展,尤其是社会福利政策的发展,一些新的政策工具被开发了出来,比如机会(opportunities)、代金券(voucher)和权力(power)等。所谓机会是指公民可以获得诸如提升人力资本等方面的政策安排,比如培训机会、工作机会等;代金券则是指用于特定方面的消费券,如养老券、教育券等;权力则是指受益群体参与或影响决策,进而影响利益分配的能力,比如公民参与社会治理。这些政策工具与传统的现金补贴和实物供给相比,为受益人群提供更多选择权的同时也有利于政策目标的控制。就德国而言,现金和物资的供给主要用于社会救助等针对特定群体的政策实施,而对普惠型的基

① 参见刘志昌:《德国公共服务体制及其启示》,《湖北社会科学》2012 年第 8 期。

本公共服务而言，更多采用的是直接服务、代金券、机会和权力赋予等政策工具。德国公共服务的优越性可以表现在以下几个方面。

（一）基础设施建设水平均等化。在德国，无论是城市还是乡村、无论是东部还是西部，基础设施建设都较为齐备，人们并不会从中感受到太大的差异。德国城市布局相对合理，几乎每个地区都有良好的区域交通、通讯、供电、供水等基础设施网络。无论是大城市还是小镇，各项市政设施的水平几无差异。①

（二）义务教育均等化。早在 1903 年，德国通过的《童工法》，就以法律形式对 6 岁—14 岁的青少年必须接受最基本的义务教育进行了明文规定，并由国家和地方政府共同承担。②

（三）社会保障均等化。在城镇化快速推进过程中，面对劳工住房拥挤、环境卫生差、周期性失业严重、城市公共服务不足等严重的社会问题，德国政府颁布了《社会保险法》、《工厂法》，除工厂实行工伤事故、疾病等保险外，全德国也逐步建立了失业保险组织③，德国逐步建立并不断完善相应的社会保障制度。

（四）除了直接的服务之外，德国政府也灵活地采用代金券、机会和权力等政策工具来实施公共服务。一是代金券服务。比如，在哈茨改革中，德国颁布的《劳动力市场现代服务法》明确提出了发放职业代金券的条款④，由初次就业者自己选择到与联邦就业机构有合作关系的培训机构和企业接受培训，以此来提高劳动者的技能，为其就业和转

---

① 参见傅阳：《从德国城乡建设的经验看江苏省城市化战略的实施》，《东南大学学报》（自然科学版）2005 年增刊（I）。

② 参见陈丙欣、叶裕民：《德国政府在城市化推进过程中的作用及启示》，《重庆工商大学学报》（社会科学版）2007 年第 3 期。

③ 参见肖辉英：《德国的城市化、人口流动与经济发展》，《世界历史》1995 年第 5 期。

④ 参见刘露露、郑春荣：《从"第三条道路"理论看德国劳动力市场政策的转向——基于对哈茨改革的分析》，《德国研究》2009 年第 4 期。

岗创造更多的机会。① 这是德国促进劳动力水平提升的一大尝试,也是推进职业教育发展的重大举措。② 二是提供大量培训机会。在移民比重日益上升的今天,德国把移民教育尤其是二代移民的教育作为促进移民社会融合的主要手段。2010 年德国有近 1600 万的居民为移民或拥有移民背景的人,占总人口的 20%左右。对此,政府十分注重为有移民背景的年轻人提供培训机会,增强其职业技能和语言能力。三是公民参与政治权利和资源分配。在德国,选举是社会公众行使政治权利、影响决策的重要行动。公民除了选举乡镇和市代表大会之外,还直接选举产生现今所有联邦州内的地方行政首长。③ 除了政治参与之外,德国民众还通过社会组织以志愿服务的形式参与到社会治理过程中。④ 积极的公民参与为德国民众影响政府决策、左右资源分配提供了有效的平台。

三、供给渠道

德国基本公共服务的供给渠道包括政府的公共行政体系、企业和非营利组织三大类。其中政府体系又分为联邦政府、州政府和地方政府三个层次。每个类别和每个层次都各司其职又相互协同。

(一)明确联邦、州和地方政府提供公共服务的职责。在各级政府提供公共服务职责划分时,主要将以下几个原则作为依据。一是基层政府优先原则,即能由基层政府提供的服务,尽量由其提供,这样做的

---

① 参见杨解朴:《德国福利国家的自我校正》,《欧洲研究》2008 年第 4 期。

② 参见刘文杰、王雁琳:《德国北威州职业教育培训券探析》,《职教论坛》2013 年第 28 期。

③ 参见安格莉卡·范特、蔡和平:《德国公民的社会参与能力及方式分析》,《行政管理改革》2014 年第 1 期。

④ 参见格诺若、海贝勒、邵明阳:《德国的行政改革——以公民参与及公共部门与私人部门之间关系为例》,《经济社会体制比较》2007 年第 1 期。

目的是尽量减少政府与社会公众之间的距离，为社会尽可能提供符合地方特殊需求的、更加个性化的服务。二是能力原则，即当下级政府无法提供足量服务或者上级政府提供的服务效果更好时，公共服务的供给主体将上移。三是责任分工原则，即联邦、州、地方政府各自负责全国性或地方性公共产品的提供，同时也进行合作。在这些原则下，联邦政府负责涉及国计民生、国家安全、外交等方面的全国性事务，比如国防、外交、海关、联邦铁路、公路、邮政和全国性社保等。

（二）公共服务供给的多元化参与。随着人口老龄化、全球经济危机、国内财政吃紧等因素的影响，德国政府注重发挥企业和非营利组织在提供公共服务中的作用，建立多元化参与提供公共服务的机制。近年来，德国公共服务机构"去行政化"的趋势越来越明显，很多公共设施包括铁路、高速公路、车站等也在向市场私有化方向推进，实行所有权和经营权分离，以减轻政府的投入。在此过程中，企业和非营利组织发挥的作用越来越大，成为德国公共服务领域中两支不可或缺的力量。同时，注重发挥第三方评估和公众参与评价公共服务效果，保证企业或非营利组织的服务质量，政府在服务购买中则承担资助者和监督者的角色。[1] 据统计，德国政府在公共服务提供中采取"政府主导市场运作"模式的比例，在 1998 年只有 1%，2007 年则超过了 10%。[2]

四、资金来源

德国公共服务的资金来源与供给渠道相对应，包括政府财政（主要是税收）、市场盈利以及社会捐赠三个方面。

（一）德国政府通过财政转移支付保障各级政府提供公共服务的

---

[1] 参见刘力：《政府采购非营利组织公共服务——德国实践及对中国的启示》，《政法论坛》2013 年第 4 期。

[2] 参见刘志昌：《德国公共服务体制及其启示》，《湖北社会科学》2012 年第 8 期。

财力。在纵向转移支付上,德国联邦、州和地方政府在税收分配上有固定的比例,如果各级地方财政出现不均衡或失误时,可以在参议院审议通过后进行适当的调整。在横向转移支付上,最重要的功能就是平衡各州之间尤其是东西部之间的区域差异。

(二)积极通过吸纳社会资源、市场运作等方式补充公共服务资金。随着公共服务对政府财政资金的压力越来越大,政府开始通过"PPP 模式"向市场主体开放部分公共服务,一是为了整合社会资金,二是提高效率降低成本。

(三)非营利组织也通过社会募捐和服务性收费来补充自己在服务供给中的资金,而不是完全依靠政府支持,这也在一定程度上拓展了公共服务的资金来源。但值得关注的是,有学者对德国公共服务"非公化"的举措提出了质疑。樊鹏考察了德国医院体系"非公化"改革情况,发现虽然改革大大促进了民间投资和私立医院体系发展,但其医疗服务体系公共产品整体供应能力却出现明显滑坡。这一结果值得有类似改革议程的中国关注,改革不能片面强调多元化和社会化,而应注重整体服务水平和能力的提高。①

第四节　德国实践对我国的启示

德国与中国虽然同属于世界前 5 大经济体,但城镇化发展阶段却存在较大差异。德国目前已进入城镇化平稳发展阶段,城镇化率保持在 73% 左右。而中国正处于城镇化加速发展阶段,2017 年城镇化率达到 58.52%。德国在城镇化发展过程中对促进基本公共服务均等化进行了长期、深入的探索,形成了较为全面、系统的推进体系。中国处于

---

①　参见樊鹏:《公共服务体系"非公化"须谨慎——基于德国医院体系改革成效的经验分析》,《经济社会体制比较》2013 年第 3 期。

城镇化快速发展、基本公共服务均等化大力推进、城乡一体化发展格局逐步形成的关键时期。德国和中国在历史沿革和政策思路上有诸多共通之处，回顾德国城镇化发展历程，研究其促进城镇化健康发展、推进基本公共服务均等化和推进流动人口社会融合的有益经验和做法，对我国相关政策构建具有重要的参考价值。德国经验表明，城镇化率接近或超过50%的时期，是一个国家构建和完善社会管理和公共服务制度的关键时期。当前中国城镇化率超过50%，处在城镇化加速发展阶段，已经进入了调整经济结构、转变发展方式和推进城镇化的关键时期，也正是健全覆盖城乡居民的社会保障体系、推进基本公共服务均等化和促进城乡区域协调统筹发展的最佳时期。

第十六章　主要研究结论与政策启示

本书首先对我国流动人口基本状况、特点和发展趋势进行了较为全面的分析,并通过对流动人口社会融合国内外文献进行梳理,明确了流动人口社会融合的基本概念,对流动人口社会融合理论及测量指标体系进行了归纳和提炼。在社会融合理论的指导下,借鉴并参考国外移民融合、国内流动人口社会融合指标体系,根据科学性、代表性、系统性、简明性、易操作性以及实用性的原则,选取相应的指标,构建了适合我国国情的流动人口社会融合指标体系。在此基础上,利用2013—2014年流动人口社会融合专题调查数据,采用因子分析法构建了流动人口社会融合总指数以及经济立足、权益平等、社会接纳、政治参与、身份认同、文化交融6个维度的分指数,对流动人口社会融合的总体状况及其特征进行了系统分析,从6个维度之间和个体家庭社区两个视角,通过构建相应模型,对流动人口社会融合的影响因素进行了实证分析。同时,对德国城镇化进程中推进基本公共服务均等化、推进流动人口社会融合的实践进行了解剖,总结了德国实践对我国的启示。

第一节　主要结论

本书通过对流动人口社会融合现状与影响因素进行了实证分析,

概括起来，可以得出以下主要结论。

一、流动人口的社会融合具有理论基础

多元文化主义融合理论和社会接纳理论等为流动人口的社会融合提供了重要的理论基础。本书通过建立联立方程模型的方法，对流动人口社会融合指标体系的6个维度（经济立足、权益平等、社会接纳、政治参与、身份认同、文化交融）之间的内在关系进行了分析，发现流动人口社会融合各维度之间存在一定的关系。

第一，经济立足与社会接纳、政治参与、身份认同、文化交融之间的关系显著，经济立足的实现，有利于促进其他方面的融合。经济是流动人口社会融合的前提和基础。流动人口基本实现了在城市的经济立足之后，有利于促进其扩大社会交往、参加各类社会活动、增强其对流入城市的身份认同，进而有利于增强其融入城市的意愿及能力。

第二，权益平等有利于促进流动人口的社会接纳与政治参与。劳动合同的签订以及同工同酬的实现，有利于促进流动人口的社会保障获得，进而有利于促进其获得均等化的公共服务，增强其社会接纳。

第三，社会接纳正向影响着流动人口的经济立足、权益平等、政治参与、身份认同与文化交融。良好的社会接纳环境与接纳条件，不仅有利于促进流动人口的经济发展，而且能够增强其权益平等与政治参与意识，促进其身份认同与文化交融。

第四，政治参与有助于流动人口的经济立足、权益平等和社会接纳。政治参与是公民参与政治生活，实现政治权利的重要方式。政治参与是民主政治的内在要求和重要内容，也是实现民主的主要方式和重要标志。政治参与意识及水平的提高，有利于促进流动人口群体劳动保障权益的实现，增强其社会接纳以及提高其在劳动力市场中的竞争性与稳定性。

第五，身份认同有利于促进社会接纳与文化交融。增强流动人口对流入城市的身份认同，有利于流入地社会对其的社会接纳，有利于实现更高阶段的社会融合，即文化交融。

第六，文化交融的实现反过来有利于促进流动人口的经济立足、社会接纳与身份认同。流动人口对本地语言的熟悉、感受到来自本地人的接纳以及与本地生活及行为习惯差异的缩小，反过来有利于促进流动人口的经济立足、增强其社会接纳与身份认同。

综上所述，流动人口社会融合指标体系各维度之间相互影响，是一个有机的整体。流动人口的经济立足、权益平等、社会接纳、政治参与、身份认同、文化交融6个维度之间存在着相互影响作用。在流动人口的社会融合中，不仅要考虑到各维度的发展，而且要考虑到各维度之间的相互联系，不仅要关注到客观的经济立足、权益平等、政治参与，而且要考虑到主观的身份认同、文化交融，实现主观与客观的统一。

二、流动人口社会融合呈现诸多特征

本书利用2013—2014年流动人口社会融合专题调查数据，分析了流动人口社会融合的总体状况，并从经济立足、权益平等、社会接纳、政治参与、身份认同、文化交融6个维度进行了具体分析。结果表明：我国流动人口社会融合工作取得了积极进展，总体上流动人口已经具备了社会融合的基础，流动人口社会融合也具有一定的水平，但存在着较大的提升空间，目前政治参与是短板，并呈现以下特征。

第一，流动人口的社会融合呈现明显的文化融合领先于经济融合的特点。流动人口的身份认同、文化交融分指数得分高于经济立足和社会接纳。前两者更多地受个人主观意愿的影响。而经济立足和社会接纳受到个体因素以及结构性因素的影响与制约。可见，流动人口具有较强的融入流入地社会的意愿。同时，促进公共服务水平的提升及均等化,提高流动人口的社会政治活动以及组织活动参与是流动人口社会融合需要关注的重点问题。

第二,流动人口的流动范围越大,其社会融合难度越大。流动范围越大,意味着流入地与流出地之间的异质性越大,在社会保险的转移续接、语言、生活方式、风俗习惯等方面面临较大的差异,社会融合的难度也就更大。

第三,户籍制度仍然是影响流动人口社会融合的重要因素。我国的户籍制度及附属制度、城乡二元社会结构,使得乡城流动人口处于农村人与外来人的双重弱势地位,再加上个人禀赋因素,社会融合面临着比城城流动人口更多的障碍。城城流动人口在资源、福利获取以及人力资本水平方面具有优势,其社会融合状况明显高于乡城流动人口。模型分析结果显示,户口性质对流动人口的社会融合影响显著。在控制其他因素的情况下,与城城流动人口相比,乡城流动人口的社会融合水平明显偏低。

三、个体、家庭和社区因素对流动人口的社会融合影响显著

流动人口的社会融合是一个复杂的过程,受到个体、家庭、社区等众多因素的综合影响。

第一,个体因素对流动人口的社会融合影响显著。在对中国流动人口社会融合与流动人口个体特征进行单因素实证分析之后,笔者发现,男性流动人口的社会融合总体状况优于女性流动人口,女性流动人口在劳动力市场中仍要面临显性与隐性的就业歧视、工作与家庭的平衡。

年龄对新生代流动人口社会融合的影响显著,新生代流动人口的社会融合存在着明显的代际分化。1980—1989年间出生的流动人口的社会融合状况最好,其次是1980年前出生的流动人口,1990年后出

生的流动人口的社会融合水平最低。1980—1989 年间出生的流动人口已经成为流动人口的主力军,这一年龄段的流动人口正值青壮年,是事业家庭发展的关键期。相对于 1980 年前出生的流动人口而言,1980—1989 年间出生的流动人口具备年龄优势、健康优势;相对于 1990 年后出生的流动人口而言,1980—1989 年间出生的流动人口则具备工作经验优势。

人力资本水平是影响流动人口社会融合重要的个体因素。人力资本水平显著影响流动人口的社会融合水平,受教育程度作为一种重要的人力资本,正向影响着流动人口的社会融合。随着受教育水平的提升,流动人口的社会融合状况不断改善。教育作为人力资本投资的重要形式,直接影响到流动人口的社会融合。对于少数民族流动人口而言,语言也是一种重要的人力资本形式。应着力提升流动人口的人力资本水平。

第二,家庭因素对流动人口社会融合影响显著。家庭在流动人口社会融合中起着重要的影响作用,流动人口的家庭化有助于提高流动人口的社会融合水平。目前,流动人口的家庭化趋势日趋明显,流动者逐渐改变个体单飞的模式,而倾向于举家迁移,他们已经更加倾向于城市生活,特别是子女在城市的稳定能够有助于提高流动人口的社会融合水平。实证分析结果表明,家庭化迁移促进了流动人口的社会融合。不同流动人口家庭在家庭团聚与组建、机会获取与保障、能力培养与发展、社会融合与认同等方面都存在差异。同时,流动人口的老家困难也直接影响到其在流入地的社会融合情况。个体单独流动者的社会融合状况明显不如家庭化流动者,但是,家庭成员流动的数量与社会融合并非直线关系,2—3 人流动人口家庭的社会融合状况最佳。子女随迁、家庭团聚促进了流动人口的家庭发展及社会融合。

第三,社区是流动人口与本地人沟通交流的重要平台。城市社区作为一种特定场域，其物质、社会环境会对流动人口的行为与心理产生重要的影响。社区环境对流动人口的社会融合具有明显的影响，社区的"城镇性"与"本地性"越强，流动人口的社会融合状况会越好。与以外地人为主的社区相比，居住在以本地人为主的社区的流动人口社会融合水平相对更高，尽管缺乏统计上的显著性。流动人口参与的社区活动类型越丰富，其社会融合水平越高。社区居委会管理活动能够显著改善流动人口的融合体验与融合意愿，而社区文体活动和公益活动等更具娱乐性和社会性的活动在一定程度上也有助于提升流动人口的社会融合水平。不少研究表明，流动人口与城市人口存在居住隔离的现象，而这种隔离并不利于流动人口的社会融合。

第二节　政策启示

本书研究结果表明，流动人口社会融合要因人而异、因地制宜。流动人口的社会融合因个体人口学特征、经济社会特征、家庭化迁移以及社区、流入不同地区而异，具有重要的社会政策内涵，改变了过去对流动人口同质化的认识。应重视个体、家庭和社区因素对流动人口社会融合的影响，不能采取"一刀切"的模式来实施社会融合政策，坚持因地制宜，分类实施相关社会融合政策。一是加强社会融合顶层设计，构建流动人口社会融合政策体系，从制度和政策层面保障流动人口的社会融合。二是抓住基本公共服务这一流动人口社会融合的关键环节，大力推进流动人口及其家庭基本公共服务均等化，夯实社会融合的基础。同时，要结合流动人口人群的特点，地区之间的差异以及目前推进基本公共服务均等化难以到位的突出问题，有序推进政府购买公共服务，拓展公共服务的供给渠道。三是搭建流动人口社区融合平台，充分发挥社区在流动人口社会融合中的积极影响，立足社区、统筹社区建设,促进流动人口与本地市民和睦相处、互动融合。四是推动全社会形成关心流动人口、促进社会融合的理念和环境氛围,建立流动人口社会融合政策实施效果评价指标体系,对实施效果进行效果评估,促进形成政府主导、部门协同、社会参与、多元供给的流动人口社会融合工作格局。

附录:我不再漂泊——流动人口之歌

回顾流动人口的辛酸历程,动容不已。改革开放的伟大实践,将流动人口推进了产业化的浪潮。流动人口为城市发展建造了一座座高楼,为中国特色社会主义大厦添砖加瓦,他们是光荣的打工者,他们是社会财富的创造者,他们是先进生产力发展的生力军。

有人说,我是一片云

一片飘来飘去的云

在天空里穿行

看不见一丝的彩虹

有时候飘累了

却不知在哪里停歇

有人说,我是一股盲流

一股方向不定的盲流

为生计奔波,日夜兼程

居无定所,风吹日晒

梦觉醒来

却拉不住逐渐远去的故土

有人说,我是外来人口

这里没有我的祖屋

这里没有我的户籍

这里没有我稳定的职业

然而,就是在这里

遍布的是我行色匆匆的足迹

我是打工仔打工妹

我是民工,我是进城务工的农民

城市公民离我是那么的遥远

城市与乡村的二元遥望

拍打着我对城市的向往,对家的依恋

同城待遇,只能是心迹的渴望

是你,用宽阔的胸怀

将我这一山间流下的小溪

融入了市场经济的大海

你展开双臂

发出心灵的邀请函

欢迎你,这里就是你的家

是你,用那东方的一米阳光

照亮了我前行的步伐

我的生活因此而灿烂

我不再需要就业证暂住证

我有了城市居住证,我和你有了同一片蓝天

那是过去曾经心系的情结

我们不再是漂泊的云
漂泊已离我们远去
我们不再是盲流
盲流已收进了历史
我们也不再是外来人口
我们是新市民,我们是城里人

我们有了自己的公寓,自己的支部,自己的协会
我们成了城市的团委书记,社区的管理者
我们履行着人大代表、政协委员的光荣职责
我们用心智、热血和汗水
指点城镇化建设的美好标志
再绘祖国山河美丽的乡村